West 西部大开发研究丛书 · 新疆专辑

新疆特色水果开拓东南亚市场研究

Study on Expanding Southeast Asian Markets for Xinjiang Special Fruits

马惠兰 戴 泉 英 犁 著

ZHEJIANG UNIVERSITY PRESS
浙江大学出版社

图书在版编目（CIP）数据

新疆特色水果开拓东南亚市场研究／马惠兰，戴泉，英犁著．—杭州：浙江大学出版社，2013.12

ISBN 978-7-308-12612-0

Ⅰ．①新… Ⅱ．①马…②戴…③英… Ⅲ．①水果—出口贸易—研究—新疆②水果—农产品市场—市场分析—东南亚 Ⅳ．①F752.652.3②F330.5

中国版本图书馆 CIP 数据核字（2013）第 289014 号

新疆特色水果开拓东南亚市场研究

马惠兰　戴泉　英犁　著

丛书策划　袁亚春　陈丽霞

责任编辑　樊晓燕

封面设计　春天书装

出版发行　浙江大学出版社

（杭州市天目山路 148 号　邮政编码 310007）

（网址：http://www.zjupress.com）

排　　版　杭州中大图文设计有限公司

印　　刷　杭州日报报业集团盛元印务有限公司

开　　本　710mm×1000mm　1/16

印　　张　17.5

字　　数　314 千

版 印 次　2013 年 12 月第 1 版　2013 年 12 月第 1 次印刷

书　　号　ISBN 978-7-308-12612-0

定　　价　49.00 元

浙江大学出版社发行部联系方式：0571—88925591；http://zjdxcbs.tmall.com

西部大开发研究丛书

总 序

2011年是“十二五”规划的开局之年，也是西部大开发新10年的起始之年。过去的10年是西部地区经济社会发展最快、城乡面貌变化最大、人民群众得到实惠最多的10年，也是西部地区对全国的发展贡献最突出的10年。西部地区经济年均增长速度达到11.9%，主要的宏观经济指标10年间都翻了一番以上。基础设施建设取得突破性进展。青藏铁路、西气东输、西电东送等标志性工程投入运营。生态建设规模空前，森林覆盖率从10年前的10.32%提高到现在的17.05%，提高了6.7个百分点。社会事业取得长足进步，“两基”攻坚计划目标如期完成，卫生、社会保障、就业等基本公共服务能力大大增强。人民生活水平得到明显提高，城乡居民的收入分别是10年前的2.7倍和2.3倍。改革开放深入推进，东、中、西部地区互动合作的广度和深度不断拓展，对内对外开放的新格局初步形成。广大干部群众开拓创新意识不断增强，精神风貌昂扬向上。

站在新的起点上，我们也清楚地看到，目前东西部发展的差距仍然较大。2009年，西部人均生产总值、城镇居民可支配收入、农村居民纯收入分别只有东部地区的45%、68%、53%，依然是我国区域协调发展中的“短板”。按照党中央、国务院的部署，深入实施西部大开发战略将放在区域发展总体战略的优先位置，给予特殊的政策支持，推动西部地区的经济综合实力上一个大台阶，人民群众的生活水平和质量上一个大台阶，生态环境保护上一个大台阶，基本建成全面小康社会。

浙江大学中国西部发展研究院(简称西部院)是在2006年10月由国家发展改革委员会和浙江大学共建成立的，其目的是围绕西部大开发的全局性、综合性、战略性问题开展理论和应用研究，形成促进东西部地区互动合作、共同发展的重要科研交流和人才培训基地，为国家有关部门和地方政府制定发展规划和政策提出建议，为各类企业、社会团体和组织提供咨询服务。

西部院成立迄今，作为一个创新科研实体，本着“跳出西部思考西部，跳出西部发展西部”的新视角，一直以“服务西部经济社会发展”为己任，以建设“科学研究基地、科技服务基地、人才培养和培训基地、国际合作与交流基地”为目标而努力奋进。先后承担了大量国家战略层面的项目研究，并对西部大开发中的前瞻性问题进行了一系列的学术探索，成果斐然，如先后参加了《关中——天水经济区发展规划》、《“十二五”时期促进基本公共服务均等化规划思路研究》、《呼包银重点经济区发展规划》、《“十二五”完善基本公共服务体系规划》等国家重大规划编制的相关研究，开展了《西部大开发与区域发展理论创新》、《西部大开发重大理论问题研究》等重大课题的研究，形成了有价值的成果，这些研究成果既为西部大开发提供了理论基础，对实践活动也具有积极的指导作用，体现了西部院作为西部开发智库的重要作用，体现了一个学术机构的社会责任。

此次西部院编辑出版的这套《西部大开发研究丛书》，是西部院自2008年始，针对西部大开发中的热点和难点问题，组织国内专家学者开展深入研究形成的一批重要成果，内容涉及西部地区政策评估、东西部差异变动分析、产业发展、生态环境保护、能源资源开发和利用、基本公共服务均等化、人才开发、文化发展及财税体制等与西部经济社会发展密切相关的多个领域，具有较高的理论意义和现实价值。我相信，这套丛书的出版发行将有助于把西部大开发问题的研究引向深入。

2011年10月

内容提要 东南亚国家生产热带水果,进口温带水果,与我国及新疆水果贸易有着很强的互补性和差异性,且已有很好的发展条件和基础。本书在简要分析东南亚十国水果生产、供给与消费状况的基础上,调查分析了新疆特色水果产品出口东南亚的现状和发展趋势,重点调查和分析了新疆特色水果产品通过我国华南(深圳和广西)开拓东南亚市场的流通渠道和流通模式。客观分析了新疆特色水果产品开拓东南亚市场的机遇与挑战,并对东南亚市场温带水果市场潜力进行预测。在以上分析论证的基础上,探索提出了新疆特色水果华南市场(南宁分中心)外销平台建设的思路,给出了加快新疆特色水果产品开拓东南亚市场的对策建议。以期能为新疆特色水果开拓东南亚市场在政府层面和企业运作时提供借鉴和参考。

Abstract Abstract

Southeast Asian countries produce abundant tropical fruits and import temperate fruits, which is complementary and different from Xinjiang and China as a whole in fruit trade. Those countries saw great conditions and foundation for fruit trading. Based on the brief analysis of the production, supply and consumption status in ten Southeast Asian countries, this book has investigated and analyzed the status and trend of Xinjiang special fruits exporting to Southeast Asia. Much attention is given to the analysis of the distribution channels and circulation mode for expanding Southeast Asian market for Xinjiang special fruits through the southern China (Shenzhen and Guangxi). Objective analysis of the challenges and opportunities that Sinkiang special fruits will face during market expansion in Southeast Asia has been conducted in this book. Moreover, this book predicts the market potential of temperate fruits on Southeast Asian market. On the basis of above analytic demonstration, proposal of building a distribution platform on the southern-China market (Nanning Sub-center) for Xinjiang special fruits export and suggestions of expanding market in Southeast Asia are offered for the references of the government and enterprises.

导 言

实施西部大开发战略不仅关系到国家经济社会发展大局，更是关系民族团结和边疆稳定的重大战略部署。自1999年9月中共十五届四中全会明确提出实施西部大开发战略以来已有十多年了，在此期间，党中央和国务院先后多次召开西部大开发专题会议、出台多项指导性文件以推进西部大开发战略总体规划的实施。新疆地处我国西北边陲，生态环境恶劣，经济发展基础和水平相对较为落后。国家西部大开发战略的实施，对加快新疆基础设施建设、加快调整和优化产业结构、加快优势资源转换有着极为突出的重要作用和意义。

国家西部大开发战略对新疆发展和建设的目标是把新疆建成全国最大的优质棉花、优质棉纱和优质棉布生产基地，建成全国重要的粮食、畜牧、瓜果和糖料生产加工基地，建成我国西部重要的石油天然气生产基地和石油天然气化工基地，使新疆成为全国经济增长的重要支撑点。可以看出，新疆农业发展在西部大开发中占据重要地位。新疆地处亚欧大陆中部，地域辽阔，水、土、光、热资源丰富，具有发展特色农业得天独厚的优势。经过多年努力，新疆已初步建成粮食、棉花、特色林果业、畜牧业四大基地，棉花、林果、粮食、畜牧和特色农业、设施农业六大特色农业产业蓬勃发展。近年来随着新疆现代农业不断推进，对特色农产品加工转换和市场开拓提出了新的要求，现代农业发展正处在战略转移的关键时期。2009年以来新疆自治区政府大力推进特色农产品开拓市场和外销平台建设，已建设北京、上海、广州、武汉、成都、长春等六大营销平台，使新疆特色农产品国内市场迅速扩展，影响力和竞争力不断提升，农副产品外销平台建设取得了实质性成效，新疆特色农产品全面进入内地市场，初步构建起了新疆农业现代化建设的战略格局。

目前新疆已建成我国重要的特色林果产品生产基地，特色林果产业已成为新疆农村经济发展和农民增收的主导产业之一。林果总面积达2000万亩，红枣、核桃、杏子、葡萄、香梨、苹果等12个主栽品种有效株数近13亿株，已具备年产千万吨优质果品的生产能力，特色林果产业发展正在进入由基地建设向市场开拓转型升级的新阶段。然而，由于新疆远离主体市场，商贸物流业发展缓慢，特色林果产品市场成为迫在眉睫的主要问题。东南亚与新疆水果差异很大，互补性很强，是目前新疆特色林果产品开拓国际市场的新机遇，而且作为华南市场的延伸，新疆林果产品出口东南亚市场增长快速，2006年以来新疆林果产品面向东南亚市场的出口额年均增速约55%，约占新疆林果产品出口额的1/4。东南亚市场已成为新疆特色林果产品出口的主要国际目标市场之一。

本书系统地阐述了新疆特色林果产品出口东南亚国家的现状和发展趋势，重点论述了新疆特色林果产品通过深圳和广西开拓东南亚市场的流通渠道和流通模式，在分析了新疆特色林果产品开拓东南亚市场优劣势与东南亚市场潜力的基础上，提出了新疆特色林果产品开拓东南亚市场的思路和对策。

全书分为五大部分共十二章内容。第一部分是东南亚国家水果生产、供给与消费状况分析，包括第一到第四章的内容，介绍了东南亚国家经济发展概况、农业生产发展、水果生产供给、主要温带水果贸易和居民水果消费状况。研究结果显示：东南亚国家十国经济发展与人民生活差异较大，各国农业生产条件、生产基础和发展水平也存在很大的差异。东南亚国家以生产香蕉、菠萝、芒果、山竹、番石榴以及柑橘类水果（包括桔子、葡萄柚、柑橘、柠檬和酸橙等）为主，菲律宾、印度尼西亚、泰国、越南四国水果生产占东南亚的90%以上。因此，东南亚水果贸易以进口温带水果、出口热带水果为主，与新疆特色水果有着很强的贸易互补性和差异。目前东南亚国家进口的主要温带水果有苹果、葡萄、梨和甜瓜等鲜水果以及葡萄干、核桃等干果，还有苹果汁、葡萄汁、梨罐头、杏加工品等温带加工果品。印度尼西亚、菲律宾和泰国等是东南亚主要的温带水果进口国，中国、美国、澳大利亚等是东南亚国家进口温带水果的主要来源国。同时，研究发现东南亚国家居民水果消费需求日趋旺盛，以消费热带水果为主，温带水果消费量不高，但呈上升趋势，市场潜力较大。

第二部分是新疆特色水果出口东南亚状况，包括两章内容。调查研究结果显示：新疆出口东南亚的水果总量占新疆水果出口总量的16%，出口额占新疆水果出口总额的25%，出口东南亚水果量以年均30%以上速度在增加，出口额以年均55%的速度在增加，远高于新疆水果整体年均12%的出口量增长速度和年均23%的出口额增长速度，增长势头旺盛，趋势明显。新疆水果已出口到东南亚十国的马来西亚、印度尼西亚、泰国、越南、新加坡、菲律宾、老挝、文莱8个国家，其中主要集中在马来西亚、印度尼西亚、泰国和越南4国，对这四个国家的出口占新疆水果出口东南亚国家的近95%。从出口类别看，目前新疆出口东南亚国家的水果有鲜果和干果，没有水果加工品出口，其中，以鲜果出口为主。2010年新疆对东南亚国家鲜果出口额2083.21万美元，占新疆水果出口东南亚总额的97.71%，鲜果出口主要有梨、葡萄、苹果、哈密瓜、桃等。新疆鲜葡萄出口的近60%、香梨出口的40%、哈密瓜出口的98%以上均集中在东南亚市场。因此，可以看出东南亚市场已成为新疆鲜水果出口的主要目标市场。新疆特色鲜水果出口东南亚的依存度较高，贸易互补性很强。

第三部分是新疆特色林果开拓东南亚市场流通渠道与流通模式，包括两章内容。调查研究结果显示：新疆特色水果出口东南亚目前主要有三条途径：一是通过深圳出口东南亚的流通渠道及模式，运输通道以海运为主，途径香港进入东南亚的马来西亚、印度尼西亚、泰国等国家，出口模式主要有"东南亚代理商＋新疆产地出口企业"和"东南亚代理商＋深圳总公司＋新疆产地企业"两种模式。这是目前新疆特色水果出口东南亚最主要的渠道。二是通过广西市场出口东南亚流通渠道及模式，新疆特色水果通过广西主要出口东南亚的越南和泰国，对老挝和柬埔寨也有少量出口，出口口岸主要是凭祥口岸，运输通道以陆运为主。出口模式仍是传统的"松散型出口模式"，即"东南亚水果进口商＋国内水果出口经销商(广西批发市场出口商及其他出口企业)＋新疆水果供应主体(新疆产地农户、基地或生产企业)"、"东南亚水果进口商＋新疆水果生产企业或经销商"。这一流通渠道与深圳海港出口相比，时间要缩短很多，但目前出口还不多。三是通过云南昆明中老边境磨憨口岸出口，途经老挝抵达泰国曼谷的昆曼公路，将新疆特色水果运送到泰国、马来西亚和新加坡，也是陆路—陆路的流通渠道。

第四部分是新疆特色林果开拓东南亚市场优劣势与东南亚市场潜力分析，包括2章内容。研究结果显示：新疆特色水果开拓东南亚市场具有政策支持、品质优势、规模优势、绿色有机果品优势、地理标志产品品牌优势、人文环境优势、贸易互补性较强、市场基础较好等优势，且面临中国—东盟自由贸易区建立、良好的农业合作基础、较强的合作意愿和东南亚市场的需求潜力较大等机遇，但也存在区位劣势、物流业发展滞后、东南亚经济体制不完善等的问题和障碍，还要面对非关税壁垒、东南亚市场竞争激烈等挑战。同时，从居民收入、水果价格、替代品价格、消费偏好、人口和城市化水平等方面分析了影响东南亚国家居民水果消费的主要因素，分别用灰色系统和二次指数平滑法测算和分析了该目标市场水果消费需求潜力，得出东南亚国家温带水果消费市场潜力巨大，新疆特色水果进入该市场具有很好的前景。

第五部分是新疆特色林果开拓东南亚市场的思路和对策。该部分通过调查提出了新疆特色水果华南市场(南宁分中心)外销平台建设的思路，分别从分中心平台建设的原则、定位、功能以及建设的时间、地点、开展活动的方式和建设目标等方面，进行了分析论述和设计，客观分析了华南市场（南宁分中心）平台建设可能遭遇的风险，并提出了相应的规避风险的措施，就加快开拓东南亚市场提出一些建议对策，以期为新疆特色水果开拓东南亚市场政府层面和企业运作时能借鉴和参考。

最后，本书收集、归纳了东南亚国家农产品贸易政策、相关法律规定、市场准入制度、贸易壁垒、检疫检验等政策、制度和规定，以期能为我国企业顺利开拓东南亚水果市场提供参考。

目 录

Contents

第一章

东南亚国家宏观经济及农业生产发展状况

第一节　东南亚国家经济发展概况

一、经济发展水平

东南亚大多数国家经济发展水平都比较落后，而且发展状况不平衡。既有新兴工业化国家如新加坡，又有越南、缅甸、老挝、柬埔寨等世界上最不发达的国家，经济发展水平和阶段存在巨大差异。2010 年，东南亚国家人均 GDP 最高的新加坡达 43160.02 美元，人均 GDP 最低的柬埔寨仅为 746.83 美元，二者相差 57.79 倍。

2010 年，我国新疆人均 GDP 为 3684.26 美元，新加坡、马来西亚和泰国的人均 GDP 高于新疆，其余国家人均 GDP 均低于新疆(见表 1-1)。

表 1-1　2010 年东南亚各国经济发展状况

国　家	国土面积(万平方公里)	总人口(千人)	GDP(百万美元)	人均 GDP(美元)	GDP 增长率(%)
东南亚十国	448.044	588445	—	—	—
老　挝	23.68	6436	7296	1133.623	23.52
缅　甸	67.66	50496	27182(2008 年)	—	—
柬埔寨	18.10	15053	11242	746.8279	8.08
越　南	33.105	89029	106427	1195.419	9.51
文　莱	0.58	407	10732(2009 年)	—	−25.43(2009 年)

续表

国　家	国土面积（万平方公里）	总人口（千人）	GDP（百万美元）	人均 GDP（美元）	GDP 增长率（%）
泰　国	51.312	68139	318522	4674.592	20.88
菲律宾	30	93617	199589	2131.974	18.57
新加坡	0.07	4837	208765	43160.02	10.76
马来西亚	33.08	27914	237797	8518.915	23.27
印度尼西亚	190.457	232517	706558	3038.737	31.00

资料来源：*FAO Statistical Yearbook*，World Bank，《新疆统计年鉴》。

东南亚国家经济发展水平差距可以分为明显的四个层次：

第一层次，发达国家新加坡和石油富国文莱。这两国人口和国土面积虽然较少，但是两国的经济发展水平却位居世界前列。新加坡所处的地理位置相当于“远东十字路口”，工商业发展迅速，交通发达，设施便利，是世界最佳商业城市之一、国际第四大外汇市场交易中心、世界第三大石油提炼中心，其旅游业、服务业都十分发达，经济总体上属于外贸驱动型经济。2010年，新加坡 GDP 为 208765 百万美元，是新疆的 2.6 倍；人均 GDP 为 43160.02 美元，是中国的 9.92 倍，是新疆的 11.71 倍。文莱有得天独厚的石油和天然气资源，是典型的石油经济国家，也是世界重要的石油、液化天然气生产国和出口国。2009 年，文莱人均 GDP 为 10732 美元，是中国的 11 倍，是新疆的 12 倍。

第二层次，经济发展水平较高的马来西亚和泰国。马来西亚因拥有丰富的石油等矿产资源、热带作物资源和较高的人力资源，自 20 世纪 70 年代后经济持续高速增长。2010 年马来西亚 GDP 为 237797 百万美元，居东南亚第三位，是新疆的 2.96 倍；人均 GDP 为 8518.92 美元，居东南亚第二位，是中国的 1.96 倍，是新疆的 2.31 倍。泰国充分利用丰富的农业资源和旅游资源，国民经济发展较快，人民生活水平提高迅速。2010 年泰国 GDP 为 318522 百万美元，居东南亚第二位，是新疆的 3.96 倍；人均 GDP 为 4674.59 美元，居东南亚第三位，是中国的 1.07 倍，是新疆的 1.27 倍。

第三层次，正向新兴工业化国家迈进的菲律宾和印度尼西亚。印度尼西亚曾保持了 30 年的经济快速稳定发展，但因政治民主发展长期滞后，社会不稳定，最终对其经济发展造成了抑制。2010 年，印度尼西亚 GDP 达到 706558 百万美元，居东南亚第一位，是新疆的 8.79 倍；人均 GDP 为 3038.74 美元，居东南亚第四位，是新疆的 0.82 倍。菲律宾曾在 20 世纪 50 年代成为东南亚工

业化的排头兵，并在 1982 年被世界银行列为中等收入国家，但由于近年来政治动荡，社会不稳定，经济增长速度放缓。2010 年，菲律宾 GDP 为 199589 百万美元，居东南亚第五位，是新疆的 2.48 倍；人均 GDP 为 2131.97 美元，居东南亚第五位，是新疆的 0.58 倍。

第四层次，东南亚国家中目前经济发展程度较低的越南、缅甸、老挝和柬埔寨。2010 年，越南人均 GDP 达到 1195.42 美元，柬埔寨人均 GDP 仅为 746.83 美元。越南由于经历了长期的内外战争，经济基础非常薄弱，但自 20 世纪 80 年代后开始推行以市场经济为取向的经济改革和对外开放，经济发展较快，在东南亚国家中一枝独秀。老挝没有出海口，没有铁路，交通不便，商品出口和引进外资都受到限制，是东南亚国家中自然环境最受制约的国家，因此其经济发展比较缓慢。缅甸虽然矿产丰富，人均占有资源多，但由于多年未实行对外开放，所以经济一直没有得到快速发展。

二、对外贸易

近年来，东南亚国家和中国的贸易经济关系总体上增长很快，东南亚国家已经成为我国第四大贸易伙伴。2010 年，东南亚国家对外贸易总额 2007813 百万美元。相对而言，新疆对外贸易水平较低、外国直接投资较少。2010 年，新疆对外贸易总额 17128.34 百万美元，东南亚十国除了文莱、缅甸、老挝和柬埔寨 4 国外，其他 6 国对外贸易总额均高于新疆(见表 1-2)。

东南亚国家中的新加坡、泰国、马来西亚、印度尼西亚对外贸易水平较高。2010 年，新加坡、泰国、马来西亚、印度尼西亚对外贸易总额分别为 662658.3 百万美元、377704.9 百万美元、363377 百万美元、293442.4 百万美元，分别占东南亚对外贸易总额的 33%、18.81%、18.1%、14.62%，四国合计占 84.53%。外国直接投资净额分别为 18898.6 百万美元、1019.54 百万美元、4345.79 百万美元、10706.33 百万美元。

表 1-2 2010 年东南亚各国对外贸易状况

国　家	对外贸易总额(百万美元)	外国直接投资净额(百万美元)
东南亚十国	2007813	
老　挝	4818.82	278.81
柬埔寨	10492.63	762.02
缅　甸	15024.95	910.35

续表

国　家	对外贸易总额(百万美元)	外国直接投资净额(百万美元)
文　莱	3336.35	325.59(2009 年)
菲律宾	109965.3	1226.00
越　南	166992.4	7100.00
泰　国	377704.9	1019.54
新加坡	662658.3	18898.60
马来西亚	363377	−4345.79
印度尼西亚	293442.4	10706.33

资料来源：*FAO Statistical Yearbook*，World Bank。

越南、菲律宾两国的对外贸易居东南亚的第二层次。2010 年，越南、菲律宾对外贸易总额分别为 166992.4 百万美元和 109965.3 百万美元，分别占东南亚对外贸易总额的 8.32%和 3.7%，两国合计占 12.02%。外国直接投资净额分别为 7100 百万美元、1226 百万美元。

文莱、缅甸、柬埔寨、老挝四国的对外贸易水平较低。2010 年，四国对外贸易总额分别为 3336.35 百万美元、15024.95 百万美元、10492.63 百万美元、4818.82 百万美元，四国合计占 1.68%。缅甸、柬埔寨、老挝外国直接投资净额分别为 910.35 百万美元、762.02 百万美元、278.81 百万美元。

三、人民生活

2010 年，东南亚国家总人口 588445 千人，人口密度为每平方公里 131 人，人口密度最高的国家是新加坡，每平方公里达 6910 人，人口密度最低的国家是老挝，每平方公里只有 27 人。就人均预期寿命而言，新加坡、文莱人均寿命较高，高于中国人均预期寿命；马来西亚、菲律宾、印度尼西亚、泰国人均寿命与中国人均预期寿命相当；老挝、缅甸、柬埔寨人均寿命最低(见表 1-3)。

表 1-3　中国和东南亚各国人口状况

国　家	人类发展指数	人口总数(千人)	人口密度(人/平方公里)	平均寿命(岁)(男性/女性)	城市人口比重(%)
中　国		1361763	142	69.63/73.33	45.68
东南亚十国		588445	131		
新加坡	0.922	4837	6910	78.2/82.9	100

续表

国　家	人类发展指数	人口总数（千人）	人口密度（人/平方公里）	平均寿命(岁)(男性/女性)	城市人口比重(%)
文　莱	0.894	407	70	75.2/77.8	78
马来西亚	0.811	27914	84	71.7/76.5	66
菲律宾	0.771	93617	312	66.1/71.6	63
泰　国	0.781	68139	133	68.2/75.1	30
印度尼西亚	0.728	232517	122	67.5/71.5	49
越　南	0.733	89029	269	—	27.4
老　挝	0.601	6436	27	62.3/65.0	22
缅　甸	0.583	50496	75	58.1/64.6	31
柬埔寨	0.598	15053	83	58.6/64.9	20

资料来源：*ASEAN Statistical Yearbook*。其中：人口总数为2010年数据；人类发展指数为2005年数据；平均寿命新加坡、马来西亚、文莱、缅甸为2007年数据，其余国家为2006年数据。

据联合国开发计划署(UNDP)发布的2005年人类发展指数，东南亚国家中的新加坡和文莱人民生活水平较高，人类发展指数分别为0.922、0.894；马来西亚、泰国、印尼、菲律宾和越南人民生活水平居中，人类发展指数分别为0.811、0.781、0.728、0.771、0.733；老挝、缅甸和柬埔寨人民生活水平较低，人类发展指数分别为0.601、0.583、0.598。

新加坡是一个多民族的移民国家，以人口素质高、经济现代化、人民安居乐业而著称。新加坡是一个城市国家，城市人口比重最高，城市化达到100%。在东南亚各国中，新加坡人口较少，人口密度最高，已被联合国和世界各大专业组织评为最适合人类居住的国家之一。2010年新加坡总人口4837千人，人口密度为每平方公里6910人，居东南亚各国首位。新加坡共有20多个民族，华族、马来族和印度族是主要的三大民族，华族人口约占77%，是世界上除中国以外唯一一个华人人口占大多数的国家。人均寿命男性平均78.2岁，女性82.9岁。

文莱是一个伊斯兰教国家，具有浓厚的伊斯兰教色彩和马来民族传统，伊斯兰教徒占全国人口的63%。其人口居东南亚最少，人口密度也较低。2010年全国总人口407千人，人口密度每平方公里70人，其中近70%为马来人，90%多的人口生活在文莱西部，城市人口占全国总人口的78%。人均寿命男性平均75.2岁，女性77.8岁。

马来西亚是一个多种宗教的国家，其中马来人90%以上信仰伊斯兰教，华人多信仰佛教和道教，印度人则信仰印度教。全国总人口 27914 千人，其中马来人占一半以上，城市人口占总人口的 66%，人口密度为每平方公里 84 人。男性平均寿命 71.7 岁，女性 76.5 岁。

泰国有“千佛之国”之称，是一个历史悠久的佛教国家，90%以上的居民信仰佛教。泰国共有 30 多个民族，主要民族是傣族和老族，分别占人口总数的 40%和 35%，华侨和泰籍华人约占泰国总人口的 8%。2010 年，泰国总人口 68139 千人，城市化水平较低，只有 30%，平均寿命男性 68.2 岁，女性 75.1 岁。

菲律宾人口以马来族为主，约占全国总人口的 85%以上。其总人口 93617 千人，居东南亚第二，城市人口占总人口的 63%，人口密度为每平方公里 312 人，人口平均寿命男性 66.1 岁，女性 71.6 岁。

印度尼西亚有 100 多个民族，90%以上的居民信仰伊斯兰教，是世界上穆斯林人口最多的国家。2010 年总人口 2.32 亿，居东南亚第一，居世界第四，城市人口占总人口的 49%，人口密度约为每平方公里 122 人，平均寿命男性 67.5 岁，女性 71.5 岁。

越南是一个多民族国家，共有 54 个民族，其中京族（又称越族）是越南的主体民族，占总人口的 89%以上。人口密度大、增长快，人口总数 0.89 亿人，城市化水平低，城市人口占总人口的 27.4%。

老挝共有 68 个民族，其中老龙族系约占全国人口的 60%。老挝地广人稀，是亚洲中南半岛国家中人口最少的国家，2010 年总人口 6436 千人，人口密度为每平方公里 24 人，2008 年人口寿命男性平均 62.3 岁，女性 65 岁。

缅甸是一个多民族聚居的国家，共有 135 个民族，其中缅族约占总人口的 65%，华人华侨约占 4.8%。缅甸又是著名的“佛教之国”，约 85%以上的人口信奉佛教。人口寿命男性平均 58.1 岁，女性 64.6 岁。

柬埔寨共有 20 多个民族，主体民族是高棉族，约占人口总数的 80%，佛教为柬埔寨国教，90%以上的居民信奉佛教，人口寿命男性平均 58.6 岁，女性 64.9 岁。

第二节　东南亚国家农业生产发展

一、农业生产条件

东南亚国家联盟（简称东盟）于 1967 年 8 月 8 日成立，英文缩写为

ASEAN，包括原东盟6国（印尼、马来西亚、菲律宾、新加坡、泰国、文莱）和4个新成员国（越南、老挝、缅甸、柬埔寨），共10个国家，陆地总面积444万平方公里。东南亚国家大部分为热带地区，北接中国大陆，南望澳大利亚，东临太平洋，西临印度洋，是东北亚经东南亚通往欧洲和非洲的海上最短航线和必经通道。

新加坡（Singapore）是一个漂浮在海洋中的热带城市岛国，面积707.1平方公里，地处马来半岛南端、马六甲海峡出入口，位于赤道以北136.8公里处，在东经103°36′～104°25′、北纬1°09′～1°29′之间。其由新加坡岛及附近63个小岛组成，其中新加坡岛占全国面积的88.5%，地势低平，平均海拔15米，最高海拔163米，海岸线长193公里。新加坡属热带海洋性气候，常年高温潮湿多雨，年平均气温24～27℃，平均气温26.8℃，年平均降水量2345毫米，年平均湿度84.3%。新加坡只有新加坡城市，它既是新加坡的行政中枢和商业中心，也是世界上最大的港口之一和重要的国际金融中心。

印度尼西亚（Indonesia）国土面积186万平方公里，是东南亚国家中面积最大的国家，地跨赤道，在东经94°45′和西经141°05′、北纬6°08′至南纬6°08′之间，由太平洋和印度洋之间13700个大小岛屿组成，素有“千岛之国”之称。其属热带雨林气候，年均气温25～27℃。印度尼西亚自然资源十分丰富，石油、天然气和锡的储量位居世界前列，铀、镍、铜、铬、铝矾土、煤、锰、金刚石等储量也很丰富，森林和林地面积占国土面积的67.8%，盛产各种名贵木材，有铁木、檀木、乌木、柚木等，胡椒、金鸡纳霜、木棉和藤的产量居世界首位，天然橡胶、椰子产量居世界第二，棕榈油、咖啡、香料产量居世界前列。有一级行政区33个，包括雅加达首都特区、日惹和亚齐达鲁萨兰2个地方特区和30个省。其首都雅加达人口约900万，是东南亚最大城市。

马来西亚（Malaysia）位于东经100°～119.5°、北纬5°～7°之间，坐落在亚洲大陆最南端，是东南亚的中心。其国土面积33万平方公里，国土被南中国海分隔成东、西两部分，西马位于马来半岛南部，东马位于加里曼丹岛北部，全国海岸线总长4192公里。其属热带雨林气候，内地山区年均气温22～28℃，沿海平原25～30℃，自然资源丰富，橡胶、锡、棕油和胡椒的产量及出口量居世界前列，石油、天然气资源储量丰富，盛产木材，境内河流密布，水力资源丰富。马来西亚的首都为吉隆坡，新首都为普特拉贾亚，全国分为13个州和3个联邦直辖区。

菲律宾（Philippines）国土面积30万平方公里，位于东经116°55′～126°37′、北纬4°35′～21°08′之间，北隔巴士海峡与中国台湾省遥遥相对，南和西南隔苏拉威西海、巴拉巴克海峡与印度尼西亚、马来西亚相望，西濒南中国海，东临太平洋。菲律宾共有大小岛屿7107个，其中吕宋岛、棉兰老岛、萨马岛等11个主要岛屿占全国总面积的96%，海岸线长约18533公里。其森林面积125000平方公里，森林覆盖率41%，山地面积占总面积的三分之二，属季风型热带雨林气候，高温多雨，湿度大，台风多，年均气温27℃，年降水量2000～3000毫米。全国划分为吕宋、维萨亚和棉兰老三大部分，14个地区，78个省，首都大马尼拉市是其国家政治经济中心。

泰国(Thailand)国土面积51.31万平方公里，位于亚洲中南半岛中南部，东南临泰国湾(太平洋)，西南濒安达曼海(印度洋)。其地处热带，属于热带季风气候，气候湿润，全年分为热、雨、凉三季，年均气温27℃，雨量充沛，河流众多。泰国的自然资源十分丰富，主要资源有矿产、森林和水资源，热带季风气候。全国分中部、南部、东部、北部和东北部五个地区，共有76个府，府下设县、区、村，首都曼谷是唯一的府级直辖市，是全国政治经济和文化中心。

文莱(Brunei Darussalam)国土面积5765平方公里，位于东南亚的加里曼丹岛西北部，北濒南中国海，东南西三面与马来西亚的沙捞越州接壤，并被沙捞越州的林梦分隔为不相连的东西两部分，海岸线长约162公里，有33个岛屿，沿海为平原，内地多山地。其属热带雨林气候，终年炎热多雨，年均气温28℃，石油和天然气丰富。全国划分为文莱—穆阿拉、马来奕、都东、淡布隆4个区，首都斯里巴加湾市面积16平方公里，是全国政治、经济、文化和交通中心。

越南(Viet Nam)国土面积33万平方公里，位于亚洲中南半岛东部，北与中国接壤，西与老挝、柬埔寨交界，东面和南面临南海，海岸线长3260多公里。越南地处北回归线以南，属热带季风气候，高温多雨，年平均气温24℃左右，年平均降雨量为1500～2000毫米，大部分地区5—10月为雨季，11月至次年4月为旱季。北方四季分明，南方靠近赤道，气温高、湿度大，雨旱两季分明。其矿藏资源丰富，主要有煤、铜、铁、铅、磷、石油、天然气等。全国划分为59个省和5个直辖市。首都河内总面积3340平方公里，人口652万人。

缅甸(Myanmar)国土面积67.66万平方公里，位于亚洲中南半岛西北部，东经92°20′～101°11′、北纬9°58′～28°31′之间。东北与中国毗邻，西北与印度、孟加拉国相接，东南与老挝、泰国交界，西南濒临孟加拉湾和安达曼海，海岸线长3200公里。缅甸大部分在北回归线以南，属热带季风气候，雨量充足，气候炎热潮湿，全年气温变化不大，年平均气温27℃。缅甸的石油、锡、锌、宝石和玉石等资源蕴藏丰富，是世界上产翡翠最多的国家。全国有14个大的行政区域，包括7个省和7个邦，还有2个直辖市，省是缅族主要聚居区，邦多为各少数民族聚居地。首都内比都，人口约80万。

老挝(Laos)国土面积23.68万平方公里,位于亚洲中南半岛的西北部,是一个以农业为主的内陆国家,北邻中国,南接柬埔寨,东接越南,西连缅甸、泰国。其属热带、亚热带季风气候,5—10月为雨季,11月至次年4月为旱季,年平均气温约26℃,年降水量1250~3750毫米。森林面积约900万公顷,森林覆盖率约41%。老挝的矿藏资源较丰富,有金、铜、铁、锡、铅、石膏等,但除锡和石膏有一定规模的开采,部分矿藏用手工进行小规模挖掘外,大部分未开发利用。全国划分为16个直辖市和1个经济开发区,首都万象是历史古城和佛教圣地,面积约3920平方公里。

柬埔寨(Cambodia)国土面积18.10万平方公里,位于亚洲中南半岛南部,东经102°18′~107°37′、北纬10°20′~14°32′之间。其东部同越南接壤,北部与老挝交界,西部与泰国毗邻,西南濒临暹罗湾,海岸线长约460公里。柬埔寨属热带季风气候,年均气温为24℃。自然资源丰富,森林覆盖率35%,木材储量11亿多立方米,木材种类达200多种,盛产柚木、紫檀、黑檀、花梨木等贵重热带林木,渔业资源丰富,矿产资源有限,有金、宝石、磷酸盐、石油及少量铁、煤等矿产。全国分为20个省和4个直辖市,首都金边是全国最大的城市,人口约110万。

二、农业生产基础

东南亚各国农业自然条件得天独厚,农业资源十分丰富,土壤肥沃,雨量充沛,光照充足,气候温暖湿润,非常适宜农作物尤其是热带经济作物的生长,其中,泰国、越南、缅甸是世界著名的三大粮仓。新加坡、文莱、马来西亚人均耕地很少,农业人口所占比重很低。印度尼西亚、菲律宾、泰国农业人口较少,除了泰国人均耕地较多以外,印度尼西亚和菲律宾人均耕地较少,与我国人均耕地基本相当。越南、缅甸、老挝、柬埔寨人均耕地较多,人均耕地远远高于我国平均水平,农业人口也较多,农业人口所占比重均在60%以上(见表1-4)。

表1-4 中国和东南亚各国农业生产条件

国 家	耕地 (千公顷) (2009年)	人均耕地 (公顷) (2009年)	农业人口 (千人) (2010年)	农业人口比重 (%) (2010年)
新加坡		0	3	0.06
文 莱	3	0	1	0.25
马来西亚	1800	0.1	3351	12.00
印度尼西亚	23600	0.1	86804	37.33

续表

国　家	耕地 (千公顷) (2009年)	人均耕地 (公顷) (2009年)	农业人口 (千人) (2010年)	农业人口比重 (%) (2010年)
菲律宾	5400	0.1	31420	33.56
泰　国	15300	0.2	28016	41.12
越　南	6280	0.1	56234	63.16
缅　甸	11035	0.2	33882	67.10
老　挝	1360	0.2	4822	74.92
柬埔寨	3900	0.3	9913	65.85
中　国	109999	0.1	828120	60.81

资料来源：根据 *FAO Statistical Yearbook* 计算整理而得。

在东南亚十国中，新加坡和文莱都不是以农业为主的国家，耕地面积很少，农业人口也很少。2010年新加坡农业人口仅占全国人口的0.06%。文莱农业人口不到全国人口的0.25%。

马来西亚土地垦殖率较低，人均耕地和农业人口也较少，2009年人均耕地0.1公顷，2010年农业人口占全国总人口的比重仅为12%。印度尼西亚位于赤道两侧，高温多雨的气候使其成为世界第二大热带作物生产国，2009年全国耕地23600千公顷，约占全国土地总面积的12.39%，人均耕地较少，人均耕地0.10公顷，与我国人均耕地相当，农业人口86804千人，约占全国人口的37.33%。菲律宾人均耕地较少，人均耕地仅为0.1公顷，农业人口占全国人口的33.56%，农作物种植分为两大类：一类是以供应本国居民消费为主的粮食作物，主要有稻谷和玉米；另一类是以供应国际市场为主的经济作物，主要有椰子、甘蔗、蕉麻、烟草、香蕉、菠萝、橡胶等。农业是泰国国民经济的重要组成部分，农业生产以稻谷种植为主，大米出口是泰国外汇收入的主要来源之一，其出口额约占世界稻米交易额的1/3，泰国人均耕地较多，人均耕地0.2公顷，约为马来西亚、菲律宾、印度尼西亚三国人均耕地的2倍，农业人口较多，约占全国总人口的41.12%。

缅甸、柬埔寨、老挝和越南四国均属于传统的农业国，除了越南人均耕地较少以外，其他三国农业人口和人均耕地都较多。2010年，四国的农业人口占全国总人口的比重均超过了60%。其中，缅甸、柬埔寨和老挝都是世界上公认的发展中小国，人均耕地较多，经济实力相对较差，农业投资能力较差，农业技术进步也较慢，农业生产效率偏低，农业发展速度远远低于世界农业发展平均水平。

三、农业发展水平

1. 农业产值

东南亚大多数国家经济发展水平比较落后，农业在国民经济中占有举足轻重的地位。各国农业生产发展水平差距非常明显。

新加坡是个城市国家，资源匮乏，生产资料以及包括粮食、蔬菜、水果在内的生活资料都需要进口，其中粮食全部依靠进口，蔬菜也几乎全部依靠进口。在新加坡高附加值农业和鲜活农业是其农业发展的重点，只有那些从事高产值出口型农产品的农业生产才被延续下来，如传统的热带经济作物，或种植热带兰花、饲养观赏用的热带鱼。2009 年新加坡农业总产值 100 百万美元，仅占 GDP 的 0.1%。文莱国民大都不喜欢农业生产，主要农作物有水稻、蔬菜和水果等，此外还种植少量的橡胶、胡椒和椰子等热带作物，所需食品的 70% 依赖进口。2008 年文莱农业总产值 74 百万美元，仅占 GDP 的 1.06%。

马来西亚、泰国、菲律宾和印度尼西亚四国，农业总产值占 GDP 的比重较低。其中 2008 年马来西亚农业总产值 1016 百万美元，仅占 GDP 的 0.73%。泰国是世界上天然橡胶和水果的主要生产国和出口国之一，2009 年农业总产值 13815 百万美元，占 GDP 的 7.9%。印度尼西亚农业生产以种植业为主，种植业产值约占农业总产值的 90%，2009 年农业总产值 34775 百万美元，占 GDP 的 13.5%。菲律宾素有“太平洋上的果篮”之称，盛产椰子、香蕉、菠萝、芒果和木瓜等热带水果，2009 年农业总产值 16311 百万美元，占 GDP 的 14.6%。

缅甸、柬埔寨、老挝和越南四国均属于传统的农业国，农业总产值占 GDP 的比重较高。2009 年越南、柬埔寨、老挝三国农业生产总值占国民生产总值的比重分别为 18.2%、27%、38.2%(见表 1-5)。

表 1-5 2009 年东南亚国家农业生产状况

国 家	农业生产总值(百万美元)	农业生产总值占 GDP 的比重(%)
新加坡	100	0.1
文 莱	74(2008 年)	1.06(2008 年)
马来西亚	1016(2008 年)	0.73(2008 年)
泰 国	13815	7.9
印度尼西亚	34775	13.5
菲律宾	16311	14.6

续表

国　家	农业生产总值(百万美元)	农业生产总值占 GDP 的比重(%)
越　南	10704	18.2
柬埔寨	1968	27.0
老　挝	1198	38.2

资料来源:根据 *FAO Statistical Yearbook* 计算整理;农业 GDP 及 GDP 比重为 2000 年不变价。

2. 主要农产品

(1)粮食

印度尼西亚、越南、缅甸、泰国四国是粮食生产大国,其中印度尼西亚是东盟粮食生产第一大国。2009 年,印度尼西亚生产稻谷 6439.89 万吨,生产玉米 1762.97 万吨,居东盟第一;其次是越南,其粮食产量 4327.73 万吨,缅甸粮食产量 3390.8 万吨,泰国粮食产量 3607.9 万吨。此外,菲律宾粮食产量 2330 万吨,马来西亚 254.52 万吨,柬埔寨 851 万吨,老挝 399.35 万吨。文莱和新加坡粮食生产较少,新加坡粮食基本全部依靠进口。

(2)经济作物

东南亚国家主要的经济作物有橡胶、甘蔗、椰子、棕榈、木薯、甘薯等,其中菲律宾、马来西亚、印度尼西亚、泰国、越南是主要的生产大国。2009 年,菲律宾生产天然橡胶 39.096 万吨,甘蔗 2293.28 万吨,椰子 1566.76 万吨;马来西亚生产天然橡胶 85.7 万吨,甘蔗 70 万吨,椰子 45.96 万吨;印度尼西亚生产天然橡胶 278.985 万吨,甘蔗 2650 万吨,椰子 2156.57 万吨;泰国生产天然橡胶 309.03 万吨,甘蔗 6681.64 万吨,椰子 138.098 万吨;越南生产天然橡胶 72.37 万吨,甘蔗 1524.64 万吨,椰子 112.85 万吨。此外,缅甸生产甘蔗 859 万吨;老挝生产甘蔗 43.35 万吨;柬埔寨生产天然橡胶 3.87 万吨,甘蔗 35 万吨(见表 1-6)。

表 1-6　2009 年东南亚各国主要农产品产量　(单位:万吨)

品　种	菲律宾	马来西亚	印度尼西亚	泰　国	越　南
甘　蔗	2293.28	70	2650	6681.64	1524.64
稻　谷	1626.64	251	6439.89	3146.29	3889.55
椰　子	1566.76	45.964	2156.57	138.098	112.85
香　蕉	748.41	53	545.42	200	135.5
玉　米	703.403	3.519	1762.97	461.612	438.18

续表

品　种	菲律宾	马来西亚	印度尼西亚	泰　国	越　南
新鲜蔬菜	438.281	29.5556	61.5	129.592	631.339
新鲜水果	21.6387	9.95	140	31.5279	261.691
新鲜热带水果	330	20.6472	255	83.8106	
菠　萝	201.65	31.62	223.79	281.53	47
木　薯	204.372	44	2203.91	3008.8	855.69
番石榴、芒果、山竹	77.14	2.45	215	246.98	54.00
甘　薯	56.0516	1.881	205.791		120.76
带壳鸡蛋	55.5	54	105.927	57.7	30.9
天然橡胶	39.0962	85.7019	278.985	309.028	72.37
棕榈油	9	1756.49	2055	131	
棕榈仁油	1.0472	209.71	228.29	12.45	
西　瓜	9.7106	22.888	45.1519	30.4007	52.611
甘蓝和其他芸苔	12.4712	7.74	133.515	51.1244	75.1567
橙	0.4663	3.4431	210.256	39.588	60
带壳花生	3.0978	0.078	77.7888	13.2	52.51
鲜辣椒和胡椒	1.8		110	1.1963	1.963
马铃薯	11.9159		117.467	12.6386	44.2791
全脂鲜牛奶	1.43	5.1509	88.1843	84.0691	31.1398
品　种	缅　甸	柬埔寨	印度尼西亚	老　挝	文　莱
甘　蔗	850	35	43.35		
稻　谷	3268.2	758.6	314.48		0.1371
椰　子	42.0393	7.1		0.0167	0.0356
香　蕉		13	4.8		0.08
玉　米	122.6	92.4	84.8745		
新鲜蔬菜	365.334	46.8725	86.085	1.6361	0.4072
新鲜水果	126.795	7.6896	5.6216	0.0012	0.528
菠　萝		1.6	3.7		0.099

续表

品　种	菲律宾	马来西亚	印度尼西亚	泰　国	越　南
木　薯	35.5	349.7	15.259		0.2993
甘　薯	5.8786	4	12.7708		0.0209
带壳鸡蛋	26.5	1.5851	105.927	1.9991	0.6847
天然橡胶	4.4357	3.87			0.0219
西　瓜			11.478		0.0134
橙		5.0458	3.815		0.0435
带壳花生	136.207	3	2.9309		
鲜辣椒和胡椒			1.6909		0.0257
马铃薯	54.8		4.2115		
全脂鲜山羊奶	1.28				
全脂鲜牛奶	134	2.448	0.76		0.011

资料来源：根据 *FAO Statistical Yearbook* 计算整理而得。

(3)蔬菜

越南、缅甸、菲律宾、泰国四国是东南亚国家主要的新鲜蔬菜生产国，其中，越南生产新鲜蔬菜最多。2009 年越南生产新鲜蔬菜 631.339 万吨，居东盟第一。其次是菲律宾，生产新鲜蔬菜 438.28 万吨，缅甸 365.334 万吨，泰国 129.59 万吨。此外，马来西亚生产新鲜蔬菜 25 万吨，柬埔寨 46.87 万吨，老挝 86.09 万吨。文莱和新加坡生产新鲜蔬菜很少。

(4)水果

东南亚各国以生产热带水果为主，其中菲律宾、印度尼西亚、越南生产新鲜水果较多。菲律宾生产新鲜水果居东盟第一，2009 年，菲律宾生产新鲜热带水果 330 万吨，其他新鲜水果 21.64 万吨；印度尼西亚生产新鲜热带水果 255 万吨，其他新鲜水果 140 万吨；越南生产新鲜水果 261.69 万吨。此外，缅甸生产新鲜水果 126.8 万吨，泰国生产新鲜热带水果 83.81 万吨，马来西亚生产新鲜热带水果 20.65 万吨、其他新鲜水果 9.5 万吨，柬埔寨生产新鲜水果 7.69 万吨，文莱和新加坡生产新鲜水果很少。

(5)畜产品

东南亚国家大多处于热带地区，畜牧业发展滞后，仅限于缅甸、泰国、柬埔寨几个国家。2009 年，缅甸生产全脂鲜牛奶 134 万吨，全脂鲜山羊奶 1.28；泰国生产全脂鲜牛奶 84.07 万吨；柬埔寨生产全脂鲜牛奶 2.45 万吨。

第二章

东南亚国家水果生产供给

第一节 东南亚国家水果生产总体状况

东南亚各国地处热带地区，是世界上最重要的热带水果产地，生产的热带水果品质高、种类多，被称为“热带水果之乡”。生产的水果除香蕉、菠萝、芒果、木瓜等大宗热带干鲜水果外，还出产许多本地特有的珍稀热带水果，如榴莲、山竹子、红毛丹等。

表 2-1 2009 年东南亚各国水果生产状况

（单位：千公顷，万吨，%）

	面 积		产 量	
	面 积	占 比	产 量	占 比
东南亚国家合计	3698.64	100	5183.48	100
文 莱	1.26	0.03	0.76	0.01
柬埔寨	48.56	1.31	37.46	0.72
印度尼西亚	730.33	19.75	1705.77	32.91
老 挝	27.81	0.75	25.90	0.50
马来西亚	97.72	2.64	148.56	2.87
缅 甸	395.44	10.69	209.30	4.04
菲律宾	1142.67	30.89	1596.14	30.79
新加坡	0.003	0.0001	0.001	0.00002
泰 国	826.32	22.34	863.71	16.66
越 南	428.53	11.59	595.87	11.50

资料来源：FAOSTAT，整理计算得出。

2009 年东南亚十国水果种植面积 3698.64 千公顷，占世界水果种植总面积的近 7%，产量 5183.48 万吨，占世界水果总产量的 8.72%。菲律宾、印度尼西亚、泰国、越南四国全年均可生产各种热带水果，2009 年这四国水果种植面积和产量分别占东南亚十国水果种植总面积和总产量的 84.57% 和 91.86%，是东南亚国家最主要的水果生产国。其中，菲律宾的水果种植面积最多，2009 年达 1142.67 千公顷，占东南亚国家水果种植总面积的 30.89%，产量 1596.14 万吨，占东南亚国家水果总产量的 30.79%。其次是印度尼西亚，水果种植面积 730.33 千公顷，占 19.75%，产量 1705.77 万吨，占东南亚水果总产量的 32.91%，为东南亚各国最高。第三是泰国，水果种植面积 826.32 千公顷，占 22.34%，产量 863.71 万吨，占 16.66%，低于菲律宾和印度尼西亚。第四是越南，水果种植面积 428.53 千公顷，占 11.59%，产量 595.87 万吨，占 11.50%(见表 2-1)。

文莱、柬埔寨、老挝、马来西亚、缅甸、新加坡六国的水果种植面积和产量均较低，其中，缅甸水果种植面积 395.44 千公顷，占东南亚水果种植总面积的 10.69%，位于东南亚国家第五，产量 209.30 万吨，只占到东南亚水果总产量的 4.04%。马来西亚水果种植面积和产量均略高于 2%。文莱、柬埔寨、老挝、新加坡四国水果种植面积和产量均占东南亚国家的 1%左右，甚至更低(见图 2-1、图 2-2)。

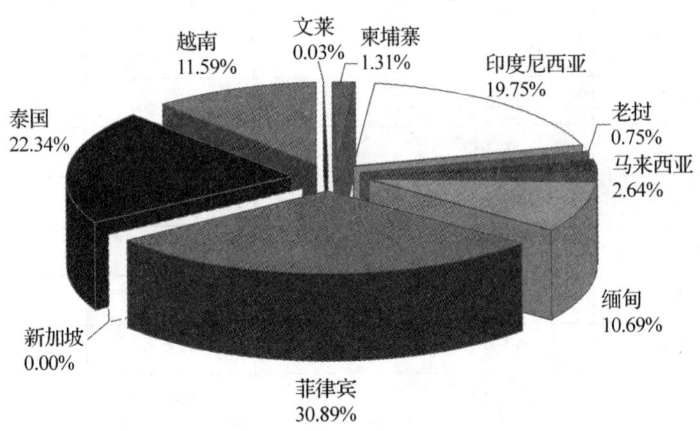

图 2-1　东南亚各国水果种植面积结构

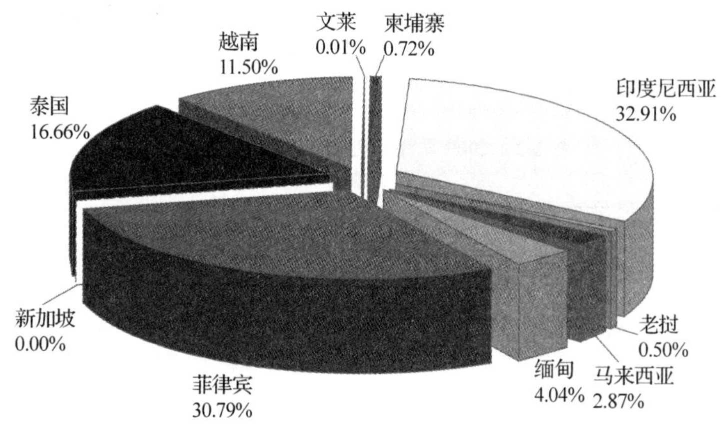

图 2-2　东南亚各国水果产量结构

第二节　东南亚国家主要水果生产种类

东南亚各国以生产热带水果为主，香蕉、菠萝、芒果、山竹、番石榴以及柑橘类水果（包括橘子、葡萄柚、柑橘、柠檬和酸橙等）是其最主要的水果。2009年这六类水果种植面积和产量占东南亚水果种植总面积和总产量的56.98%和71.59%。其中，香蕉种植面积最多，为862.97千公顷，占东南亚十国水果种植总面积的23.33%，产量2001.96万吨，占东南亚十国水果总产量的38.62%，远远超过其他各类水果；其次是菠萝，种植面积228.88千公顷，占总面积的6.19%，产量658.09万吨，占总产量的12.70%；第三是芒果、山竹、番石榴类水果，种植面积740.72千公顷，占总面积的20.03%，仅次于香蕉，产量601.8万吨，占总产量的11.61%，低于香蕉和菠萝；第四是柑橘类水果，种植面积274.8千公顷，占总面积的7.43%，居第三位，产量448.86万吨，占总产量的8.66%。

同时，东南亚国家的其他热带水果（榴莲、杨桃、菠萝蜜、龙眼、红毛丹等）和其他新鲜水果（荔枝、枇杷等）生产也较多，所占比重也较大。2009年种植面积分别为792.44千公顷和716.64千公顷，分别占东南亚十国水果种植总面积的21.43%和19.38%，产量689.46万吨和605.44万吨，分别占总产量的13.30%和11.68%。

木瓜的种植面积和产量较低，在东南亚水果生产中所占比重也很小，但在世界木瓜生产中占有一定份额。2009年东南亚十国木瓜产量占世界木瓜产量的11.65%。另外，东南亚国家还生产鳄梨、石果、葡萄、草莓和其他浆果，这些水果的种植面积只占东南亚水果种植面积的1.21%，产量也只占1.08%（见表2-2、图2-3和图2-4）。

表2-2　2009年东南亚各类水果生产状况

（单位：千公顷，万吨，%）

水果种类	面　积		产　量	
	面　积	占　比	产　量	占　比
东南亚国家合计	3698.64	100	5183.48	100
香　蕉	862.97	23.33	2001.96	38.62
菠　萝	228.88	6.19	658.09	12.70
芒果、山竹、番石榴	740.72	20.03	601.80	11.61
木　瓜	37.29	1.01	122.16	2.36
柑橘类水果	274.8	7.43	448.86	8.66
鳄　梨	25.5	0.69	28.29	0.55
其他浆果	11.69	0.32	15.44	0.30
石　果	1.23	0.03	1.14	0.02
葡　萄	6.39	0.17	10.70	0.21
草　莓	0.12	0.003	0.17	0.003
其他热带水果	792.44	21.43	689.46	13.30
其他新鲜水果	716.643	19.38	605.44	11.68

资料来源：①FAOSTAT，整理计算得出。

②柑橘类水果包括橘子、葡萄柚、柑橘、柠檬和酸橙以及其他柑橘类水果。

③其他热带水果主要包括木菠萝、杨桃、番荔枝、榴莲、费约果、番石榴、菠萝蜜、龙眼、曼密苹果、山竹、龙葵、西番莲、红毛丹、果榄、人参果、金星果、星苹果等，不同国家品种不完全相同。

④其他新鲜水果主要包括番木瓜、莲灰、荔枝、枇杷、木瓜、玫瑰果、罗望子、杨梅等，不同国家品种不完全相同。

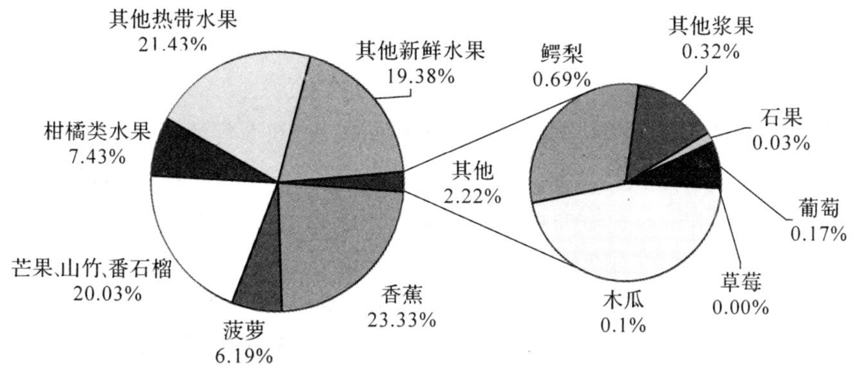

图 2-3　东南亚各类水果种植面积结构

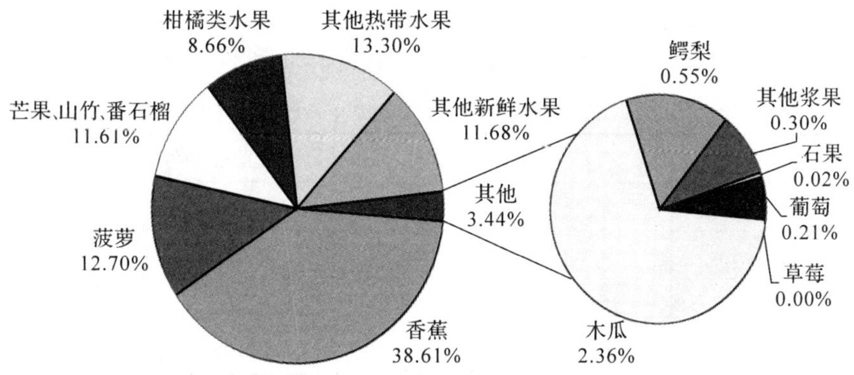

图 2-4　东南亚各类水果产量结构

第三节　东南亚十国水果生产供给

由于自然条件趋同，东南亚各国水果生产具有很大的相似性，香蕉、菠萝、芒果、山竹、番石榴和柑橘类水果各国均有生产，除香蕉是各国生产的主要水果外，各国之间也存在明显的差异。文莱主要生产荔枝、枇杷、罗望子等其他新鲜水果；柬埔寨以柑橘类水果和其他新鲜水果为主；印度尼西亚主要生产芒果、山竹、番石榴、柑橘类水果、其他热带和新鲜水果；老挝以生产菠萝和柑橘类水果为主；马来西亚主要是菠萝、其他热带和新鲜水果；缅甸以生产其他新鲜水果为主；菲律宾以芒果、山竹、番石榴和其他热带水果为主；泰国主要有菠萝、芒果、山竹、番石榴、柑橘类水果和其他热带水果；越南以芒果、山竹、番石榴、柑橘类水果和其他新鲜水果为主。

一、文莱

近年来，文莱水果生产发展缓慢，种植面积从2005年的1.29千公顷降至2009年的1.26千公顷，产量从0.73万吨略增至0.76万吨，种植面积和产量在东南亚各国水果总种植面积和总产量中所占比重均不到1%。

文莱水果生产以香蕉、菠萝以及部分其他新鲜水果(包括番木瓜、荔枝、枇杷、罗望子、杨梅等)为主。2009年三类水果种植面积占文莱水果种植总面积的92.86%，产量占文莱水果总产量的93.31%。其中，其他新鲜水果的种植面积最多，为0.80千公顷，占文莱水果种植总面积的63.49%，产量0.53万吨，占文莱水果总产量的69.29%；香蕉种植面积0.25千公顷，占19.84%，产量0.08万吨；菠萝种植面积0.13千公顷，占10.32%，产量0.10万吨，占12.99%；柑橘类水果种植面积和产量分别只占7.14%和6.69%(见表2-3)。

表2-3　2009年文莱水果生产状况　(单位：千公顷，万吨，%)

水果种类	面　积		产　量	
	面　积	占　比	产　量	占　比
水果生产合计	1.26	100	0.76	100
香　蕉	0.25	19.84	0.08	11.02
菠　萝	0.13	10.32	0.10	12.99
柑橘类水果	0.09	7.14	0.05	6.69
其他新鲜水果	0.80	63.49	0.53	69.29

文莱居民喜食水果，每年人均水果消费量高达55公斤，在东南亚国家中名列前茅。但是，文莱国内生产的水果仅能满足需求的43%，其余57%需进口。目前，文莱进口的热带水果主要来自马来西亚，进口的主要水果有西瓜、榴莲、芒果、菠萝、番石榴、椰子、木瓜等，榴莲进口最大，其次是芒果。进口的温带水果来自中国、澳大利亚、美国、新西兰等国家。

二、柬埔寨

2005年以来柬埔寨水果种植面积波动较大，从57.50千公顷降至2009年的48.56千公顷，产量从33.04万吨增至37.46万吨。水果种植面积和产量在东南亚国家水果种植总面积和总产量中所占比重只有1.31%和0.72%，仅高于文莱、新加坡和老挝三国(见表2-4)。

表 2-4　2009 年柬埔寨水果生产状况　（单位：千公顷，万吨，%）

水果种类	面　积		产　量	
	面　积	占　比	产　量	占　比
水果生产合计	48.56	100	37.46	100
香　蕉	23.45	48.29	16.08	42.93
菠　萝	1.99	4.10	2.26	6.03
芒果、山竹、番石榴	3.17	6.53	5.86	15.64
柑橘类水果	10.42	21.46	5.57	14.87
其他新鲜水果	9.52	19.60	7.69	20.53

柬埔寨水果生产以香蕉、芒果、山竹、番石榴和柑橘类水果为主，几类水果种植面积占柬埔寨水果种植总面积的 76.28%，产量占柬埔寨水果总产量的 73.44%。其中香蕉种植面积最大，为 23.45 千公顷，占总面积的 48.29%，产量 16.08 万吨，占总产量的 42.93%，也远远高过其他水果；柑橘类水果种植面积 10.42 千公顷，占总面积的 21.46%，产量 5.57 万吨，占总产量的 14.87%；芒果、山竹和番石榴的种植面积所占比重较低，只占 6.53%，产量占 15.64%，其单产很高，平均单产 18.5 吨/公顷，在东南亚各国中为最高，远高于印度尼西亚（11.56 吨/公顷）。另外，荔枝、枇杷、石榴、罗望子等其他新鲜水果和菠萝也有一定量的种植，其他新鲜水果种植面积和产量分别占 19.60%和 20.53%；菠萝种植面积和产量的比重分别为 4.10%和 6.03%。

柬埔寨水果基本自给，2007 年水果消费量 33.92 万吨，自给率达到 1.09。然而，由于其水果生产技术落后和缺乏效率，水果价格较高，难以在价格上同国际市场中采用现代化生产方式生产的水果竞争。

三、印度尼西亚

印度尼西亚非常适宜热带水果的种植和生长，有“热带水果王国”之称，生产有“水果之王”的榴莲，“水果之后”的山竹，以及芒果、木瓜、番石榴、菠萝、鳄梨、柚、橙等。随着近些年印尼经济的不断发展，农业生产水平和水果生产效率不断提高，水果产量也不断增加。水果种植面积从 2004 年的 1066.53 千公顷波动降至 2009 年的 730.33 千公顷，下降了 31.52%。2009 年种植面积占东南亚水果种植总面积的 19.75%，仅次于菲律宾和泰国，产量从 2004 年的 1425.45 万吨上升至 2009 年的 1705.77 万吨，占东南亚水果总产量的 32.91%，在东南亚各国中水果产量最高，成为东南亚最主要的水果生产国之一。

印度尼西亚生产的水果种类繁多，有香蕉、芒果、山竹、番石榴和柑橘类水果等主要水果，还有杨桃、番荔枝、榴莲、菠萝蜜、龙眼、西番莲、红毛丹等其他热带水果和荔枝、枇杷、石榴、玫瑰果、罗望子、杨梅等其他新鲜水果。2009年，香蕉、芒果、山竹、番石榴和柑橘类水果的种植面积占印尼水果种植总面积的48.34%，产量占印尼水果总产量的61.71%(见表2-5)。

表2-5　2009年印度尼西亚水果生产状况

(单位：千公顷，万吨，%)

水果种类	面　积		产　量	
	面　积	占　比	产　量	占　比
水果生产合计	730.33	100	1705.77	100
香　蕉	105	14.38	627.31	36.78
菠　萝	22.5	3.08	155.81	9.13
芒果、山竹、番石榴	186	25.47	215.00	12.60
木　瓜	9	1.23	76.62	4.49
柑橘类水果	62	8.49	210.26	12.33
鳄　梨	20	2.74	25.79	1.51
其他热带水果	210	28.75	255.00	14.95
其他新鲜水果	115.83	15.86	140.00	8.21

芒果、山竹和番石榴的种植面积最大，达186千公顷，占印尼水果种植总面积的25.47%，占东南亚该类水果种植面积的25.11%，仅次于菲律宾和泰国，产量215万吨，占印尼水果总产量的12.60%，占东南亚该类水果总产量的35.73%，低于泰国；香蕉种植面积105千公顷，占印尼水果总面积的14.38%，占东南亚香蕉种植面积的12.17%，仅次于菲律宾和泰国。产量627.31万吨，占印尼水果总产量的36.78%，远高于其他水果，占东南亚香蕉总产量的31.33%，仅低于菲律宾；柑橘类水果种植面积62千公顷，在印尼水果种植面积中所占比例只有8.5%，但在东南亚柑橘类水果种植面积中所占的比例高达22.56%，仅次于泰国，产量210.26万吨，占印尼水果总产量的12.33%，占东南亚柑橘类总产量的46.84%，成为东南亚最主要的柑橘类水果产地。

其他热带水果和其他新鲜水果的种植面积分别占印尼水果种植总面积的

28.75%和15.86%，占东南亚该类水果种植面积的26.50%和16.16%，产量分别占印尼水果总产量的14.95%和8.20%，在东南亚该类水果总产量中所占比重分别为36.99%和23.12%。此外，还生产菠萝、木瓜和鳄梨，但面积和产量在所占比重均不足10%，其鳄梨和木瓜在东南亚各国中产量最高，分别占东南亚鳄梨和木瓜产量的62.72%和91.16%。

印尼水果产量很大，自给率较高，2007年水果自给率达1.12。但由于目前缺乏良好的技术以保障成熟水果至目的地市场，很多水果生产后未能得到合理的销售，出口量较小，主要出口中国、新加坡、马来西亚、日本、伊朗、沙特阿拉伯、阿联酋等国家和我国香港地区。

四、老挝

老挝水果生产发展较快，水果种植面积从1988年的18.06千公顷增加到2009年的27.81千公顷，增加了9.75千公顷，产量从11.05万吨增长到25.90万吨，增长了134%。但在东南亚国家依然处于较低水平，其面积和产量在东南亚水果种植总面积和总产量中所占比重只有0.75%和0.5%，仅高于文莱和新加坡。

老挝以香蕉、菠萝和柑橘类水果生产为主，2009年三种水果的种植面积占老挝水果种植总面积的68%，产量占总产量的72.55%。其中，柑橘类水果的种植面积最高，为10.19千公顷，占老挝水果种植总面积的36.64%，产量8.09万吨，占老挝水果总产量的31.24%，但在东南亚柑橘类水果种植总面积和总产量中所占比例很低；香蕉种植面积和产量分别为4.95千公顷和6.12万吨，在老挝水果种植面积和总产量中所占比重分别为17.80%和23.63%；菠萝种植面积和产量分别为3.77千公顷和4.58万吨，占比重分别为13.56%和17.68%；荔枝、枇杷、杨梅、罗望子等其他新鲜水果也有一定的比重，种植面积和产量分别为7.29千公顷和5.62万吨，占比例分别为26.21%和21.70%。老挝是东南亚国家中唯一生产石果的国家，种植面积和产量分别为1.23千公顷和1.14万吨。此外，芒果、山竹、番石榴也有少量种植（见表2-6）。

老挝由于经济发展基础薄弱，农田基本建设落后，抵御自然灾害能力较弱，长期以来，老挝水果自给能力不足，2005年自给率只有0.82，2007年水果消费量23.69万吨，水果自给率达到1.07。

表 2-6　2009 年老挝水果生产状况　（单位：千公顷，万吨，%）

水果种类	面　积		产　量	
	面　积	占　比	产　量	占　比
水果生产 合计	27.81	100	25.90	100
香　蕉	4.95	17.80	6.12	23.63
菠　萝	3.77	13.56	4.58	17.68
芒果、山竹、番石榴	0.38	1.37	0.36	1.39
柑橘类水果	10.19	36.64	8.09	31.24
石　果	1.23	4.42	1.14	4.40
其他新鲜水果	7.29	26.21	5.62	21.70

五、马来西亚

马来西亚适宜各种水果生长，热带水果资源丰富，也是一些著名热带水果的产地之一。近些年，政府重点发展橡胶、椰子、油棕、可可等经济作物，对水果产业的投入较少，种植面积有所减少。2005 年，水果种植面积 99.52 千公顷，2009 年降至 97.72 千公顷，仅占东南亚水果种植面积的 2.64%。产量从 2005 年的 1406.8 千吨增加到 1485.61 千吨，在东南亚水果总产量中所占比重也不足 3%。

马来西亚水果生产以香蕉、菠萝为主，两者水果种植面积之和占马来西亚水果种植总面积的 41.23%，产量占总产量的近 70%。其中，香蕉种植面积最大，为 28.64 千公顷，占马来西亚水果种植总面积的 29.31%，产量 62.50 万吨，占总产量的 42.07%；菠萝种植面积 11.65 千公顷，占总面积的 11.92%，产量 40.01 万吨，占总产量的 26.93%。马来西亚水果种类繁多，其他热带水果和其他新鲜水果在水果生产中占有较大份额，两者种植面积之和在总面积中所占比重为 38.32%，产量占 20.6%。芒果、山竹、番石榴、木瓜和柑橘类水果的种植面积较少，种植面积分别占 6.14%、7.42%和 6.90%，产量所占比重分别为 1.65%，4.85%，3.91%（见表 2-7）。

马来西亚水果品种多，但均为热带水果，难以满足居民需求多样性要求。2007 年水果消费量 152.44 万吨，自给率 95.27%。每年需要进口大量温带水果，进口的主要品种为苹果、各类柑橘、葡萄、梨、枣、柚子等，主要从中国、美国、澳大利亚、南非、新西兰等国家进口。

表 2-7　2009 年马来西亚水果生产状况（单位：千公顷，万吨，%）

水果种类	面　积		产　量	
	面　积	占　比	产　量	占　比
水果生产合计	97.72	100	148.56	100
香　蕉	28.64	29.31	62.50	42.07
菠　萝	11.65	11.92	40.01	26.93
芒果、山竹、番石榴	6	6.14	2.45	1.65
木　瓜	7.25	7.42	7.20	4.85
柑橘类水果	6.74	6.90	5.81	3.91
其他热带水果	24.45	25.02	20.65	13.90
其他新鲜水果	13	13.30	9.95	6.70

六、缅甸

近年来缅甸水果产业在其政府重点发展农业的情况下得到飞速发展，水果种植面积从 2005 年的 349.1 千公顷增加到 2009 年的 395.44 千公顷，增长了 13.27%，产量从 1693.56 千吨增加到 2092.95 千吨，增长了 23.58%。

缅甸水果生产以香蕉为主，种植面积 70 千公顷，占水果种植总面积的 17.70%，在东南亚香蕉总产量中所占比重不到 10%。产量 82.5 万吨，占本国水果总产量的 39.42%，在东南亚香蕉总产量中不足 5%。其他水果以生产荔枝、枇杷、木瓜、石榴、玫瑰果、罗望子、杨梅等新鲜水果为主，种植面积和产量分别为 325.44 千公顷和 126.80 万吨，分别占缅甸水果种植总面积和总产量的 82.30%和 60.58%（见表 2-8）。

缅甸水果种类丰富，在保障国内需求的同时，还有大量出口，2007 年水果消费量 169.07 万吨，远远低于本国水果产量，自给率达 1.21。

表 2-8　2009 年缅甸水果生产状况　（单位：千公顷，万吨，%）

水果种类	面　积		产　量	
	面　积	占　比	产　量	占　比
水果生产合计	395.44	100	209.30	100
香　蕉	70	17.70	82.50	39.42%
其他新鲜水果	325.44	82.30	126.80	60.58

七、菲律宾

菲律宾是世界上重要的热带水果生产和出口国。2009年水果种植面积1142.67千公顷，占东南亚各国水果种植总面积的30.89%，是东南亚各国水果种植面积最多的国家，水果产量15961.42千吨，占东南亚各国水果生产总量的30.79%。

菲律宾水果生产以香蕉、菠萝、芒果、木瓜、番石榴和其他热带水果为主，这几类水果种植面积占菲律宾水果种植总面积的93.06%，产量占总产量的95.74%。其中，香蕉种植面积最大，为446.4千公顷，占菲律宾水果种植总面积的39.07%，占东南亚香蕉种植面积的51.73%，远远超过东南亚其他国家，是泰国香蕉种植面积的3.97倍，产量901.32万吨，占菲律宾水果总产量的56.47%，占东南亚香蕉生产总量的45.02%，在东南亚各国中为最高，是世界第五大香蕉生产国。其他热带水果种植面积370千公顷，占菲律宾水果种植总面积的32.38%，占东南亚其他热带水果总面积的46.69%，产量330万吨，占菲律宾水果种植总产量的20.67%，占东南亚其他热带水果总产量的47.86%，为东南亚各国最高；芒果、山竹和番石榴的种植面积188.1千公顷，占菲律宾水果种植总面积的16.46%，占东南亚该类水果种植面积的25.39%，产量77.14万吨，占菲律宾水果总面积的4.83%，占东南亚水果总产量的12.82%；菠萝种植面积58.8千公顷，占菲律宾水果种植总面积的5.15%，占东南亚菠萝种植总面积的25.69%，产量219.85万吨，占菲律宾水果总产量的13.77%，占东南亚菠萝总产量的33.41%，菠萝单产较高，为37.39吨/公顷，仅次于印度尼西亚；木瓜、鳄梨、葡萄、柑橘类水果和草莓等水果均有生产，但面积和产量均比较小（见表2-9）。

表2-9　2009年菲律宾水果生产状况　（单位：千公顷，万吨，%）

水果种类	面积		产量	
	面积	占比	产量	占比
水果生产合计	1142.67	100	1596.14	100
香蕉	446.4	39.07	901.32	56.47
菠萝	58.8	5.15	219.85	13.77
芒果、山竹、番石榴	188.1	16.46	77.14	4.83
木瓜	8.9	0.78	17.67	1.11
柑橘类水果	37.97	3.32	25.84	1.62

续表

水果种类	面积		产量	
	面积	占比	产量	占比
鳄梨	5.5	0.48	2.50	0.16
葡萄	0.27	0.02	0.01	0.00
草莓	0.12	0.01	0.17	0.01
其他热带水果	370	32.38	330.00	20.67
其他新鲜水果	26.6	2.33	21.64	1.36

菲律宾水果产量较大，2007 年水果自给率达 1.47。但由于其偏重于发展外向型水果生产，相应地增加了对进口水果的依赖，每年需从美国、澳大利亚、加拿大以及中国等国家进口大量水果。

八、新加坡

新加坡虽然自然条件适合水果生产，但由于土地资源缺乏，以发展工业和城市为主，水果产业发展滞后。2009 年水果种植面积只有 0.003 千公顷，产量仅有 0.001 万吨。番木瓜、荔枝、椰子、山竹、榴莲、木瓜、芒果、红毛丹等热带水果均有种植(见表 2-10)。

表 2-10 2009 年新加坡水果生产状况 (单位：千公顷，万吨，%)

水果种类	面积		产量	
	面积	占比	产量	占比
水果生产合计	0.003	100	0.01	100
其他新鲜水果	0.003	100	0.01	100

新加坡水果主要依赖进口，自给率很低，因此，政府制定了严格的水果安全标准，严密检验从世界各地进口的水果，特别是农药残留。

九、泰国

泰国是水果之乡，水果是泰国重要的农作物，每年 4—8 月份是水果大量上市的季节。2009 年水果种植面积 826.32 千公顷，占东南亚水果种植总面积的 22.34%，仅次于菲律宾。水果产量 863.71 万吨，占东南亚各国水果生产总产量的 16.66%，低于印度尼西亚和菲律宾。

香蕉、菠萝、芒果(包括芒果、山竹和番石榴)、柑橘类水果是泰国生产的主要水果,2009 年这几类水果种植面积占泰国水果种植总面积的 72.83%,产量占总产量的 83.38%。其中,芒果、山竹、番石榴的种植面积最大,为 308.03 千公顷,占泰国水果种植总面积的 37.28%,占东南亚该类水果种植总面积的 41.59%,产量 246.98 万吨,占泰国水果总产量的 28.60%,占东南亚该类水果总产量的 41.04%;香蕉种植面积 112.39 千公顷,占泰国水果种植总面积的 13.60%,占东南亚香蕉种植总面积的 7.63%,低于菲律宾、印度尼西亚和越南,居第四;菠萝种植面积 90.66 千公顷,占泰国水果种植总面积的 10.97%,占东南亚菠萝种植总面积的 39.61%,为东南亚最高,产量 189.49 万吨,占泰国水果总产量的 21.94%,占东南亚菠萝总产量的 28.79%,仅次于菲律宾;柑橘类水果种植面积 90.76 千公顷,占泰国水果种植总面积的 10.98%,占东南亚柑橘类水果种植总面积的 33.03%,为东南亚最高,产量 130.88 万吨,占泰国水果总产量的 15.15%,占东南亚柑橘类水果总产量的 29.16%,仅次于印度尼西亚;其他热带水果也有较大份额,种植面积和产量在泰国水果种植总面积和总产量中所占的比重分别为 22.75%和 9.70%。此外,木瓜、葡萄和其他新鲜水果也有生产,但种植面积和产量相对较小,木瓜和葡萄的种植面积和产量在东南亚各国中均为最高(见表 2-11)。

表 2-11　2009 年泰国水果生产状况　(单位:千公顷,万吨,%)

水果种类	面　积		产　量	
	面　积	占　比	产　量	占　比
水果生产合计	826.32	100	863.71	100
香　蕉	112.39	13.60	152.81	17.69
菠　萝	90.66	10.97	189.49	21.94
芒果、山竹、番石榴	308.03	37.28	246.98	28.60
木　瓜	12.14	1.47	20.68	2.39
柑橘类水果	90.76	10.98	130.88	15.15
葡　萄	4.34	0.53	7.54	0.87
其他热带水果	187.99	22.75	83.81	9.70
其他新鲜水果	20.02	2.42	31.53	3.65

泰国水果产量较大,是东南亚国家水果自给率最高的,在满足国内需求的同时,每年有大量水果出口,2007 年水果自给率 1.68。但由于国内外消费者和企业对高品质水果的需求与日俱增,水果出口压力较大,市场竞争激烈。

十、越南

越南素以盛产热带、亚热带水果闻名，也是水果及其加工产品的主要出口国，湄公河三角洲是水果主要生产区域。近年来，越南水果生产效率有所提高，种植面积从2005年的482.81千公顷降至2009年的428.53千公顷，占东南亚水果种植总面积的11.59%。产量从5715.04千吨增加到5958.72千吨，占东南亚水果总产量的11.50%。

香蕉、菠萝、芒果(包括芒果、山竹和番石榴)、柑橘类水果和其他新鲜水果是越南生产的主要水果，这几类水果种植面积占越南水果种植总面积的96.86%，产量占越南水果总产量的96.89%。其中，其他新鲜水果的种植面积最大，达到198.14千公顷，占越南水果种植总面积的46.24%，占东南亚其他新鲜水果种植总面积的27.65%，仅次于缅甸，产量261.69万吨，占越南水果总产量的43.92%，占东南亚其他新鲜水果种植总面积的43.22%，为东南亚各国最高；香蕉种植面积71.89千公顷，占越南水果种植总面积的16.78%，占东南亚香蕉种植总面积的8.33%，低于菲律宾、泰国和印度尼西亚，产量153.24万吨，占越南水果总产量的25.72%，占东南亚香蕉总产量的7.65%，仅次于菲律宾和印度尼西亚；柑橘类水果种植面积56.63千公顷，占越南水果种植总面积的13.21%，占东南亚柑橘类水果种植总面积的20.61%，低于泰国和印度尼西亚，产量62.36万吨，占越南水果总产量的10.47%，占东南亚柑橘类水果总产量的13.89%，也低于泰国和印度尼西亚，居第三位；芒果、山竹、番石榴的种植面积49.04千公顷，占越南水果种植总面积的11.44%，占东南亚该类水果种植总面积的6.62%，低于泰国、菲律宾和印度尼西亚，产量54万吨，占越南水果总产量的9.06%，占东南亚该类水果总产量的8.97%，也低于泰国、印度尼西亚和菲律宾；菠萝种植面积39.38千公顷，占越南水果种植总面积的9.19%，占东南亚菠萝种植总面积的17.21%，仅次于泰国和菲律宾，产量46万吨，占越南水果总产量的7.72%，占东南亚菠萝总产量的7%，低于菲律宾、泰国和印度尼西亚，同时，还种植其他浆果和葡萄，其他浆果种植面积和产量分别为11.69千公顷和154.40千吨，葡萄在越南水果种植总面积和总产量中所占比重均不足1%(见表2-12)。

表 2-12　2009 年越南水果生产状况　（单位：千公顷，万吨，%）

水果种类	面　积		产　量	
	面　积	占　比	产　量	占　比
水果生产合计	428.53	100	595.87	100
香　蕉	71.89	16.78	153.24	25.72
菠　萝	39.38	9.19	46.00	7.72
芒果、山竹、番石榴	49.04	11.44	54.00	9.06
柑橘类水果	56.63	13.21	62.36	10.47
其他浆果	11.69	2.73	15.44	2.59
葡　萄	1.78	0.42	3.14	0.53
其他新鲜水果	198.14	46.24	261.69	43.92

越南水果总产量在东南亚十国中位居第四位，巨大的产量使其国产水果在满足国内需求之余，还有大量出口。2007 年国内需求量 501.31 万吨，自给率 1.13。

第三章

东南亚国家主要温带水果进口贸易

2006—2010 年间东南亚国家水果进口总体上呈快速增长趋势，进口总额由 1242.85 百万美元增长到 2534.82 百万美元，以年均 19.50％速度增长。其中主要温带水果（苹果、葡萄、梨、甜瓜、葡萄干、核桃）进口规模较大，占 40％左右，进口也呈逐年增长趋势，由 548.96 百万美元增长到 1064.00 百万美元，年均增长 17.99％。从东南亚各国水果进口状况来看，印度尼西亚、菲律宾和泰国主要温带水果进口规模很大，2010 年分别占各国水果进口总额的 51.88％、61.50％和 57.63％（见图 3-1、图 3-2）。

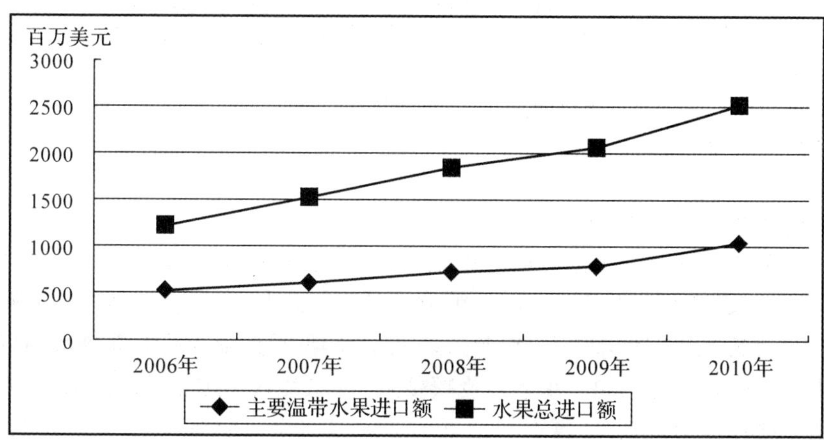

图 3-1　东南亚水果进口趋势

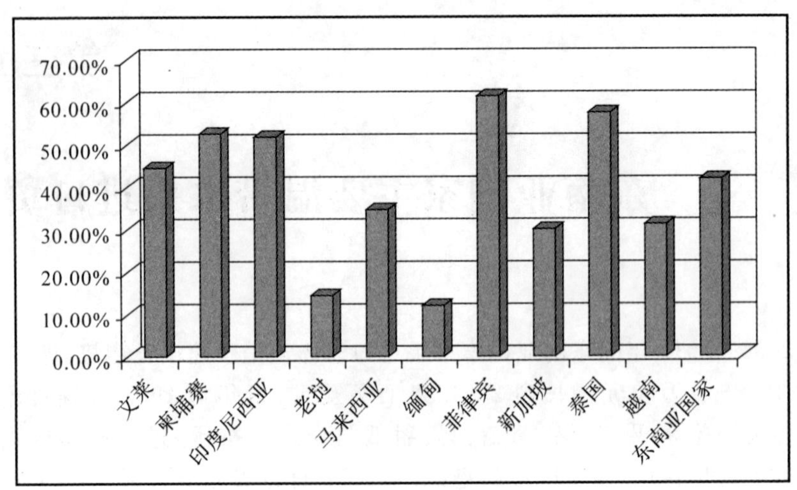

图 3-2　2010 年东南亚各国进口温带水果占水果进口总额的比重

第一节　东南亚国家进口温带鲜水果状况

一、苹果

1. 进口规模及变动

苹果是东南亚国家进口最多的温带水果，近年来东南亚十国苹果进口呈逐年增长趋势，进口额由 2006 年的 264.21 百万美元增长到 2010 年的 519.24 百万美元，年均增长 18.40%。其中，印度尼西亚、泰国、新加坡、越南、马来西亚和菲律宾六国苹果进口规模很大，占东南亚十国苹果总进口的 98% 以上，主要进口国印度尼西亚和泰国苹果进口占十国总进口的 55% 以上（见表 3-1）。

表 3-1　东南亚国家苹果进口及变动趋势　（单位：百万美元）

国　家	2006	2007	2008	2009	2010
东南亚十国	264.21	300.83	362.74	394.72	519.24
印度尼西亚	90.10	111.69	111.69	128.46	168.08
泰　国	59.62	70.19	90.93	99.46	122.69

续表

国 家	2006	2007	2008	2009	2010
新加坡	38.25	42.47	52.85	48.86	58.27
越 南	15.52	15.99	22.62	28.66	65.12
马来西亚	22.09	27.62	43.23	47.66	55.89
菲律宾	35.70	29.95	36.39	36.00	41.91
文 莱	1.95	1.84	2.03	1.54	2.06
缅 甸	0.82	0.99	2.11	1.98	1.44
老 挝	0.16	0.09	0.32	0.61	1.76
柬埔寨	—	—	0.57	1.49	2.02

资料来源:UN COMTRADE DATABASE,由作者整理得。

从东南亚各国在2006—2010年间苹果进口及变动趋势来看:印度尼西亚苹果进口最多,占东南亚十国苹果总进口的30%以上,并呈增长趋势,由90.10百万美元增长到168.08百万美元,年均增长16.87%,2010年进口量19.75万吨;其次为泰国苹果进口,占22%以上,进口也呈增长趋势,由59.62百万美元增长到122.69百万美元,年均增长19.77%,2010年进口量12.90万吨;新加坡苹果进口占10%以上,进口呈趋势性增长,2010年进口最高,为58.27百万美元,进口量4.77万吨。此外,越南苹果进口增长速度最快,年均增长43.12%,2010年进口达到65.12百万美元,占12.54%,2009年进口量2.51万吨;马来西亚年均进口苹果增长20.40%,进口由22.09百万美元增长到55.89百万美元,2010年进口量10.29万吨;菲律宾苹果进口呈波动变化,2010年进口量7.02万吨,进口额41.91百万美元,占8.07%(见图3-3)。

其他文莱、缅甸、老挝和柬埔寨四国苹果进口较少,其中文莱、缅甸、老挝进口呈波动变化,2010年进口分别为2.06百万美元、1.44百万美元和1.76百万美元,柬埔寨从2008年开始进口苹果,2010年进口最多,为2.02百万美元(见图3-4)。

2.进口市场结构

从东南亚各国进口苹果市场结构来看,进口市场非常集中,主要从中国和美国两个国家进口,中国和美国是其最主要的苹果供给市场,其次,从新西兰、智力、法国等国有少量进口。此外,东南亚个别的一些小国家也从东南亚其他大国通过转口贸易进口苹果(见表3-2)。

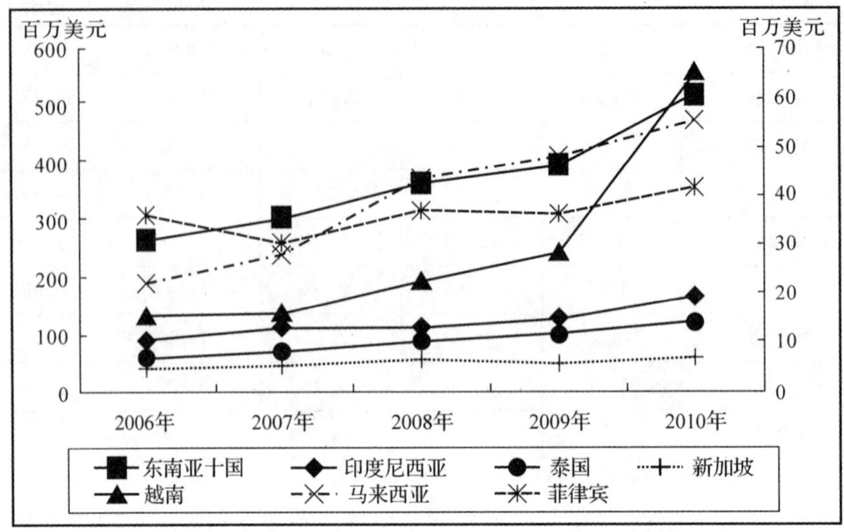

图 3-3　东南亚主要国家苹果进口趋势

注：左轴包括东南亚十国、印度尼西亚、泰国、新加坡；
右轴包括越南、马来西亚、菲律宾。

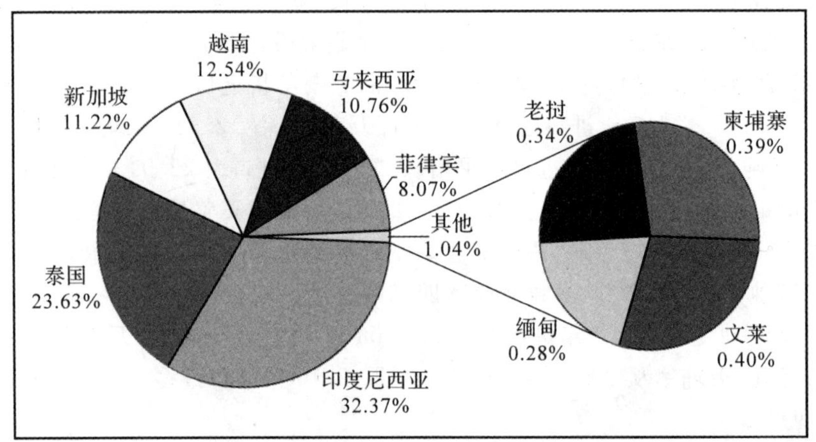

图 3-4　2010 年东南亚苹果进口结构

表 3-2　2006—2010 年东南亚国家苹果进口方向

进口国家	主要进口地理方向
印度尼西亚	中国、美国、新西兰、法国、澳大利亚、南非
泰　国	中国、新西兰、美国、法国、日本

续表

进口国家	主要进口地理方向
新加坡	中国、南非、美国、新西兰、法国
越　南	中国、美国、新西兰、智利
马来西亚	中国、南非、美国、新西兰、法国
菲律宾	中国、美国
文　莱	中国、美国、新西兰、南非
缅　甸	泰国、中国、新加坡
老　挝	中国
柬埔寨	美国、新西兰、南非、新加坡

资料来源:UN COMTRADE DATABASE,由作者整理得。

注:为剔除进口波动,采用2006—2010年五年数据平均测算得到;

鉴于数据可获得性,根据越南2006—2009年四年数据平均、文莱2006年数据、柬埔寨2008年数据测算得到。

印度尼西亚主要从中国和美国进口苹果,进口额占其苹果总进口(122.00百万美元)的94.58%,其中从中国进口占72.55%,从美国进口占22.03%;其次从新西兰、南非、法国和澳大利亚进口苹果,进口分别只占苹果总进口的2.12%、0.99%、0.92%和0.61%。

泰国也主要从中国和美国进口苹果,进口额占其苹果总进口(88.58百万美元)的84.7%,其中从中国进口占70.91%,从美国进口占13.79%。此外,从新西兰、法国和日本进口的苹果分别占苹果总进口的9.13%、2.93%和1.28%。

新加坡主要从中国、南非、美国、新西兰、法国进口苹果,进口额占其苹果总进口(48.14百万美元)的95.66%,其中从中国进口占40.54%,从南非进口占21.44%,从美国和新西兰进口分别占14.97%和11.79%,从法国进口相对较少,占6.93%。

越南主要从中国和美国进口苹果,进口额占其苹果总进口(20.70百万美元)的95.63%,其中从中国进口占81.65%;从新西兰和智利进口较少,分别占2.13%和0.89%。

马来西亚主要从中国、南非、美国进口苹果,进口额占其苹果总进口(39.30百万美元)的88.21%,其中从中国进口占41.77%,从南非进口占33.96%,从美国进口占12.48%。其次,从新西兰和法国进口较少,分别占4.68%和5.41%。

菲律宾主要从中国进口苹果，进口额占其苹果总进口(35.99 百万美元)的 93.01%。从美国有少量进口，占 6.12%。

文莱主要从中国、美国、新西兰、南非进口苹果，占其苹果总进口(1.95 百万美元)的 85.09%，其中从中国进口占 42.78%，从美国、新西兰和南非进口分别占 16.34%、14.19%和 11.78%。

缅甸从泰国、中国和新加坡进口苹果，从泰国进口占其苹果总进口(7.35 百万美元)的 68.82%，从中国和新加坡进口分别占 25.26%和 5.92%。

老挝几乎全部从中国进口苹果，占其苹果总进口(2.95 百万美元)的 99.53%。此外，还从越南和泰国有极少量进口。

柬埔寨主要从美国、新西兰、南非和新加坡进口苹果，占其苹果总进口(0.57 百万美元)的 95.29%。从美国进口占 51.86%，从新西兰进口占 19.65%，从南非和新加坡进口分别占 12.74%和 10.97%。

二、葡萄

1.进口规模及变动

葡萄是东南亚国家进口的第二大温带水果，葡萄进口量较大，亦呈增长趋势，进口额由 2006 年的 129.94 百万美元增长到 2010 年的 265.75 百万美元，年均增长 19.59%，年均增长额为 33.95 百万美元。其中印度尼西亚、泰国、新加坡、越南、马来西亚和菲律宾六国葡萄进口规模很大，占东南亚十国葡萄总进口的 97%以上(见表 3-3)。

表 3-3 东南亚国家葡萄进口及变动趋势 (单位:百万美元)

国　家	2006	2007	2008	2009	2010
东南亚十国	129.94	154.70	174.96	223.99	265.75
印度尼西亚	43.64	49.24	48.31	66.76	81.28
泰　国	26.17	35.84	43.98	56.69	52.23
新加坡	27.88	31.85	35.83	36.52	39.21
越　南	11.25	13.73	17.85	29.34	55.96
马来西亚	10.59	11.60	13.37	14.80	16.05
菲律宾	8.80	10.69	12.23	14.40	15.07
文　莱	1.57	1.62	1.65	1.69	1.82
缅　甸	0.02	0.13	0.14	0.15	0.10

续表

国　家	2006	2007	2008	2009	2010
老　挝	0.02	0.01	0.05	0.07	0.14
柬埔寨	—	—	1.54	3.57	3.89

从东南亚各国2006—2010年葡萄进口及变动趋势来看：印度尼西亚葡萄进口最多，占东南亚十国葡萄总进口的27%以上，并呈增长趋势，进口额由43.64百万美元增长到81.28百万美元，年均增长16.82%，2010年进口量4.13万吨；泰国和新加坡葡萄进口也较多，分别占19%和14%以上，也均呈增长趋势，进口额分别由26.17百万美元和27.88百万美元增长到52.23百万美元和39.21百万美元，年均增长分别为18.86%和8.90%，2010年进口量分别为4.15万吨和1.41万吨；越南葡萄进口增长速度最快，年均增长49.34%，2010年进口55.96百万美元，占21.06%，2009年进口量1.49万吨；马来西亚和菲律宾葡萄进口也较多，且有增长趋势，年均增长率分别为10.95%和14.40%，2010年进口量分别为2.64万吨和1.89万吨（见图3-5）。

文莱、缅甸、老挝和柬埔寨四国葡萄进口较少，除缅甸外，其他国家进口也均呈增长趋势，2010年四国葡萄进口分别为1.82百万美元、0.10百万美元、0.14百万美元和3.89百万美元（见图3-6）。

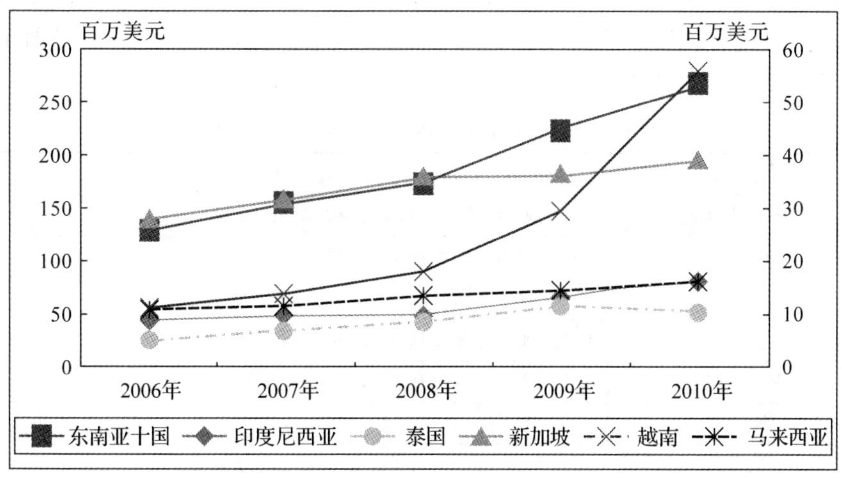

图3-5　东南亚主要国家葡萄进口趋势

注：左轴包括东南亚十国、印度尼西亚、泰国；
右轴包括新加坡、越南、马来西亚。

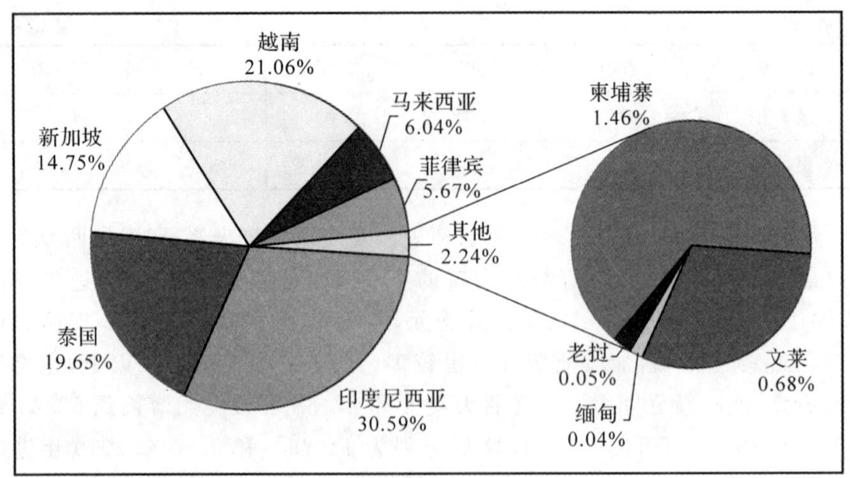

图 3-6　2010 年东南亚国家葡萄进口结构

2. 进口市场结构

从东南亚各国进口葡萄市场来看，进口市场比苹果和梨要广阔，美国、澳大利亚、中国、智利是其主要的葡萄进口市场。其次，还从南非、秘鲁进口葡萄。此外，也存在东南亚区域内的葡萄转口贸易(见表 3-4)。

印度尼西亚主要从美国、澳大利亚、中国、智利、南非和秘鲁进口葡萄，占其葡萄总进口(57.85 百万美元)的 95.50%。其中从美国进口最多，占 41.05%；从澳大利亚进口次之，占 22.44%；从中国进口占 15.17%；从智利、南非和秘鲁进口相对较少，分别占 8.63%、4.22%和 3.99%。

表 3-4　2006—2010 年东南亚国家葡萄进口方向

国　家	主要进口地理方向
印度尼西亚	美国、澳大利亚、中国、智利、南非、秘鲁
泰　国	中国、美国、澳大利亚、智利
新加坡	美国、澳大利亚、南非、智利
越　南	中国、美国、澳大利亚、智利、秘鲁
马来西亚	美国、南非、澳大利亚、智利、中国
菲律宾	美国、智利
文　莱	澳大利亚、美国、南非、瑞士、中国、新加坡
缅　甸	新加坡、泰国
老　挝	中国、泰国
柬埔寨	新加坡、美国

资料来源：UN COMTRADE DATABASE，由作者整理得

泰国主要从中国、美国、澳大利亚和智利进口葡萄，占其葡萄总进口(42.98百万美元)的92.56%。其中从中国进口最多，占45.73%；从美国和澳大利亚进口分别占24.82%和17.50%；从智利进口较少，占4.51%。

新加坡主要从美国、澳大利亚、南非和智利进口葡萄，占其葡萄总进口(34.26百万美元)的92.05%。其中从美国进口最多，占42.20%；从澳大利亚和南非进口分别占27.50%和18.71%；从智利进口较少，占3.63%。

越南主要从中国、美国、澳大利亚、智利和秘鲁进口葡萄，占其葡萄总进口(18.04百万美元)的95.05%。其中从中国进口最多，占37.36%；从美国进口次之，占29.61%；从澳大利亚进口较多，占21.18%；从智利和秘鲁进口较少，分别占3.72%和3.19%。

马来西亚主要从美国、南非、澳大利亚、智利和中国进口葡萄，占其葡萄总进口(13.28百万美元)的92.69%。其中从美国进口最多，占32.13%；从南非和澳大利亚进口较多，分别占18.88%和17.36%；从智利和中国进口相对较少，分别占13.30%和11.02%。

菲律宾主要从美国进口葡萄，占其葡萄总进口(12.24百万美元)的78.22%；此外，还从智利有一定量进口，占14.03%。

文莱主要从澳大利亚、美国、南非、瑞士进口葡萄，占其葡萄总进口(1.57百万美元)的95.29%. 其中从澳大利亚和美国进口最多，分别占44.97%和38.68%；从南非、瑞士、中国、新加坡进口相对较少，分别占3.37%、3.12%、2.93%和2.23%。

缅甸主要从新加坡和泰国进口葡萄，分别占其葡萄总进口(0.55百万美元)的86.47%和13.35%。

老挝主要从中国进口葡萄，占其葡萄总进口(0.29百万美元)的93.77%；从泰国也有一定量进口，占6.23%。

柬埔寨全部从新加坡和美国进口葡萄，分别占其葡萄总进口(0.1百万美元)的90.00%和10.00%。

三、梨

1.进口规模及变动

梨是东南亚国家进口的第三大温带水果，近年来东南亚十国梨进口也呈增长趋势，进口额由2006年的123.46百万美元增长到2010年的207.27百万美元，年均增长率13.83%，年均增长额20.95百万美元。其中印度尼西亚、泰国、新加坡、越南、马来西亚五国梨进口规模较大，占东南亚十国梨总进口的95%以上(见表3-5)。

表 3-5 东南亚国家梨进口及变动趋势 (单位:百万美元)

国家	2006	2007	2008	2009	2010
东南亚十国	123.46	141.57	152.76	157.33	207.27
印度尼西亚	55.81	68.57	65.63	69.87	87.83
泰国	24.98	23.25	28.16	27.86	28.73
新加坡	18.04	20.91	22.27	20.82	24.72
越南	8.43	9.27	9.11	12.85	35.34
马来西亚	10.26	13.55	20.56	18.94	23.59
菲律宾	5.06	5.49	6.26	6.07	6.09
文莱	0.84	0.49	0.52	0.42	0.53
缅甸	0.03	0.02	0.04	0.09	0.04
老挝	0.01	0.03	0.03	0.13	0.15
柬埔寨	—	—	0.18	0.29	0.25

资料来源:UN COMTRADE DATABASE,由作者整理得。

从东南亚各国在2006—2010年梨进口及变动趋势来看:

印度尼西亚梨进口最多,占东南亚十国梨总进口的42%以上,并且呈趋势性增长,由55.81百万美元增长到87.83百万美元,年均增长12.00%,2010年进口量11.13万吨;泰国梨进口占13%以上,进口呈波动变化,2010年进口额28.73百万美元,进口量3.92万吨;新加坡梨进口占11%以上,由18.04百万美元增长到24.72百万美元,年均增长8.19%,2010年进口量2.36万吨;越南梨的进口增长速度最快,年均增长43.09%,进口由8.43百万美元增长到35.34百万美元,2009年进口量1.00万吨;马来西亚梨的进口年均增长13.14%,进口由10.26百万美元增长到23.59百万美元,2010年进口量4.52万吨(见图3-7)。

其他五国菲律宾、文莱、缅甸、老挝、柬埔寨梨进口较少。菲律宾梨进口不多且波动变化,2010年为6.09百万美元,占2.94%;文莱、缅甸、老挝和柬埔寨四国梨进口极少,柬埔寨从2008年起开始进口,四国2010年梨进口分别为0.53百万美元、0.04百万美元、0.15百万美元和0.25美元(见图3-8)。

2.进口市场结构

从东南亚各国梨进口市场来看,也非常集中,中国是其最主要的梨进口市场,其次是从南非、美国市场进口梨。此外,一些东南亚国家还从澳大利亚、日本、韩国等国进口梨,也存在东南亚区域内梨的转口贸易。

印度尼西亚主要从中国进口梨,占其梨进口(69.54百万美元)的93.03%。此外,从南非、澳大利亚、阿根廷和韩国也有少量进口,其中从南非

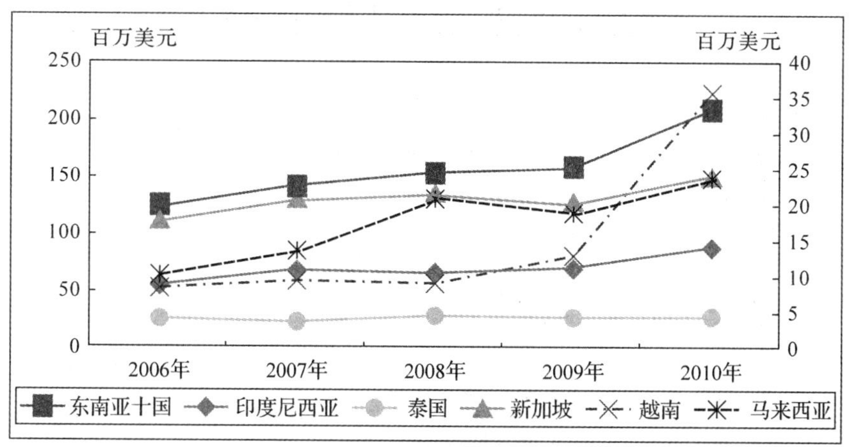

图 3-7　东南亚梨进口趋势

注：左轴包括东南亚十国、印度尼西亚、泰国；右轴包括新加坡、越南、马来西亚。

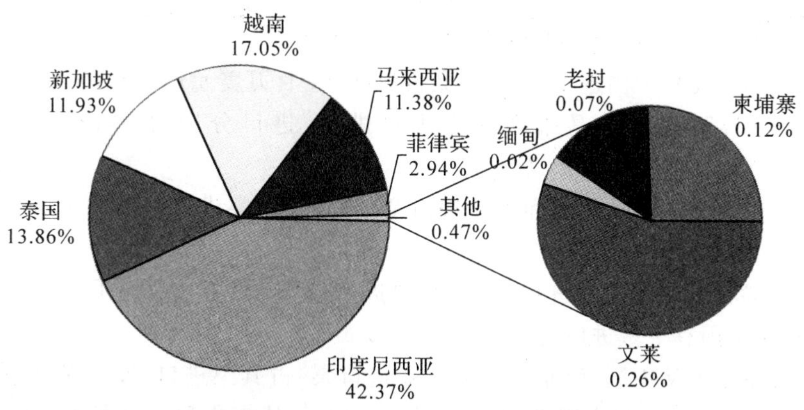

图 3-8　2010 年东南亚国家梨进口结构

进口占 3.60%，从韩国、澳大利亚和阿根廷进口分别占 1.04%、0.77% 和 0.60%。

泰国主要从中国进口梨，占其梨进口(26.59 百万美元)的 98.83%。此外，从日本、美国和澳大利亚也有少量进口，梨进口分别只占 0.54%、0.29% 和 0.12%。

新加坡主要从中国、南非和阿根廷进口梨，占其梨进口(21.35 百万美元)的 90.90%，其中从中国进口最多，占 67.68%，从南非进口占 18.54%，从阿根廷进口占 4.68%(见表 3-6)。

表 3-6 2006—2010 年东南亚国家梨进口方向

国　家	主要进口地理方向
印度尼西亚	中国、南非、韩国、澳大利亚、阿根廷
泰　国	中国、日本、美国、澳大利亚
新加坡	中国、南非、阿根廷
越　南	中国、美国、阿根廷、马来西亚
马来西亚	中国、南非
菲律宾	中国、美国
文　莱	中国、南非、澳大利亚
缅　甸	中国、新加坡、泰国和韩国
老　挝	中国、南非、泰国
柬埔寨	中国、新加坡、南非

资料来源：UN COMTRADE DATABASE，由作者整理得。

越南主要从中国进口梨，占其梨进口（9.91 百万美元）的 98.95%。此外，也从美国、阿根廷和马来西亚有少量进口，进口分别占 0.49%、0.28% 和 0.08%。

马来西亚主要从中国和南非进口梨，分别占其梨进口（17.38 百万美元）的 82.69%和 13.74%。

菲律宾主要从中国进口梨，占其梨进口（5.80 百万美元）的 97.58%；同时，还从美国有少量进口，占 1.29%。

文莱主要从中国、南非和澳大利亚进口梨，占其梨进口（0.84 百万美元）的 92.41%。其中从中国进口最多，占 69.63%；从南非和澳大利亚进口分别占 12.10%和 10.68%。

缅甸主要从中国、新加坡、泰国和韩国进口梨。其中从中国和新加坡进口分别占其梨总进口（0.22 百万美元）的 38.36%和 36.07；从泰国和韩国进口分别占 16.44%和 9.13%。

老挝主要从中国、南非和泰国进口梨。其中从中国进口占其梨总进口（0.34 百万美元）的 89.55%；从南非和泰国进口分别占 8.06%和 2.39%。

柬埔寨主要从中国、新加坡和南非进口梨，占其梨总进口（0.18 百万美元）的 98.59%。其中从中国进口占 87.91%；从新加坡和南非进口分别占 6.04%和 3.85%。

四、甜瓜

1. 进口规模及变动

近年来东南亚十国甜瓜进口呈增长趋势，进口额由 2006 年的 10.49 百万美元增长到 2010 年的 28.73 百万美元，年均增长率 28.64%，年均增长额 4.56 百万美元。其中新加坡和越南甜瓜进口的规模很大，占东南亚十国甜瓜总进口的 78%以上；其次为泰国和马来西亚，占 16.22%；印度尼西亚和文莱进口较少；柬埔寨从 2008 年开始进口，进口极少；菲律宾、缅甸、老挝没有甜瓜进口（见表 3-7）。

表 3-7　东南亚国家甜瓜进口及变动趋势　（单位：百万美元）

国　家	2006	2007	2008	2009	2010
东南亚十国	10.49	11.58	13.89	17.01	28.73
印度尼西亚	0.34	0.26	0.25	0.38	0.43
泰　国	0.13	0.37	1.01	2.39	3.47
新加坡	7.91	8.67	9.00	10.16	11.40
越　南	1.99	2.03	3.12	3.19	12.25
马来西亚	0.13	0.25	0.52	0.90	1.19
菲律宾	—	—	—	—	—
文　莱	0.33	0.23	0.25	0.23	0.32
缅　甸	—	—	—	—	—
老　挝	0.01	—	—	—	—
柬埔寨	—	—	0.01	0.01	0.02

资料来源：UN COMTRADE DATABASE，由作者整理得。

从东南亚各国在 2006—2010 年甜瓜进口及变动趋势来看：新加坡和越南甜瓜进口很多，呈增长趋势，进口额分别由 7.91 百万美元和 1.99 百万美元增长到 11.40 百万美元和 12.25 百万美元，年均增长率分别为 9.57%和 57.51%，越南 2009 年进口量 0.27 万吨，新加坡 2010 年进口量 1.39 万吨；泰国甜瓜进口呈快速增长趋势，年均增长 127.30%，进口额由 0.13 百万美元增长到 3.47 百万美元，2010 年进口量 0.41 万吨；马来西亚甜瓜进口不多，但呈增长趋势，进口额由 0.13 百万美元增长到 1.19 百万美元，年均 0.27 百美元，2010 年进口量 0.22 万吨；印度尼西亚甜瓜进口也较少，呈先下降后上升趋势，2010 年进口额最高，为 0.43 百万美元，进口量 0.04 万吨；文莱甜瓜进口很少且波动变化，2010 年最高，为 0.32 百万美元；柬埔寨从 2008 年开始有极少量进口，2010 年最高，仅为 0.02 百万美元（见图 3-9、图 3-10）。

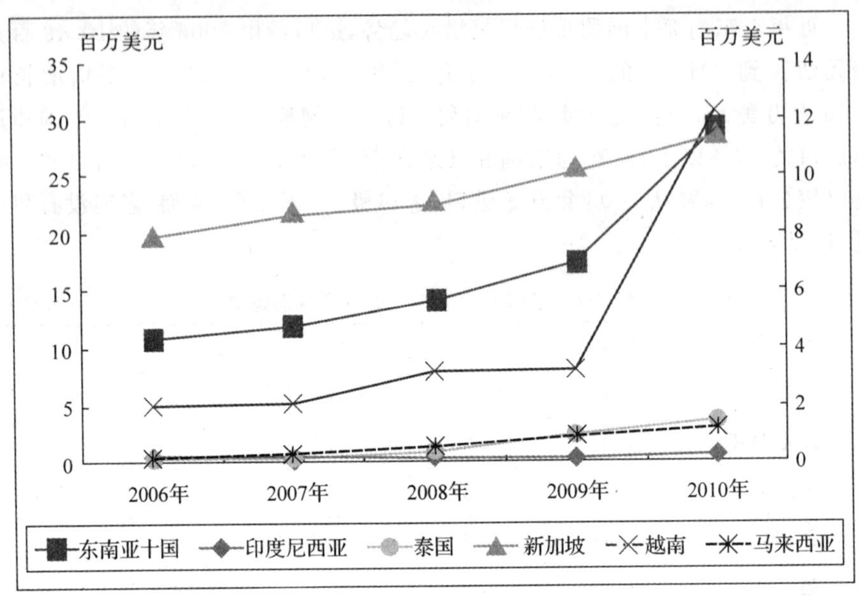

图 3-9　东南亚甜瓜进口趋势

注：左轴包括东南亚十国、印度尼西亚、泰国；右轴包括新加坡、越南、马来西亚。

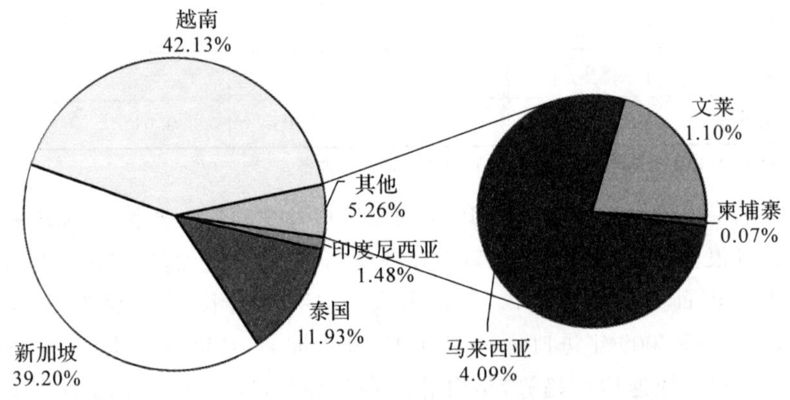

图 3-10　2010 年东南亚国家甜瓜进口结构

2.进口市场结构

从东南亚各国甜瓜进口市场来看，中国和澳大利亚是其最主要的甜瓜进口市场。其次是东南亚国家区域内甜瓜的转口贸易，东南亚其他国家主要从马来西亚和泰国进口甜瓜。

新加坡主要从澳大利亚、马来西亚、中国、西班牙、日本进口甜瓜，进口额占其甜瓜进口总额(9.43 百万美元)的 91.56%。其中从澳大利亚进口最多，占 43.28%；其次从马来西亚和中国进口较多，分别占 24.83%和 16.86%；从西班牙和日本的进口相对较少，分别占 3.80%和 2.78%。99.88%。

泰国主要从中国和澳大利亚进口甜瓜，分别占其甜瓜进口总额(1.47 百万美元)的 84.07%和 12.92%。

马来西亚主要从中国和澳大利亚进口甜瓜，分别占其甜瓜总进口的(0.60 百万美元)75.91%和 15.58%。

印度尼西亚主要从越南、马来西亚、澳大利亚、中国和日本进口甜瓜，占其甜瓜总进口(0.33 百万美元)的 94.20%。其中从越南进口最多，占 28.94%；从马来西亚进口次之，占 18.55%；从中国、澳大利亚和日本进口分别占 15.71%、15.59%和 15.41%(见表 3-8)。

表 3-8　2006—2010 年东南亚国家甜瓜进口方向

国　家	主要进口地理方向
印度尼西亚	越南、马来西亚、澳大利亚、中国、日本
泰　国	中国、澳大利亚
新加坡	澳大利亚、马来西亚、中国、西班牙、日本
越　南	中国
马来西亚	中国、澳大利亚
文　莱	马来西亚、澳大利亚、中国
老　挝	泰国
柬埔寨	中国

资料来源：UN COMTRADE DATABASE，由作者整理得。

文莱主要从澳大利亚、马来西亚和中国进口甜瓜，占其甜瓜总进口(0.33 百万美元)的 98.77%。其中从澳大利亚进口最多，占 58.59%；从马来西亚进口占 33.44%；从中国进口占 6.75%。

老挝全部从泰国进口甜瓜；越南和柬埔寨全部从中国进口甜瓜。

第二节　东南亚国家进口温带干果状况

一、葡萄干

1.进口规模及变动

葡萄干是东南亚国家进口的主要干果，东南亚十国除老挝外均有不同程度的葡萄干进口，并呈增长趋势，进口额由2006年的15.65百万美元增长到2010年的27.31百万美元，年均增长率14.93%，年均增长额2.92百万美元。马来西亚、新加坡、越南以及菲律宾、泰国、印度尼西亚是主要的葡萄干进口国，占东南亚十国葡萄干总进口的99%以上(见表3-9)。

表3-9　东南亚国家葡萄干进口及变动趋势　　(单位：百万美元)

国　家	2006	2007	2008	2009	2010
东南亚十国	15.65	16.11	18.45	19.98	27.31
印度尼西亚	1.84	1.27	2.05	2.29	2.18
泰　国	1.21	1.95	2.44	2.09	3.17
新加坡	4.95	4.44	4.71	4.86	5.82
越　南	1.23	1.46	1.83	2.05	5.42
马来西亚	3.79	4.49	4.96	5.90	7.09
菲律宾	2.58	2.37	2.31	2.56	3.38
文　莱	0.06	0.12	0.05	0.10	0.12
缅　甸	—	—	—	0.01	0.01
老　挝	—	—	—	—	—
柬埔寨	—	—	0.10	0.13	0.13

资料来源：UN COMTRADE DATABASE，由作者整理得。

从东南亚各国在2006—2010年葡萄干进口及变动趋势来看：

马来西亚葡萄干进口最多，占东南亚国家葡萄干进口的24%，进口呈增长趋势，进口额由3.79百万美元增长到7.09百万美元，年均增长16.95%，2010年进口量0.70万吨；新加坡葡萄干进口较多，占21%以上，呈先下降后上升趋势，2010年最高，为5.82百万美元，占21.31%，2010年进口量0.23

万吨；越南葡萄干进口年均增长 44.89%，增长速度最快，由 1.23 百万美元增长到 5.42 百万美元，2009 年进口量 0.11 万吨；菲律宾葡萄干进口占 12%以上，呈波动变化趋势，2010 年最高，为 3.38 百万美元，进口量 0.35 万吨；泰国葡萄干进口占 10%以，由 1.21 百万美元增长到 2010 年的 3.17 百万美元，年均增长 27.22%，2010 年进口量 0.15 万吨；印度尼西亚葡萄干进口呈波动变化，2009 年进口最多，为 2.29 百万美元，占东南亚十国葡萄干总进口 11.46%，2010 年进口量 0.15 万吨(见图 3-11)。

文莱、缅甸、柬埔寨葡萄干进口很少，文莱葡萄干进口呈波动变化，2010 年最高，只有 0.12 百万美元；柬埔寨和缅甸分别从 2008 年和 2009 年开始有少量进口，2010 年进口分别为 0.13 百万美元和 0.01 百万美元；老挝没有葡萄干进口(见图 3-12)。

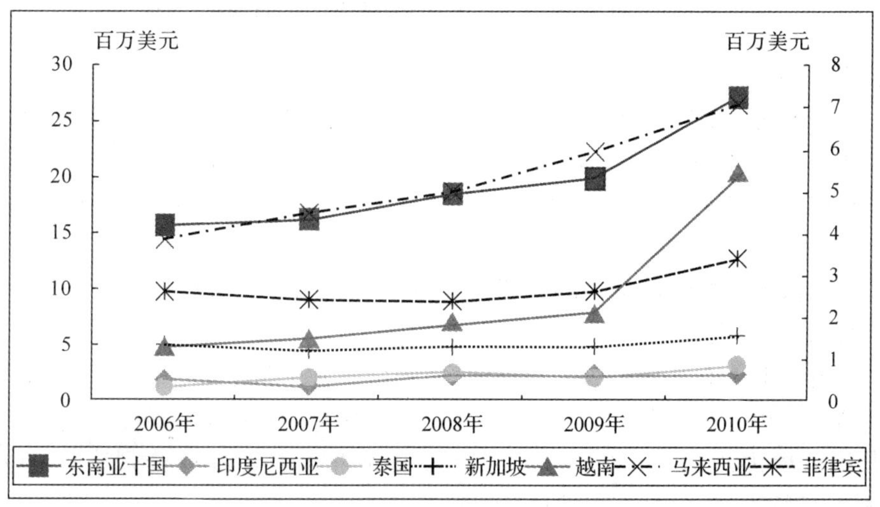

图 3-11　东南亚葡萄干进口趋势

注：左轴包括东南亚十国、印度尼西亚、泰国、新加坡；
右轴包括越南、马来西亚、菲律宾。

2.进口市场结构

从东南亚国家葡萄干进口市场来看，美国是其最主要的进口市场，其次中国和伊朗也是主要的进口市场，此外，还有土耳其、阿富汗等西亚国家。也存在东南亚区域内的转口贸易。

马来西亚主要从美国、土耳其、伊朗、南非、中国进口葡萄干，占其葡萄干进口总额(5.25 百万美元)的 96.90%。其中从美国进口最多，占 51.42%，其次从土耳其和伊朗进口，分别占 19.58%和 14.79%，从南非和中国进口相对

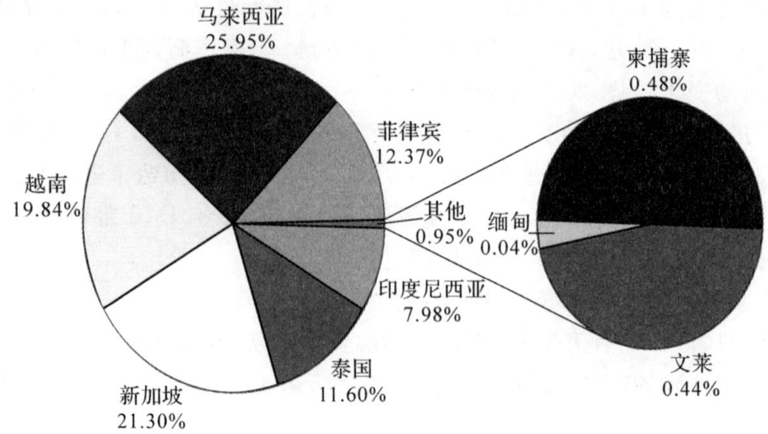

图 3-12　2010 年东南亚国家葡萄干进口结构

较少，分别占 5.85％和 5.27％。

新加坡主要从美国、中国、伊朗、马来西亚和土耳其进口葡萄干，占其葡萄干进口总额(4.96 百万美元)的 92.14％。其中从美国进口最多，占 77.94％；从中国和伊朗进口分别占 5.54％和 4.67％；从马来西亚和土耳其进口相对较少，分别占 2.13％和 1.87％。

泰国进口市场非常集中，主要从美国和中国进口，分别占其葡萄干进口总额(2.17 百万美元)的 61.19％和 36.93％。

越南葡萄干主要从美国、中国、新加坡和中国香港进口葡萄干，占其葡萄干进口总额(1.64 百万美元)的 94.77％。其中从美国进口最多，占 60.31％；其次从中国进口，占 23.26％；从新加坡和中国香港进口分别占 6.65％和 4.55％。

菲律宾主要从美国、伊朗、中国和中国香港进口葡萄干，占其葡萄干进口总额(2.64 百万美元)的 92.06％。其中从美国进口最多，占 69.96％；其次从伊朗进口，占 14.00％；从中国和中国香港进口分别为 4.43％和 3.66％。

印度尼西亚主要从美国、伊朗、中国、南非、土耳其和阿富汗进口葡萄干，占其葡萄干总进口(1.93 百万美元)的 93.64％。其中，从美国进口最多，占 52.40％，其次从伊朗和中国进口，分别占 13.56％和 11.16％，从南非、土耳其和阿富汗进口相对较少，分别只占 9.44％、3.90％和 3.18％。

文莱主要从美国、马来西亚、新加坡和伊朗进口葡萄干，占其葡萄干总进口(0.06 百万美元)的 91.94％。其中从美国和马来西亚进口较多，分别占 35.48％和 27.42％；从新加坡和伊朗进口分别占 17.74％和 11.29％。缅甸

只从新加坡进口葡萄干；柬埔寨主要从新加坡和美国进口葡萄干，分别占其葡萄干总进口(0.1百万美元)的90.00％和10.00％(见表3-10)。

表3-10　2006—2010年东南亚国家葡萄进口方向

国　家	主要进口地理方向
印度尼西亚	美国、伊朗、中国、南非、土耳其、阿富汗
泰　国	美国、中国
新加坡	美国、中国、伊朗、马来西亚、土耳其
越　南	美国、中国、新加坡、中国香港
马来西亚	美国、土耳其、伊朗、南非、中国
菲律宾	美国、伊朗、中国、中国香港
文　莱	美国、马来西亚、新加坡、伊朗
缅　甸	新加坡
柬埔寨	新加坡、美国

二、核桃

1.进口规模及变动

核桃也是东南亚国家进口的主要温带产干果之一，但其进口量相对较小，各国均有不同程度的进口，多数东南亚国家核桃进口呈趋势性增长，进口额由2006年的4.88百万美元增长到2010年的15.37百万美元，年均增长2.62百万美元。新加坡、越南和马来西亚核桃进口量相对较大，占东南亚十国核桃进口总额的80％以上，2010年最高，达92.47％。

从东南亚各国在2006—2010年核桃进口及变动趋势来看：新加坡核桃进口占东南亚十国核桃总进口的25％以上，进口波动变化，2010年最高，为3.99百万美元，占25.94％，进口量为0.15千吨；越南核桃进口在2006—2009年呈下降趋势，2009年只有0.50百万美元，2010年骤增到8.92百万美元，占58.00％，2009年进口量为0.14千吨；马来西亚核桃进口呈波动变化，2008年最高，为1.79百万美元，2010年进口量0.33千吨；印度尼西亚核桃进口不多，呈波动变化，2008年最高，为0.23百万美元，2010年进口量0.04千吨；泰国、菲律宾核桃进口较少，2010年进口额分别0.53百万美元和0.42百万美元，进口量分别为0.08千吨和0.06千吨；文莱、缅甸、老挝和柬埔寨核桃进口很少，且仅在个别或某些年份有少量进口(见表3-11、图3-13和图3-14)。

表 3-11　东南亚国家核桃进口及变动趋势　（单位：百万美元）

国　家	2006	2007	2008	2009	2010
东南亚十国	4.88	6.07	6.82	4.64	15.37
印度尼西亚	0.11	0.04	0.23	0.11	0.19
泰　国	0.13	0.24	0.36	0.39	0.53
新加坡	1.98	2.97	2.63	2.26	3.99
越　南	1.62	1.29	1.05	0.50	8.92
马来西亚	0.89	1.17	1.79	1.14	1.31
菲律宾	0.14	0.35	0.23	0.22	0.42
文　莱	0.01	0.02	—	0.01	0.01
缅　甸	—	—	0.03	0.01	0
老　挝	—	—	0.46	—	—
柬埔寨	—	—	0.03	0.01	0

资料来源：UN COMTRADE DATABASE，由作者整理得。

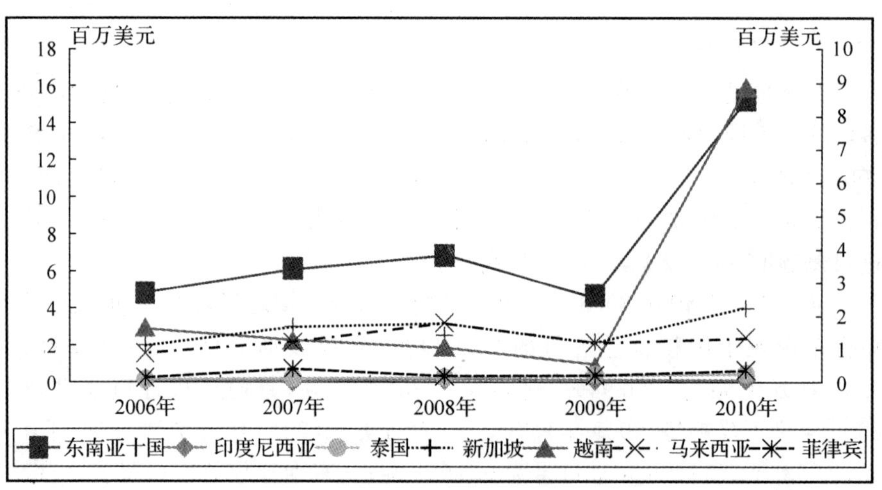

图 3-13　东南亚核桃进口趋势

注：左轴包括东南亚十国、印度尼西亚、泰国、新加坡；右轴包括越南、马来西亚、菲律宾。

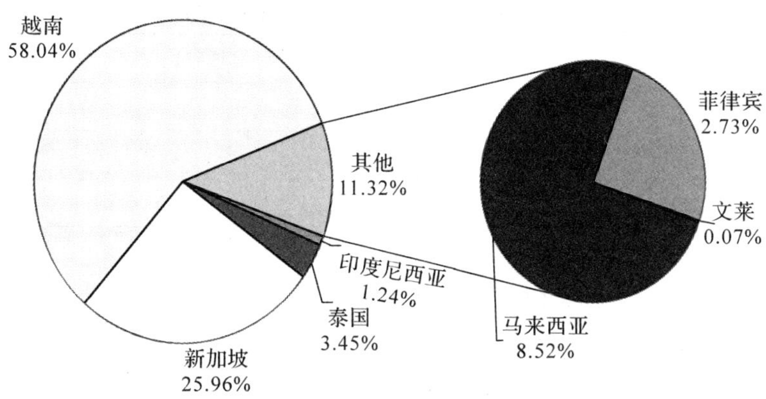

图 3-14 2010 年东南亚国家核桃进口结构

2. 进口市场结构

从东南亚国家核桃进口市场来看，美国是其最主要的进口市场，其次为中国。

新加坡主要从美国和中国进口核桃，分别占其核桃进口总额(2.77 百万美元)的 55.00%和 42.64%。

马来西亚主要从美国、印度和中国进口核桃，占其核桃进口总额(1.26 百万美元)的 93.96%。其中从美国进口最多，占 50.47%；其次是从印度进口，占 32.85%；从中国进口占 10.64%。

越南主要从中国、美国和澳大利亚进口核桃，占其核桃进口总额(2.94 百万美元)的 91.29%。其中从中国进口最多，占 51.32%；从美国和澳大利亚进口分别占 21.21%和 18.76%。

泰国主要从美国和中国进口核桃，分别占其核桃总进口(0.33 百万美元)的 59.78%和 36.21%。

菲律宾主要从美国进口核桃，占其核桃总进口(0.27 百万美元)的 95.73%；其次从新加坡和越南进口较少，分别占 2.14%和 1.38%。

印度尼西亚主要从美国、中国、泰国和澳大利亚进口核桃，占其核桃总进口(0.14 百万美元)的 90.88%。其中从美国进口最多，占 42.79%；从中国和泰国进口次之，分别占 22.06%和 19.85%；从澳大利亚进口相对较少，占 6.18%(见表 3-12)。

表 3-12　2006—2010 年东南亚国家核桃进口方向

国　家	主要进口地理方向
印度尼西亚	美国、中国、泰国、澳大利亚
泰　国	美国、中国
新加坡	美国、中国
越　南	中国、美国、澳大利亚
马来西亚	美国、印度、中国
菲律宾	美国、新加坡、越南
文　莱	美国、新加坡、中国
柬埔寨	中国、新加坡

资料来源：UN COMTRADE DATABASE，由作者整理得。

文莱主要从美国、新加坡、英国和中国进口核桃。其中从美国进口占其核桃总进口(0.01 万美元)的 42.86％；从新加坡进口占 28.57％；从英国和中国进口均占到 14.29％。柬埔寨主要从中国进口核桃，占其核桃总进口的 96.77％。

第三节　东南亚国家进口温带加工果品状况

一、苹果汁

1. 进口规模及变动

苹果汁是东南亚国家进口的主要温带水果加工产品，进口规模较大，呈增长趋势，2008 年最高，进口额达 2561.50 万美元。其中，新加坡、泰国、马来西亚、印度尼西亚、菲律宾是其最主要的苹果汁进口国家，进口量较大，占东南亚十国苹果汁进口总额的 90％。

从东南亚各国 2006—2010 年苹果汁进口及变动趋势来看：

新加坡苹果汁进口最多，占东南亚国家苹果汁总进口的 25％以上，2006—2008 年进口以 30.01％速度增加，进口额由 374.30 万美元增长到 632.70 万美元，2010 年进口量为 0.44 万吨；泰国、越南、马来西亚、菲律宾的苹果汁进口呈相同趋势，2006—2008 年间进口分别增长 37.27％、63.92％、36.56％和 150.23％，2008 年进口均最多，分别为 467.70 万美元、124.40 万

美元、387.90万美元和675.00万美元，2010年泰国、马来西亚和菲律宾苹果汁进口量分别为0.32万吨、0.46万吨和0.46万吨。

文莱、老挝、缅甸和柬埔寨四国苹果汁进口较少，在东南亚国家苹果汁总进口中占不到4%，但进口均呈增长趋势；文莱和老挝苹果汁进口分别由2006年的14.70万美元和0.40万美元增长到2010年的38.60万美元和13.50万美元（见表3-13、图3-15和图3-16）。

表3-13　东南亚国家苹果汁进口及变动趋势　（单位：万美元）

国　家	2006	2007	2008	2009	2010
东南亚十国	1107.80	1610.20	2561.50	1622.10	1783.70
印度尼西亚	105.00	155.30	219.40	220.40	236.40
泰　国	248.20	337.00	467.70	253.60	354.00
新加坡	374.30	487.60	632.70	433.70	458.00
越　南	46.30	48.80	124.40	104.60	111.20
马来西亚	208.00	279.30	387.90	261.10	328.90
菲律宾	107.80	270.50	675.00	285.50	227.30
文　莱	14.70	25.10	34.60	41.20	38.60
缅　甸	3.10	2.80	3.90	3.10	4.40
老　挝	0.40	3.80	5.10	7.80	13.50
柬埔寨	0.00	0.00	10.80	11.10	11.40

资料来源：UN COMTRADE DATABASE，由作者整理得。

2. 进口市场结构

从东南亚国家苹果汁进口市场来看，中国是其最主要的进口市场，其次为澳大利亚和美国，此外还有德国、法国等。

新加坡苹果汁进口市场较分散，主要从马来西亚、中国、美国、澳大利亚、法国和德国进口，占其苹果汁总进口（482.69万美元）的75.58%。其中，从马来西亚和中国进口较多，分别占24.88%和22.64%；从美国和澳大利亚进口分别占8.98%和7.95%；从法国和德国进口分别占5.75%和5.37%。

泰国主要从中国、德国、美国和澳大利亚进口苹果汁，占其苹果汁总进口（332.09万美元）的83.00%。其中从中国进口最多，占51.25%；从德国进口占22.51%；从美国和澳大利亚进口相对较少，分别占4.92%和4.32%。

马来西亚主要从中国、澳大利亚、美国、新西兰、南非和比利时进口苹果汁，占其苹果汁总进口（293.04万美元）的80.63%。其中从中国进口最多，占

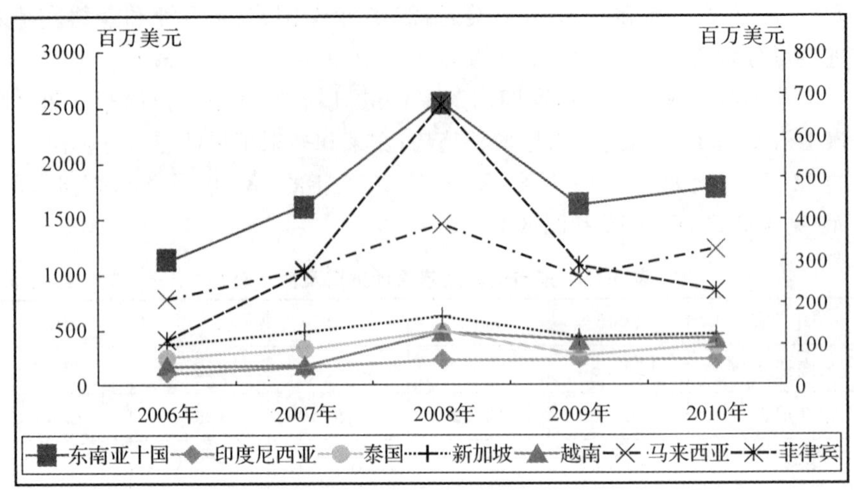

图 3-15　东南亚国家苹果汁进口趋势

注：左轴包括东南亚十国、印度尼西亚、泰国、新加坡；右轴包括越南、马来西亚、菲律宾。

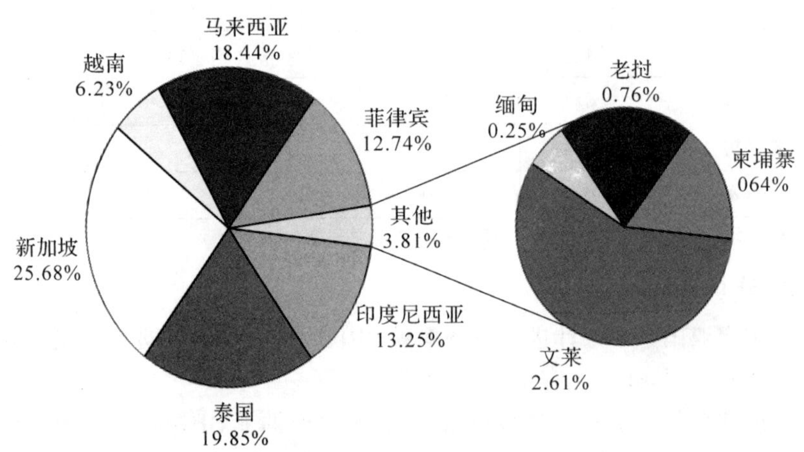

图 3-16　2010 年东南亚国家苹果汁进口结构

54.59%；从澳大利亚和美国进口分别占 7.77%和 6.11%；从新西兰、南非和比利时进口较少，分别占 4.33%、4.02%和 3.82%。

印度尼西亚主要从奥地利、中国、澳大利亚、南非、新加坡和美国进口苹果汁，占其苹果汁总进口(187.30 万美元)的 86.83%。其中，从奥地利、中国和澳大利亚进口较多，分别占 34.60%、25.67%和 19.21%；从南非、新加坡和美国进口相对较少，分别占 3.83%、1.90%和 1.62%。

菲律宾主要从泰国、越南、美国、中国、澳大利亚、新加坡进口苹果汁，占其苹果汁总进口(313.95 万美元)的 79.61%。其中，从泰国和越南进口较多，分别占 27.00%和 21.93%；从美国、中国和澳大利亚进口分别占 9.65%、9.45%和 8.79%；从新加坡进口相对较少，占 2.78%(见表 3-14)。

表 3-14　2006—2010 年东南亚国家苹果汁进口方向

国　家	主要进口地理方向
印度尼西亚	奥地利、中国、澳大利亚、南非、新加坡、美国
泰　国	中国、德国、美国、澳大利亚
新加坡	中国、马来西亚、美国、澳大利亚、法国、德国
越　南	以色列、澳大利亚、中国、泰国、美国、马来西亚
马来西亚	中国、澳大利亚、美国、新西兰、南非、比利时
菲律宾	泰国、越南、美国、中国、澳大利亚、新加坡
文　莱	马来西亚、沙特阿拉伯、土耳其、印度尼西亚、菲律宾
柬埔寨	澳大利亚、塞浦路斯、德国、马来西亚、新加坡

资料来源：UN COMTRADE DATABASE，由作者整理得。

越南主要从以色列、澳大利亚、中国、泰国、美国、马来西亚进口苹果汁，占其苹果汁总进口(81.03 万美元)的 85.35%。其中从以色列进口最多，占 42.89%；从澳大利亚和中国进口分别占 15.34%和 14.47%；从泰国、美国和马来西亚进口相对较少，分别占 5.13%、4.01%和 3.50%。

文莱主要从马来西亚、沙特阿拉伯、土耳其、印度尼西亚、菲律宾进口苹果汁，占其苹果汁总进口(14.70 万美元)的 89.70%。其中从马来西亚进口最多，占 47.08%；从沙特阿拉伯进口占 19.39%；从土耳其、印度尼西亚、菲律宾进口相对较少，分别占 9.17%、7.94%和 6.13%。

柬埔寨主要从澳大利亚、塞浦路斯、德国、马来西亚、新加坡进口苹果汁，占其苹果汁总进口(10.80 万美元)的 78.10%。其中从澳大利亚进口最多，占 40.17%；从塞浦路斯和德国进口分别占 12.32%和 10.37%；从马来西亚、新加坡进口分别占 7.73%和 7.52%。

二、葡萄汁

1. 进口规模及变动

葡萄汁是东南亚国家进口较多的温带水果加工产品，近年来各国均有进口，其进口增长速度最快，进口额由 2006 年的 433.10 万美元增长到 2010 年的 2400.60 万美元，年均增长 53.44%。其中，泰国、马来西亚、新加坡和菲律宾四国进口较多，占东南亚十国葡萄汁进口总额的近 90%。而缅甸、老挝和柬埔寨三国进口较少，所占比重在 2.5%左右。

从东南亚各国在 2006—2010 年葡萄汁进口及变动趋势来看：

泰国葡萄汁进口最多，呈增长趋势，进口额由 163.20 万美元增长到 1610.10 万美元，年均增长 77.23%，2010 年进口额占东南亚十国葡萄汁总进口额的 67.07%，进口量 0.94 万吨；新加坡葡萄汁进口呈先增长后下降趋势，2008 年进口最多，为 144.90 万美元，2010 年进口量 0.08 万吨；马来西亚葡萄汁进口呈波动变化，2007 年进口最多，为 481.70 万美元，占东南亚十国葡萄汁总进口的 46.25%，2010 年进口量 0.15 万吨。

印度尼西亚和越南葡萄汁进口均呈增长趋势，分别由 43.90 万美元和 26.70 万美元增长到 89.70 万美元和 99.90 万美元，年均增长 19.56% 和 39.08%；文莱和老挝葡萄汁进口在 2006—2009 年间呈快速增长趋势，由 7.10 万美元和 1.00 万美元增长到 52.90 万美元和 13.10 万美元；缅甸葡萄汁进口也呈增长趋势，由 2007 年的 1.20 万美元增长到 2010 年的 6.40 万美元；柬埔寨从 2008 起进口葡萄汁，2010 年进口 7.40 万美元（见表 3-15、图 3-17和图 3-18）。

表 3-15　东南亚国家葡萄汁进口及变动趋势　（单位：万美元）

国　家	2006	2007	2008	2009	2010
东南亚十国	433.10	1041.60	932.40	1476.40	2400.60
印度尼西亚	43.90	52.90	51.90	70.00	89.70
泰　国	163.20	271.90	410.60	735.80	1610.10
新加坡	84.40	112.50	144.90	128.70	117.20
越　南	26.70	47.20	54.50	51.40	99.90
马来西亚	52.60	481.70	145.3	246.00	209.60
菲律宾	51.40	60.40	81.80	167.50	199.50
文　莱	7.10	7.10	22.70	52.90	47.80
缅　甸	2.80	1.20	1.90	4.40	6.40
老　挝	1.00	6.70	10.80	13.10	13.00
柬埔寨	—	—	8.00	6.60	7.40

资料来源：UN COMTRADE DATABASE，由作者整理得。

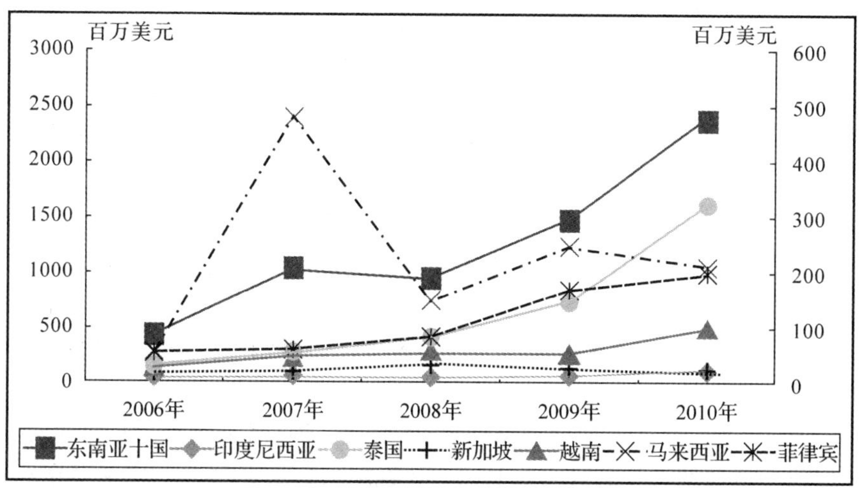

图 3-17　东南亚葡萄汁进口趋势

注:左轴包括东南亚十国、印度尼西亚、泰国、新加坡;右轴包括越南、马来西亚、菲律宾。

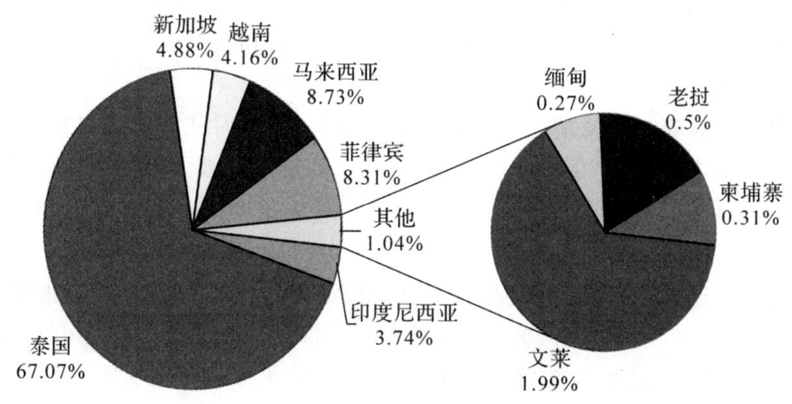

图 3-18　2010 年东南亚国家葡萄汁进口结构

2. 进口市场结构

从东南亚各国葡萄汁进口市场来看,西班牙和澳大利亚是其葡萄汁最主要的进口市场,其次,还从澳大利亚、美国、意大利、中国等国家进口。

泰国是东南亚最主要的葡萄汁进口国,葡萄汁进口市场较分散,主要从以色列、西班牙、美国、意大利、澳大利亚、中国和阿根廷进口,占其葡萄汁总进口(638.30 万美元)的 79.24%。其中从以色列进口最多,占 25.10%;从西班牙和美国进口分别占 18.52% 和 15.27%;从意大利进口占 8.50%;从澳大利亚、中国和阿根廷进口相对较少,分别占4.18%、3.86%和3.80%。

马来西亚主要从巴西、西班牙、美国、意大利和澳大利亚进口葡萄汁,占其葡萄汁总进口(227.05万美元)的87.35%。其中从巴西和西班牙进口较多,分别占36.39%和35.64%;从美国进口占6.62%;从意大利和澳大利亚进口相对较少,分别占4.77%和3.94%。

新加坡葡萄汁进口市场较分散,主要从西班牙、比利时、美国、塞浦路斯、南非、澳大利亚、法国进口,占其葡萄汁总进口(117.62万美元)的76.09%。其中从西班牙和比利时进口较多,分别占16.08%和15.29%;从美国和塞浦路斯进口分别占12.01%和10.14%;从南非、澳大利亚和法国进口相对较少,分别占8.51%、7.46%和6.61%。

菲律宾葡萄汁进口市场也较分散,主要从美国、西班牙、智利、比利时、阿根廷进口,占其葡萄汁总进口(112.11万美元)的76.89%。其中从美国和西班牙进口较多,分别占22.41%和20.95%;从智利和比利时进口分别占13.30%和13.05%;从阿根廷进口相对较少,占7.18%。

越南主要从澳大利亚、美国、泰国、中国和法国进口葡萄汁,占其葡萄汁总进口(44.95万美元)的80.88%。其中从澳大利亚进口最多,占52.70%;从美国和泰国进口分别占11.79%和7.46%;从中国和法国进口相对较少,分别占5.84%和3.07%。

印度尼西亚主要从澳大利亚、美国、奥地利、比利时和南非进口葡萄汁,占其葡萄汁总进口(61.66万美元)的86.07%。其中从澳大利亚进口最多,占26.49%;从美国和奥地利进口均占17.38%;从比利时和南非进口13.02%和11.79%。

文莱主要从菲律宾、澳大利亚、印度尼西亚和泰国进口葡萄汁,占其葡萄汁总进口(7.10万美元)的90.20%。其中从菲律宾进口最多,占46.44%;从澳大利亚和印度尼西亚进口分别占17.67%和16.25%;从泰国进口相对较少,占9.84%。

柬埔寨主要从澳大利亚、西班牙、美国、新加坡进口葡萄汁,占其葡萄汁总进口(8.00万美元)的85.59%。其中从澳大利亚进口最多,占58.79%;从西班牙、美国和新加坡进口分别占9.12%、8.80%和7.89%(见表3-16)。

表3-16 2006—2010年东南亚国家葡萄汁进口方向

国　家	主要进口地理方向
印度尼西亚	澳大利亚、美国、奥地利、比利时、南非
泰　国	以色列、西班牙、美国、意大利、澳大利亚、中国、阿根廷

续表

国　家	主要进口地理方向
新加坡	西班牙、比利时、美国、塞浦路斯、南非、澳大利亚、法国
越　南	澳大利亚、美国、泰国、中国、法国
马来西亚	巴西、西班牙、美国、意大利、澳大利亚
菲律宾	美国、西班牙、智利、比利时、阿根廷
文　莱	菲律宾、澳大利亚、印度尼西亚、泰国
柬埔寨	澳大利亚、西班牙、美国、新加坡

资料来源：UN COMTRADE DATABASE，由作者整理得。

三、梨罐头

1.进口规模及变动

在2006—2010年，东南亚十国梨罐头进口呈趋势性增长，由782.00万美元增长到958.20万美元，年均增长额44.05万美元，年均增长率5.21%。其中，泰国梨罐头进口占主导地位，占东南亚十国梨罐头总进口的90%以上。

从东南亚各国在2006—2010年梨罐头进口及变动趋势来看：

泰国梨罐头进口最多，并且进口仍有增长趋势，进口额由737.30万美元增长到880.90万美元，年均增长4.55%，2010年进口量8.50千吨。

其次为新加坡，其进口的梨加工产品呈增长趋势，由26.20万美元增长到55.40万美元，年均增长20.59%，2010年进口量为0.48千吨。

其他国家梨加工产品进口较少。印度尼西亚、越南、马来西亚、菲律宾均有少量的进口。文莱、缅甸、柬埔寨在个别年份有少量进口，老挝没有进口（见表3-17、图3-19和图3-20）。

表3-17　东南亚国家梨罐头进口及变动趋势　（单位：万美元）

国　家	2006	2007	2008	2009	2010
东南亚十国	782.00	827.50	764.60	863.00	958.20
印度尼西亚	3.50	3.90	7.40	5.30	5.20
泰　国	737.30	783.40	703.30	803.30	880.90
新加坡	26.20	29.60	41.30	47.00	55.40
越　南	1.20	0.80	0.80	1.70	5.80
马来西亚	9.90	6.70	8.20	4.30	5.10

续表

国　家	2006	2007	2008	2009	2010
菲律宾	3.70	2.80	2.30	0.90	0.40
文　莱	0.20	0.10	1.30	0.40	—
缅　甸	—	0.20	—	—	—
老　挝	—	—	—	—	—
柬埔寨	—	—	—	0.10	5.40

资料来源：UN COMTRADE DATABASE，由作者整理得。

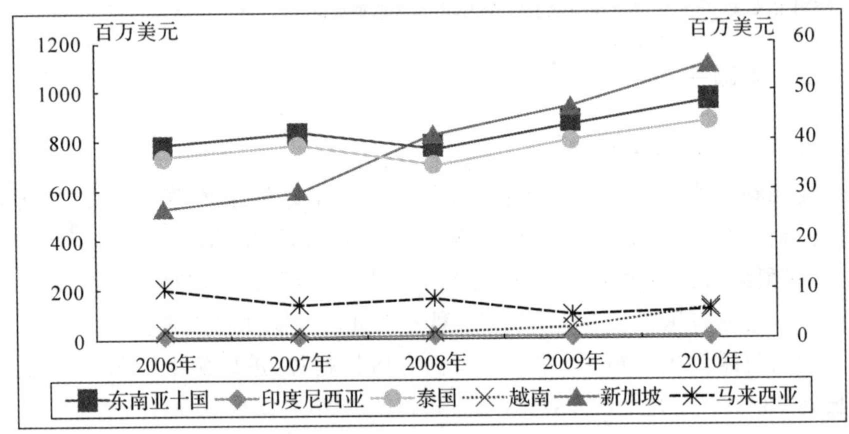

图 3-19　东南亚梨罐头进口趋势

注：左轴包括东南亚十国、印度尼西亚、泰国；右轴包括新加坡、越南、马来西亚。

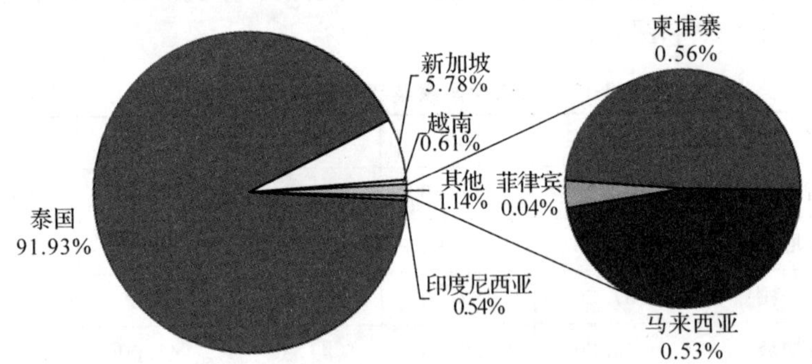

图 3-20　2010 年东南亚国家梨罐头进口结构

2. 进口市场结构

从东南亚国家梨加工产品进口市场来看，中国和美国是其主要的进口市场，其次，还有澳大利亚、西班牙。

泰国是东南亚国家梨加工产品进口最多的国家，主要从中国、美国、阿根廷和南非进口，占其梨罐头总进口(781.64 万美元)的 93.69%。其中从中国进口最多，占 66.21%；从美国进口次之，占 18.48%；从阿根廷和南非进口分别占 9.01%和 4.22%。

新加坡主要从澳大利亚、南非、中国、西班牙进口梨罐头，占梨罐头总进口(36.03 万美元)的 93.56%。其中从澳大利亚进口最多，占 34.28%；从南非和中国进口分别占 28.14%和 26.46%；从西班牙进口相对较少，占 4.68%。

印度尼西亚主要从西班牙、澳大利亚、美国、中国和新加坡进口梨罐头，占其梨罐头总进口(5.06 万美元)的 93.29%。其中从西班牙进口最多，占 49.42%；从澳大利亚进口占 15.86%；从美国进口占 13.98%；从中国和新加坡进口分别占 7.91%和 6.16%。

越南主要从南非、澳大利亚和丹麦进口梨罐头，占其梨罐头总进口(1.13 万美元)的 95.97%。其中从南非进口最多，占 74.97%；从澳大利亚进口占 14.36%；从丹麦进口相对较少，占 6.65%。

马来西亚主要从澳大利亚、中国、泰国和法国进口梨罐头，占其梨罐头总进口(6.84 万美元)的 88.39%。其中从澳大利亚进口最多，占 51.65%；从中国进口占 24.70%；从泰国和法国进口分别占 8.85%和 3.19%(见表 3-18)。

表 3-18　2006—2010 年东南亚国家梨罐头进口方向

国　家	主要进口地理方向
印度尼西亚	西班牙、澳大利亚、美国、中国、新加坡
泰　国	中国、美国、阿根廷、南非
新加坡	澳大利亚、南非、中国、西班牙
越　南	南非、澳大利亚、丹麦
马来西亚	澳大利亚、中国、泰国、法国
菲律宾	西班牙、新加坡、中国、中国香港

资料来源：UN COMTRADE DATABASE，由作者整理得。

四、杏加工品

1.进口规模及变动

东南亚国家对杏加工品的进口量不多，变动幅度较大，且呈降低趋势。进口额由2008年的109.20万美元下降到2010年的59.30万美元。其中，泰国和新加坡是其主要的进口国家，占东南亚十国杏加工品总进口的75%以上；越南、马来西亚、印度尼西亚、菲律宾有少量进口，其他国家只在个别年份有进口，老挝没有进口。

从东南亚各国在2006—2010年杏加工品进口及变动趋势来看：

泰国杏加工品进口最多，占东南亚十国杏加工品总进口的43.51%，但进口呈先增长后下降趋势，2010年进口额最低，为25.80万美元，进口量为0.07千吨；其次为新加坡杏加工品进口较多，占15%以，且呈进口增长趋势，由12.80亿美元增长到24.30亿美元，年均增长17.38%，2010年进口量为0.14千吨。

越南、马来西亚杏加工品进口呈下降趋势，印度尼西亚进口呈波动变化，菲律宾进口较少；文莱、缅甸和柬埔寨仅在某些年份有少量进口(见表3-19)。

表3-19 东南亚国家杏加工品进口及变动趋势 (单位：万美元)

国家	2006	2007	2008	2009	2010
东南亚十国	71.40	68.00	109.20	71.10	59.30
印度尼西亚	2.00	2.00	2.90	0.80	1.80
泰国	41.80	42.60	73.60	36.80	25.80
新加坡	12.80	15.30	17.20	21.40	24.30
越南	7.20	1.60	7.20	7.70	3.00
马来西亚	6.70	4.90	4.00	3.40	1.90
菲律宾	0.70	1.20	1.70	0.70	1.40
文莱	0.10	0.20	2.60	—	—
缅甸	0.10	0.20	—	—	—
老挝	—	—	—	—	—
柬埔寨	—	—	—	0.30	1.10

资料来源：UN COMTRADE DATABASE，由作者整理得。

2. 进口市场结构

从东南亚国家杏加工产品进口市场来看，主要从德国、南非、中国、法国、澳大利亚等进口。

泰国杏加工产品主要从德国、南非和法国进口杏加工品，占其杏加工品总进口(44.12 万美元)的 94.29%。其中从德国进口最多，占 70.01%；从南非进口占 18.15%；从法国进口占 6.12%。

新加坡杏加工产品主要从南非、中国、法国和澳大利亚进口杏加工品，占其杏加工品总进口(16.68 万美元)的 85.39%。其中从南非进口最多，占 51.55%；从中国进口占 16.45%；从法国和澳大利亚进口分别占 8.82%和 8.57%(见表 3-20)。

表 3-20 2006—2010 年东南亚国家杏加工品进口方向

国家	主要进口地理方向
印度尼西亚	西班牙、南非、美国、新加坡、希腊、中国
泰国	德国、南非、法国
新加坡	南非、中国、法国、澳大利亚
越南	中国、丹麦、南非、日本
马来西亚	中国、亚洲其他国家、澳大利亚
菲律宾	比利时、中国、西班牙、新加坡

资料来源：UN COMTRADE DATABASE，由作者整理得。

印度尼西亚主要从西班牙、南非、美国、新加坡、希腊、中国进口杏加工品，占其杏加工品总进口(1.90 万美元)的 95.31%。其中从西班牙进口最多，占 47.12%；从南非和美国进口较多，分别占 14.90%和 14.82%；从新加坡进口占 9.99%；从希腊和中国进口分别占 4.82%和 3.66%。

越南主要从中国、丹麦、南非和日本进口杏加工品，占其杏加工品总进口(5.93 万美元)的 93.72%。其中从中国进口最多，占 43.07%；从丹麦进口占 29.44%；从南非进口占 16.44%；从日本进口相对较少，占 4.76%。

马来西亚主要从中国、亚洲其他国家和澳大利亚进口杏加工品。其中从中国进口占其杏加工品总进口(4.18 万美元)的 50.86%；从亚洲其他国家进口占 27.47%；从澳大利亚进口占 8.23%。

菲律宾主要从比利时、中国、西班牙和新加坡进口杏加工品，占其杏加工品总进口(1.14 万美元)的 89.61%。其中从比利时进口最多，占 60.63%；从中国和西班牙进口分别占 13.11%和 11.28%；从新加坡进口占 4.60%(见图

3-21、图 3-22)。

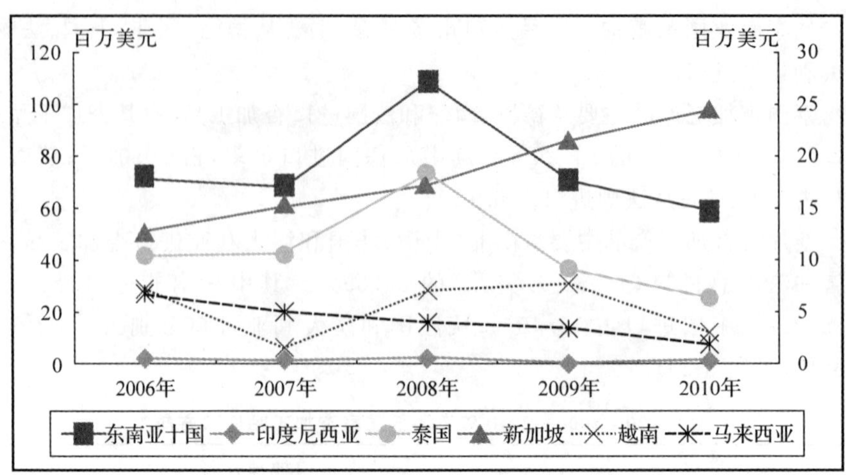

图 3-21　东南亚国家杏加工品进口趋势

注:左轴包括东南亚十国、印度尼西亚、泰国;右轴包括新加坡、越南、马来西亚。

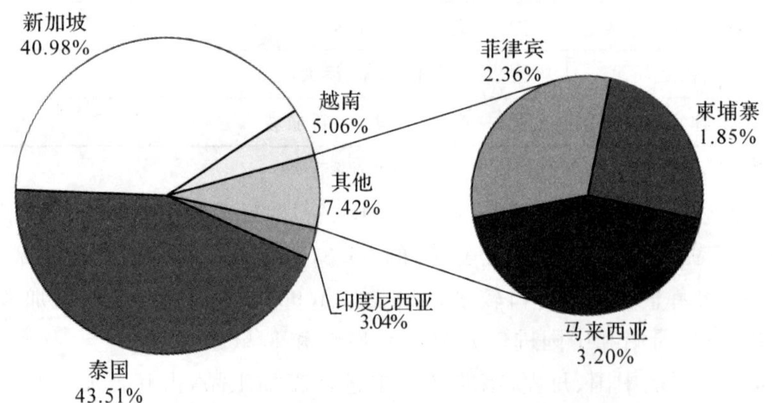

图 3-22　2010 年东南亚国家杏加工品进口结构

第四节　东南亚国家从中国进口温带水果状况

一、总体进口状况

在2006—2009年间，东南亚十国从中国年均进口温带鲜果（苹果、葡萄、梨和甜瓜）387.65百万美元，占从世界进口温带水果的35%以上。主要集中在印度尼西亚和泰国，分别占中国对东南亚十国鲜果出口的37.82%和26.37%，菲律宾和越南从中国的进口分别占9.80%和9.29%。

东南亚十国从中国进口温带干果（葡萄干和核桃）较少，年均进口9.48百万美元，以新加坡、泰国和马来西亚进口为主，分别占中国对东南亚十国干果出口的29.14%、27.00%和20.14%，越南从中国进口占11.57%。

东南亚十国从中国进口苹果汁、葡萄汁、梨罐头和杏加工品等加工品也较少，年均进口10.22百万美元，集中在泰国，占中国对东南亚十国出口的63.28%，马来西亚和新加坡从中国进口分别占15.79%和12.19%。

二、进口鲜水果

1.苹果

苹果是东南亚国家从中国进口最多的温带水果，2006—2009年间东南亚十国年均从中国进口苹果219.32百万美元，其中主要集中在印度尼西亚、泰国和菲律宾，分别占中国对东南亚十国苹果总出口的35.83%、26.29%和14.72%，其次为新加坡和越南，进口较少，分别占8.37%和7.70%（见图3-23）。

2.梨

梨是东南亚国家从中国进口的第二大温带水果，2006—2009年间，东南亚十国从中国年均进口梨129.35百万美元，主要集中在印度尼西亚，占中国对东南亚十国梨总出口的46.94%，其次为泰国、新加坡和马来西亚，分别占19.89%、10.86%和10.22%（见图3-24）。

3.鲜葡萄

鲜葡萄是东南亚国家从中国进口的第三大温带水果，2006—2009年间东南亚十国从中国年均进口鲜葡萄33.76百万美元，其中主要集中在泰国、印度尼西亚和越南，分别占中国对东南亚十国葡萄总出口的53.32%、21.55%和

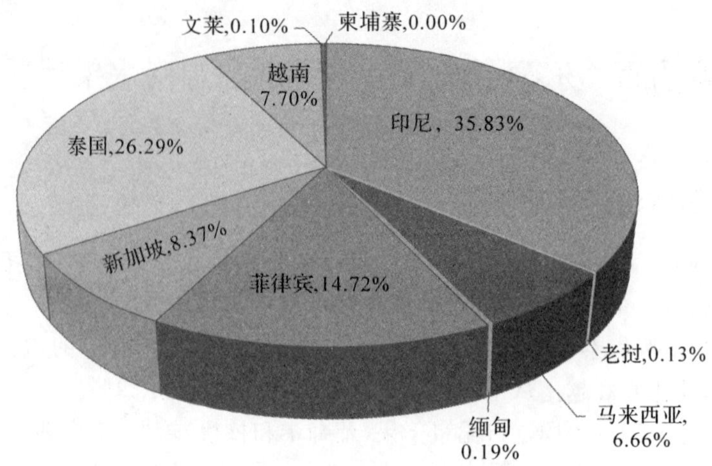

图 3-23　东南亚从中国进口苹果市场结构

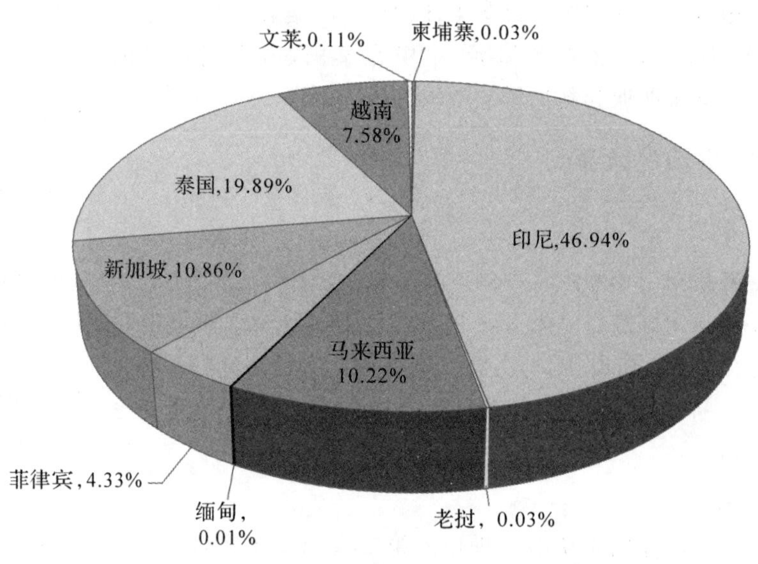

图 3-24　东南亚从中国进口梨市场结构

19.97%，其他国家从中国进口较少(见图 3-25)。

4. 甜瓜

2006—2009 年间，东南亚十国从中国年均进口甜瓜 5.23 百万美元，主要在越南，占中国对东南亚十国甜瓜总出口的 49.33%，其次在新加坡和泰国，分别占 27.26 和 16.35%(见图 3-26)。

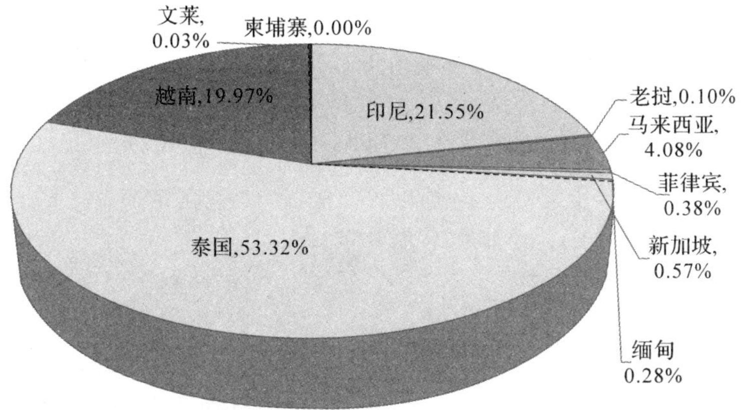

图 3-25　东南亚从中国进口鲜葡萄市场结构

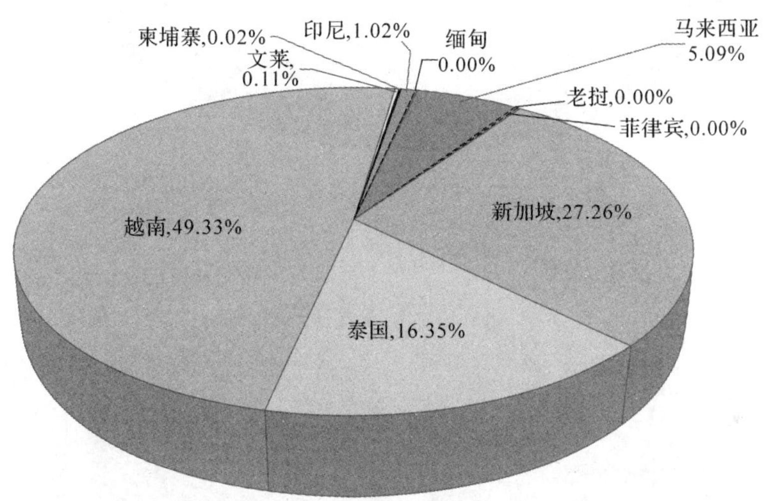

图 3-26　东南亚从中国进口甜瓜市场结构

三、进口干果

1. 葡萄干

东南亚国家从中国进口葡萄干较少。2006—2009 年间东南亚十国从中国年均进口葡萄干 1.87 百万美元，以泰国为主，占中国对东南亚十国葡萄干总出口的 40.98%。其次是越南、新加坡、印度尼西亚，分别占 20.35%、14.26%、10.16%（见图 3-27）。

2. 核桃

东南亚国家从中国进口核桃也很少。2006—2009 年间,东南亚十国从中国年均进口核桃 2.39 百万美元,其中主要集中在新加坡和越南,分别占中国对东南亚十国核桃总出口的 57.41%和 23.94%(见图 3-28)。

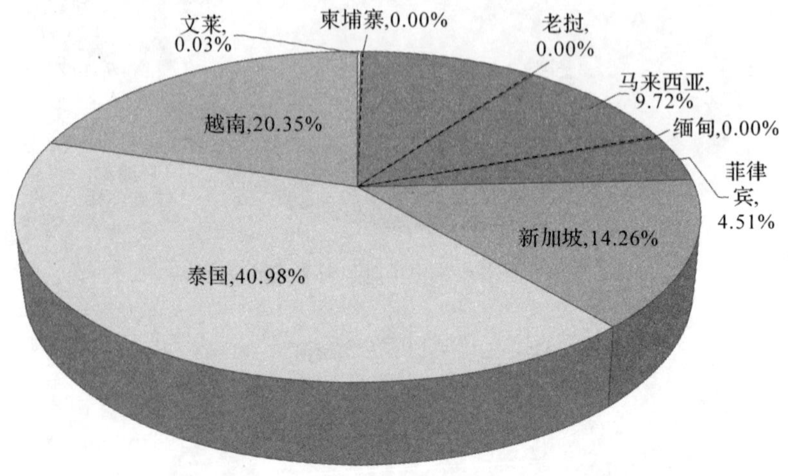

图 3-27 东南亚从中国进口葡萄干市场结构

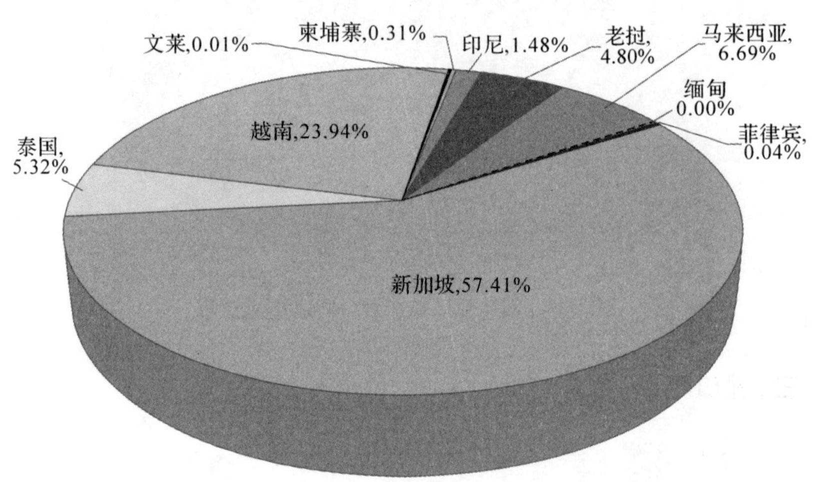

图 3-28 东南亚从中国进口核桃市场结构

四、进口加工果品

1. 苹果汁

东南亚国家每年苹果汁进口量很大，但从中国进口苹果汁则很少。2006—2009 年间，东南亚十国从中国年均进口苹果汁 5.03 百万美元，其中主要在马来西亚、泰国和新加坡，分别占中国对东南亚十国苹果汁总出口的 31.11%和 30.69%和 21.68%（见图 3-29）。

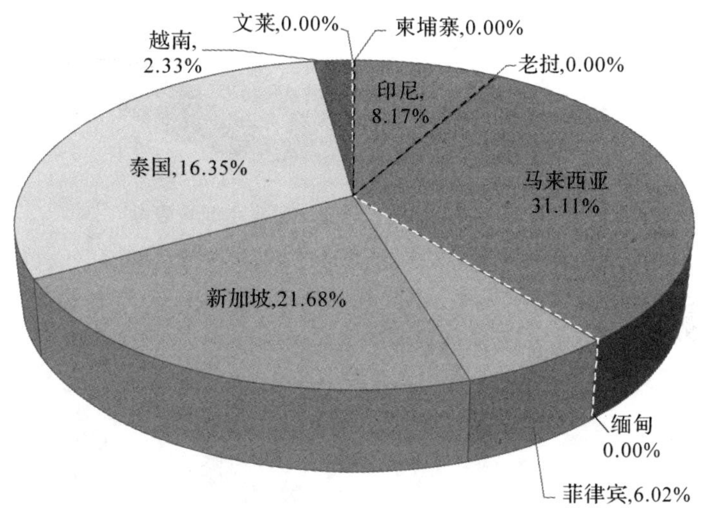

图 3-29　东南亚从中国进口苹果汁市场结构

2. 葡萄汁

东南亚国家每年进口葡萄汁规模也很大，但从中国进口葡萄汁也很少。2006—2009 年间，东南亚十国从中国年均进口葡萄汁 0.18 百万美元，主要集中在泰国、占中国对东南亚十国葡萄汁总出口的 65.61%，其次在新加坡和越南，分别占 17.47%和 14.58%（见图 3-30）。

3. 梨罐头

东南亚国家从中国进口梨罐头也较少。2006—2009 年间，东南亚十国从中国年均进口梨罐头 4.92 百万美元，主要集中在泰国、占中国对东南亚十国梨罐头总出口的 97.56%（见图 3-31）。

4. 杏加工品

2006—2009 年间，东南亚十国从中国进口杏加工品很少，年均进口 0.09

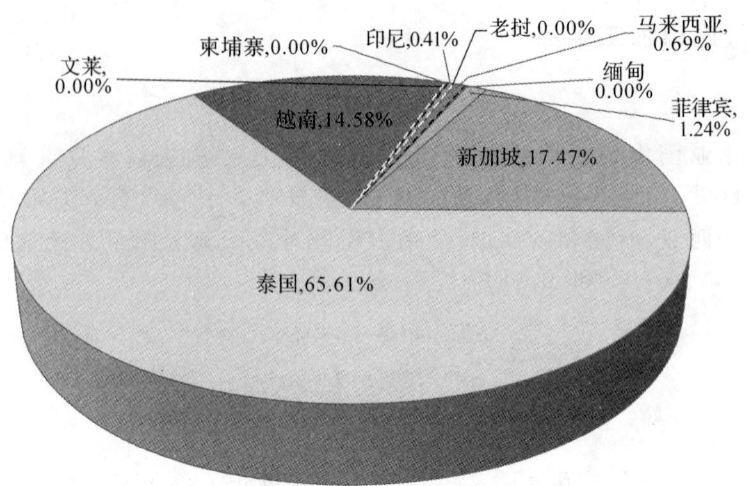

图 3-30　东南亚从中国进口葡萄汁市场结构

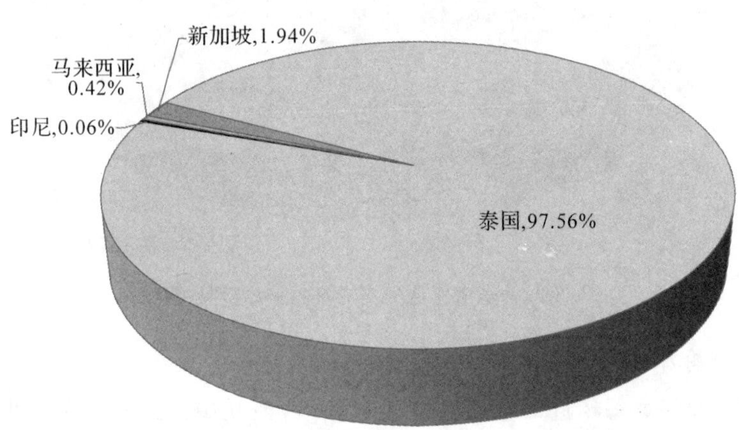

图 3-31　东南亚从中国进口梨罐头市场结构

百万美元，主要在新加坡、马来西亚和越南，分别占中国对东南亚十国杏加工品总出口的 32.16％、30.99％和 29.82％（见图 3-32）。

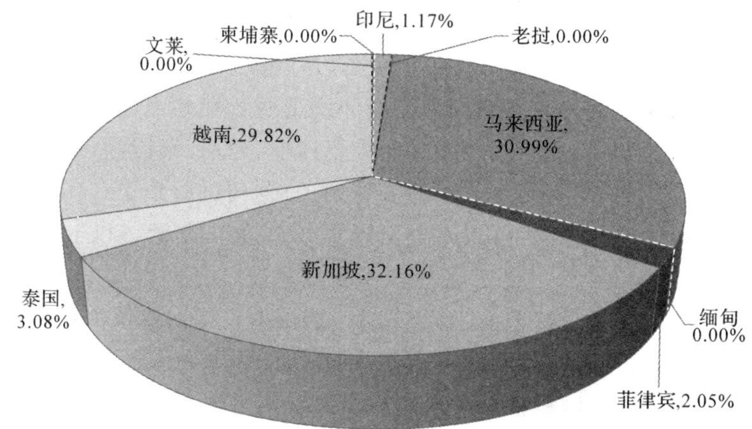

图 3-32　东南亚从中国进口杏加工品市场结构

第五节　东南亚国家温带水果进口特征

一、进口特征

1.温带水果总体进口呈增长趋势

东南亚国家近年来对各主要温带水果及加工产品、干果的进口基本上均呈逐年增长趋势。东南亚十国 2006—2010 年间主要温带鲜水果(苹果、梨、葡萄、甜瓜)进口分别以年均 18.40%、13.83%、19.59%和 28.64%的速度增长，2010 年进口额分别达到 519.24 百万美元、207.27 百万美元、265.75 百万美元、28.73 百万美元。

主要温带干果(葡萄干、核桃)的进口分别以 14.93%和 33.22%的速度增长,2010 年进口额分别为 27.31 百万美元和 15.37 百万美元。

主要温带水果加工品(梨加工品、葡萄汁)进口以年均 5.21%和 53.44%速度增长,2010 年进口额分别为 958.20 万美元和 2400.60 万美元,而杏加工品进口却以 14.16%速度下降,2010 年进口 59.30 万美元,苹果汁进口呈波动变化趋势。

2.各国存在明显差异

东南亚十国中进口温带水果主要以印度尼西亚、泰国、越南、新加坡、马来西亚五个国家为主,文莱、缅甸、老挝和柬埔寨主要温带水果及其加工品进口很少,且波动较大,其中一些国家只有个别年份才有进口,个别国家还没有进口。

东南亚国家进口温带鲜水果(苹果、梨、葡萄、甜瓜)主要集中在印度尼西亚、泰国、新加坡、越南、马来西亚和菲律宾,这六国占东南亚十国温带水果总进口的95%以上。其中苹果进口集中在印度尼西亚和泰国,占东南亚十国苹果总进口的55%以上;梨进口集中在印度尼西亚、越南、泰国、新加坡、马来西亚,这五国占东南亚十国梨总进口的95%以上;葡萄进口集中在印度尼西亚、泰国、越南、新加坡,这四国占东南亚十国葡萄总进口的85%以上;哈密瓜进口集中在新加坡和越南,占东南亚十国哈密瓜总进口的80%以上。

东南亚国家主要温带干果(葡萄干、核桃)的进口则主要集中在新加坡、越南和马来西亚,这三国进口葡萄干占东南亚十国葡萄干总进口的65%以上,进口核桃占东南亚十国核桃总进口的90%以上。

东南亚国家主要温带水果加工品(梨加工品、杏加工品、苹果汁、葡萄汁)进口集中在泰国、新加坡和马来西亚,这三国占70%以上。其中苹果汁进口以新加坡、泰国、马来西亚、印度尼西亚、菲律宾进口为主,占东南亚十国苹果汁总进口的90%以上;葡萄汁进口以泰国、马来西亚、菲律宾、新加坡为主,占东南亚十国葡萄汁总进口的90%以上,其中泰国占65%以上;梨加工产品进口以泰国为主,占东南亚十国梨加工品总进口的90%以上;杏加工品进口以泰国和新加坡为主,占东南亚十国杏加工品总进口的75%以上。

3.进口市场相对集中

东南亚国家主要温带水果进口市场比较集中,鲜干水果主要从中国和美国进口,加工产品主要从澳大利亚、西班牙、中国、美国等进口。

东南亚国家主要从中国和美国进口苹果,从中国和南非进口梨,从美国和澳大利亚进口葡萄,从中国和澳大利亚进口甜瓜,从美国、伊朗和中国进口葡萄干,从美国和中国进口核桃。此外,从西班牙、澳大利亚和南非进口梨加工品,从西班牙、南非和中国进口杏加工品,从中国和澳大利亚进口苹果汁,从西班牙和澳大利亚进口葡萄汁。

东南亚国家主要温带水果及其加工品的区域内转口贸易也比较频繁,一是文莱、缅甸、老挝和柬埔寨等国家,主要从东南亚区域内的新加坡、马来西亚、越南、泰国等进口温带水果;二是印度尼西亚、新加坡、马来西亚、越南、泰国、菲律宾这些水果进口大国之间也存在频繁的水果贸易。

4.以进口鲜水果为主,干果和加工产品进口相对较少

东南亚十国温带水果进口以鲜水果为主。2006—2010年间,苹果、梨、葡萄、甜瓜等主要温带鲜果进口占其温带水果及其加工品总进口的90%以上,2010年达91.51%。而葡萄干、核桃等温带干果进口只占3%左右,2010年为

3.83%。梨加工品、杏加工品、苹果汁、葡萄汁等加工品进口只有4%左右，2010年最高为4.66%。

从进口的鲜水果种类来看，苹果是其主要的进口品种。苹果进口占主要温带鲜水果进口的50%左右，梨进口占20%左右，葡萄进口占25%左右。干果中葡萄干进口多于核桃。水果加工产品进口以苹果汁和葡萄汁为主，占主要温带水果加工品的70%以上。

5.各国进口品种存在较高相似性

东南亚主要国家进口的温带鲜水果具有很高的产品相似性。印度尼西亚、马来西亚、菲律宾主要进口苹果和梨；泰国、新加坡、越南、文莱、柬埔寨主要进口苹果和葡萄；老挝、缅甸主要进口苹果。

东南亚各国均有葡萄干和核桃进口。在加工产品进口中，印度尼西亚、新加坡、马来西亚、柬埔寨主要进口苹果汁；泰国主要进口苹果汁和梨加工品；越南、菲律宾、文莱、老挝、缅甸主要进口苹果汁和葡萄汁。

二、主要结论

1.鲜水果进口

(1)近年来东南亚十国苹果、葡萄、梨和甜瓜等鲜水果进口均呈逐年增长趋势。2006—2010年间进口额分别以年均18.40%、19.59%、13.83%和27.98%的速度增长，2010年进口额分别为519.24百万美元、265.75百万美元、207.27百万美元和29.08百万美元。

(2)东南亚各国进口温带鲜水果比较集中，印度尼西亚、泰国、新加坡、越南、马来西亚五个国家是其主要的温带水果进口国，但也存在差异。其中，苹果进口主要集中在印度尼西亚、泰国、新加坡、越南、马来西亚和菲律宾六个国家，进口规模很大，占东南亚十国苹果总进口的98%以上；鲜葡萄进口主要集中在印度尼西亚、泰国、新加坡、越南、马来西亚和菲律宾六国，进口规模也很大，占东南亚十国葡萄总进口的97%以上；梨进口以印度尼西亚、泰国、新加坡、越南、马来西亚五国为主，占东南亚十国梨总进口的95%以上；甜瓜进口以新加坡和越南为主，占东南亚十国甜瓜总进口的78%以上。

(3)中国是东南亚国家进口温带水果的主要国家之一，但各国进口各类温带水果市场存在差异。

东南亚国家主要从中国和美国进口苹果，2006—2009年间从中国进口苹果占苹果进口总额的66.34%；从美国、澳大利亚、中国、智利进口葡萄，从中国进口鲜葡萄占鲜葡萄总进口的19.75%；从中国进口梨，占梨总进口的

89.96％，此外，也从南非和美国进口梨；从中国和澳大利亚进口甜瓜，从中国进口甜瓜占甜瓜进口总额的38.68％。与此同时，东南亚国家之间温带水果转口贸易也较频繁，一些其他东南亚国家从越南、泰国等转口进口，越南、泰国也是中国温带水果进入东南亚市场的集散地。

2.干果进口

(1)东南亚国家进口的温带干果主要有葡萄干和核桃，但进口不多，对各类干果进口及趋势也存在差异。葡萄干进口总体上呈增长趋势，2006—2010年间年均增长率14.93％，2010年进口27.31百万美元；核桃进口较少，各国均有不同程度的进口，多数东南亚国家核桃进口呈趋势性增长，2010年进口15.37百万美元。

(2)东南亚国家葡萄干进口主要集中在马来西亚、新加坡、越南以及菲律宾、泰国、印度尼西亚六个国家，占东南亚十国葡萄干总进口的99％以上。核桃进口主要集中在新加坡、越南和马来西亚3各国家，占东南亚十国核桃进口总额的80％以上。

(3)东南亚国家主要从美国、中国和伊朗进口葡萄干。同时东南亚区域内葡萄干的转口贸易也较频繁，菲律宾、印度尼亚、越南、新加坡、马来西亚与泰国之间存在互贸，缅甸、柬埔寨、文莱从新加坡、马来西亚有一定量进口。东南亚国家主要从美国和中国进口核桃。

3.加工果品进口

(1)东南亚国家进口的温带水果加工产品主要有苹果汁、葡萄汁、梨罐头和杏加工品。其中，苹果汁进口规模较大，2008年进口最多，达2561.50万美元；葡萄汁进口增长速度最快，2006—2010年进口年均增长53.44％，2010年进口2400.60万美元；梨罐头进口年均增长5.21％，2010年进口958.20万美元；杏加工品进口不多，且呈下降趋势，2010年进口59.30万美元。

(2)东南亚各国温带水果加工品进口存在差异。苹果汁进口主要集中在新加坡、泰国、马来西亚、印度尼西亚、菲律宾5个国家，占东南亚十国苹果汁总进口的90％；葡萄汁进口集中在泰国、马来西亚、新加坡和菲律宾4个国家，占东南亚十国葡萄汁总进口的近90％；梨罐头进口主要以泰国为主，占东南亚十国梨罐头总进口的90％以上；杏加工品进口主要在泰国和新加坡，占东南亚十国杏加工品进口的75％以上。

(3)东南亚国家各种温带水果加工产品进口市场结构也存在差异，目前主要从中国、澳大利亚和美国进口苹果汁；从西班牙和澳大利亚进口葡萄汁；从中国和美国进口梨罐头；从德国、南非、中国进口杏加工品。

第四章

东南亚国家居民水果消费及变动趋势

第一节　东南亚国家水果消费总体状况及变动趋势

一、水果消费总量

近年来，随着东南亚国家整体经济发展水平的提高，居民生活水平也不断改善，对水果的消费需求日趋旺盛。2001—2007 年间东南亚国家（不包括新加坡，下同）水果消费总量由 2856.7 万吨增长到 3964.9 万吨，年均增长 5.62%，年均增长量 184.7 万吨。

消费的水果种类主要有柑橘类、柠檬、柚子、香蕉、芭蕉、菠萝等热带水果，也有苹果、葡萄、梨、枣等温带水果，但以消费柑橘类、香蕉和菠萝为主，这三种水果消费量占东南亚国家水果消费总量的 50%以上，其中，香蕉的消费量最高，且呈增长趋势，消费量由 2001 年的 877.3 万吨增加到 2007 年的 1203.1 万吨，年均增长 5.4%，占东南亚国家水果消费总量的比重在 30%以上；其次是对菠萝消费，消费需求增长速度较快，消费量由 274.2 万吨增加到 515.1，年均增长 11.08%，占东南亚国家水果消费总量的近 13%；柑橘类消费也呈增长趋势，总消费量（包括橘子、柚子、柠檬、其他柑橘）由 274 万吨增加到 481.6 万吨，年均增长 9.86%，占东南亚国家水果消费总量的 12%以上。

其他水果（主要有梨、樱桃、木瓜、腰果、榴莲、山竹果、龙眼、红毛丹、桃、栗子、核桃等）的消费量也较大，占东南亚国家水果消费总量的 40%以上。

温带水果消费较少，消费量很低，占水果总消费量的不足 2%。消费的温带水果主要有苹果、葡萄、梨、枣，且对这些温带水果的消费均呈增长趋势，其中苹果的消费量最高，从 2001 年的 28.7 万吨增长到 2007 年的 45.7 万吨，年均增长 8.06%，年均增长量 2.83 万吨，占东南亚国家水果消费总量的比重从 1%增加到 1.15%。鲜葡萄消费量从 13.4 万吨增长到 22.3 万吨，年均增长

8.85%，年均增长量1.48万吨，占东南亚国家水果消费总量的比重从0.47%增加到0.56%。枣消费量从1.9万吨增长到3.1万吨，年均增长8.5%，年均增长量0.2万吨，占东南亚国家水果消费总量的比重维持在0.07%左右（见图4-1、表4-1和表4-2）。

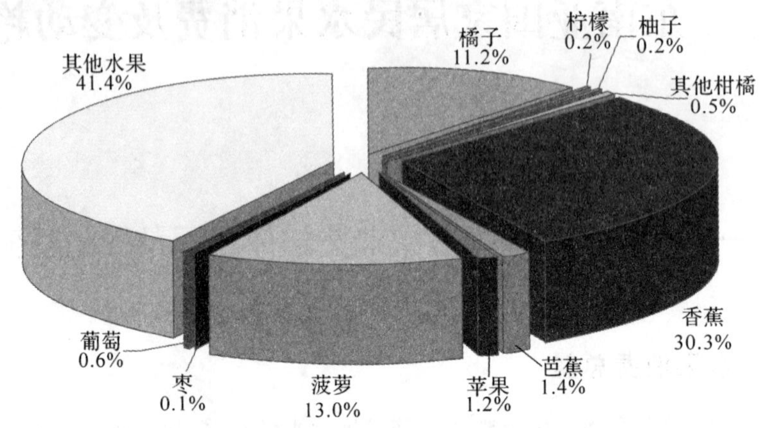

图4-1　2007年东南亚国家水果消费结构

二、各国水果消费差异

从东南亚国家整体水果消费状况来看，2001—2007年间居民水果消费总量呈上升趋势。从各国水果消费状况来看，存在较大差异。水果消费量大的国家有越南、泰国、印度尼西亚、菲律宾，这四国水果消费量占东南亚国家水果消费总量的90%左右。

印度尼西亚水果消费量最高，且呈上升趋势。水果消费量从2001年的867.38万吨增长到2007年的1489万吨，年均增长9.42%，年增长量103.6万吨，占东南亚国家水果消费总量的35%以上。

菲律宾水果消费量大，呈波动上升趋势，水果消费量从705.3万吨增加到981.76万吨，年均增长5.67%，年增长量46.07万吨，占东南亚水果消费总量的比重在25%左右（见图4-2）。

泰国和越南水果消费量近年来也均呈波动上升趋势，水果消费量分别从569.91万吨和390.46万吨增长到608.87万吨和501.31万吨，但占东南亚水果消费总量的比重均呈下降趋势，分别从20%和13.7%下降到15.4%和12.6%。

其他东南亚国家水果消费水平较低。缅甸水果消费总量呈先增加后减少的趋势，2001—2006年水果消费量从137.93万吨增加到177.17万吨，2007

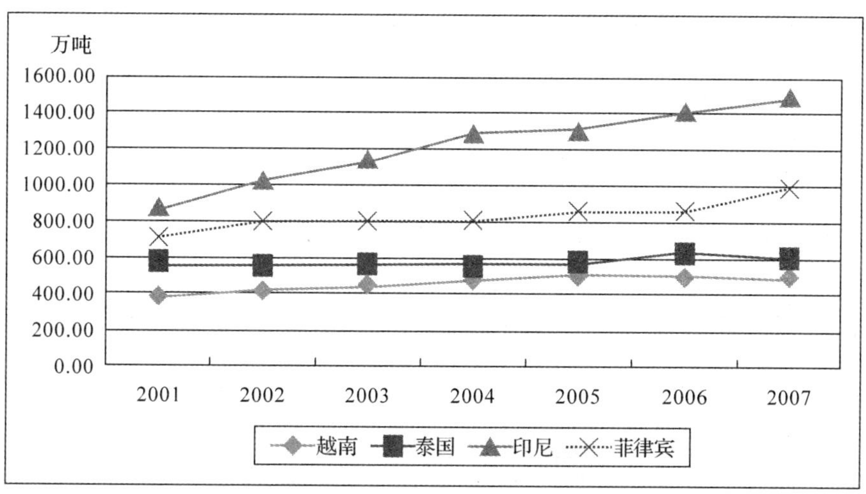

图 4-2　东南亚主要国家水果消费趋势

年下降到 169.07 万吨，比重由 4.83%下降到 4.26%。马来西亚水果消费总量呈波动变动趋势，水果消费量从 131.57 万吨波动增加到 152.44 万吨，占东南亚水果消费总量的比重从 4.6%下降到 3.8%。老挝和柬埔寨水果消费总量呈波动上升趋势，分别从 2001 年的 19 万吨和 30.72 万吨增加到 2007 年的 23.69 万吨和 33.93 万吨。文莱水果消费量较低，比较稳定，在 3 万吨到 3.5 万吨之间，所占比重也比较低，维持在 0.1%左右(见图 4-3)。

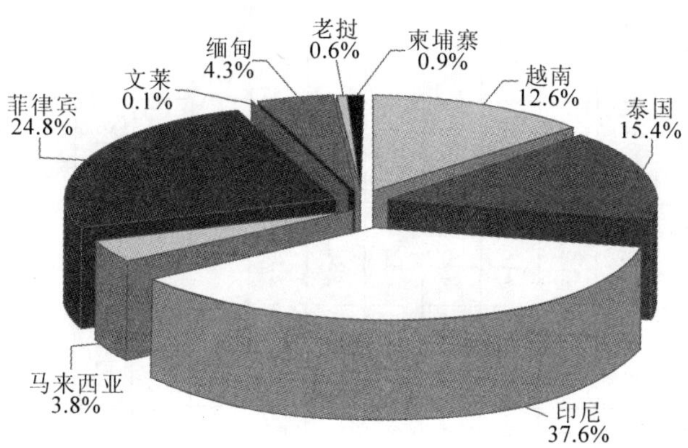

图 4-3　2007 年东南亚各国居民水果消费量构成

表 4-1　东南亚主要水果消费结构及变动趋势

（单位：万吨；%）

	2001 年		2002 年		2003 年		2004 年		2005 年		2006 年		2007 年	
	消费量	份　额	消费量	份　额	消费量	份　额	消费量	份　额	消费量	份　额	消费量	份　额	消费量	份　额
橘　子	236.9	8.29	265.5	8.53	311.3	9.53	378.9	10.83	407.6	11.23	435.9	11.54	443.1	11.18
柠　檬	9.4	0.33	8.5	0.27	8.9	0.27	8.6	0.25	8.7	0.24	7.9	0.21	7.8	0.20
柚　子	9.1	0.32	9.7	0.31	9.8	0.30	10.5	0.30	10.1	0.28	9.7	0.26	9.4	0.24
其他柑橘	18.6	0.65	18.7	0.60	18.9	0.58	18.4	0.53	20.8	0.57	20.7	0.55	21.3	0.54
香　蕉	877.3	30.71	936.1	30.06	923.2	28.25	1014.1	28.99	1065.8	29.36	1077.4	28.52	1203.1	30.34
芭　蕉	39.3	1.38	42.9	1.38	46.9	1.44	51.2	1.46	55.3	1.52	53.1	1.41	53.6	1.35
苹　果	28.7	1.00	32.3	1.04	34.4	1.05	39.9	1.14	45.4	1.25	42	1.11	45.7	1.15
菠　萝	274.2	9.60	284.1	9.12	299.6	9.17	310.1	8.86	346.3	9.54	430.2	11.39	515.1	12.99
枣	1.9	0.07	2.3	0.07	2	0.06	2.4	0.07	2.7	0.07	2.7	0.07	3.1	0.08
鲜葡萄	13.4	0.47	14.7	0.47	16.5	0.50	18.8	0.54	18.8	0.52	21.1	0.56	22.3	0.56
其他水果	1347.7	47.18	1499.3	48.15	1596	48.84	1645.3	47.03	1648.8	45.42	1676.7	44.39	1640.4	41.37
水果总消费量	2856.7	100	3114.0	100	3267.6	100	3498.2	100	3630.2	100	3777.5	100	3964.9	100

资料来源：(1)FAO Database(不包括新加坡，下同)，由作者整理得。

(2)比重是指东南亚国家居民各种水果消费占水果消费总量的百分比。

表 4-2　东南亚各国水果消费及变动趋势

（单位：万吨；%）

	2001 年		2002 年		2003 年		2004 年		2005 年		2006 年		2007 年	
	消费量	比　重	消费量	比　重	消费量	比　重	消费量	比　重	消费量	比　重	消费量	比　重	消费量	比重
越　南	390.46	13.67	416.99	13.39	446.73	13.67	483.7	13.83	510.64	14.07	499.37	13.22	501.31	12.64
泰　国	569.91	19.95	552.36	17.74	562.98	17.23	560.53	16.02	574.81	15.83	629.14	16.66	608.87	15.36
印　尼	867.38	30.36	1019.12	32.73	1131.05	34.61	1285.6	36.75	1305.74	35.97	1411.86	37.38	1489	37.55
马来西亚	131.57	4.61	132.99	4.27	134.41	4.11	140.01	4.00	145.4	4.01	140.12	3.71	152.44	3.84
菲律宾	705.3	24.69	791.77	25.43	790.66	24.20	810.46	23.17	857.55	23.17	855.29	23.17	981.76	24.76
文　莱	3.05	0.11	3.37	0.11	3.52	0.11	3.21	0.09	3.53	0.10	3.4	0.09	3.39	0.09
缅　甸	137.93	4.83	145.08	4.66	146.32	4.48	160.93	4.60	174.46	4.81	177.17	4.69	169.07	4.26
老　挝	19	0.67	19.98	0.64	20.11	0.62	22.38	0.64	23.92	0.66	25.53	0.68	23.69	0.60
柬埔寨	30.72	1.08	30.82	0.99	30.3	0.93	29.85	0.85	32.65	0.90	34.06	0.90	33.92	0.86
总　计	2855.32	100	3112.48	100	3266.08	100	3496.67	100	3628.7	100	3775.94	100	3963.45	100

资料来源：(1)FAO Database，由作者整理得。

(2)比重是指东南亚国家各国水果消费量占东南亚国家水果消费总量的百分比。

三、各国温带水果消费差异

东南亚各国由于受自然条件限制，温带水果除了在个别山区以外基本不能生产。然而，东南亚地区是世界上华侨、华人最集中的地区，全区约有华侨、华人 3200 多万，占世界各地海外华人总人数的将近 80%，在他们的带动下，东南亚国家居民对苹果、鲜梨、红枣以及栗子、核桃等温带鲜干水果也有比较大的消费需求。

东南亚国家居民消费的主要温带水果有苹果、葡萄、梨和枣，对这些水果总体消费量不高，但呈上升趋势。其中对苹果、葡萄、枣的消费量从 2001 年的 44 万吨增长到 2007 年 71.1 万吨，年均增长 8.32%，年均增长量 4.52 万吨。苹果消费最多，消费量在 45 万吨以上，占这三种温带水果消费的 65%以上，呈增加趋势。其次为葡萄消费，消费量最高达 32.1 万吨，占这三种温带水果消费的 30%。枣的消费量比较低，呈上升趋势，消费量从 1.9 万吨增加到 3.1 万吨。

1. 苹果消费

东南亚国家居民苹果消费总量呈上升趋势。2001—2007 年间苹果消费量从 28.7 万吨增长到 45.7 万吨，年均增长 8.06%，年均增长量 2.83 万吨，占东南亚水果消费总量的比重从 1%上升到 1.15%。

从东南亚各国居民苹果消费状况看，印度尼西亚、马来西亚、菲律宾、越南、泰国是主要的苹果消费国家，2007 年这五国苹果消费占东南亚国家苹果消费总量的 98%，且呈波动上升趋势。

印度尼西亚苹果消费量最高，2007 年占东南亚苹果消费总量的 34%，消费量呈增加趋势，从 9.01 万吨上升到 15.5 万吨，年均增长 9.46%，年均增长量 1.08 万吨。但占本国水果消费总量的比重很低，在 0.63%～1.1%之间。

马来西亚的苹果消费量也比较高，呈波动上升趋势，消费量从 7.99 万吨增加到 9.36 万吨，占本国水果消费总量的 5%～6%，占东南亚国家苹果消费总量的比重呈下降趋势，从 27.8%下降到 20.5%。

菲律宾的苹果消费量呈波动上升趋势，从 4.85 万吨增加到 9.97 万吨，年均增长 12.76%，年均增长量 0.85 万吨。占东南亚国家苹果消费总量的比重从 16.9%上升到 21.8%，占本国水果消费总量的比重从 0.69%增加到 1.02%。

越南的苹果消费量增长最快，从 1.12 万吨增长到 5.77 万吨，增加了 4.15 倍，年均增长 31.42%，年均增长量 0.78 万吨，占本国水果消费总量的比重从 0.25%上升到 1.15%。占东南亚苹果消费总量的比重从 3.9%增加到 12.6%。

泰国苹果消费量增长速度比较快，从 2.07 万吨增加到 4.25 万吨，年均增长

12.73%，年均增长量 0.36 万吨，增加了 1.05 倍，占本国水果消费总量的比重从 0.36%增加到 0.7%，占东南亚苹果消费总量的比重从 7.2%上升到 9.3%。

缅甸苹果消费量呈波动下降趋势，从 3.21 万吨大幅下降到 0.14 万吨，占本国水果消费总量的比重从 2.33%下降到 0.08%，占东南亚苹果消费总量的比重从 11.2%下降到 0.3%。

文莱、柬埔寨、老挝三国对苹果的消费很低，仅占东南亚苹果消费总量的 1.55%。文莱苹果消费总量不高但呈上升趋势，从 0.23 万吨增加到 0.41 万吨，占本国水果消费总量的比重从 7.58%上升到 12.02%。柬埔寨苹果消费量呈波动变化，在 0.16 万吨和 0.29 之间。老挝苹果消费量很少，2005 年最高仅为 0.19 万吨，呈上升趋势(见图 4-4、图 4-5 和表 4-3)。

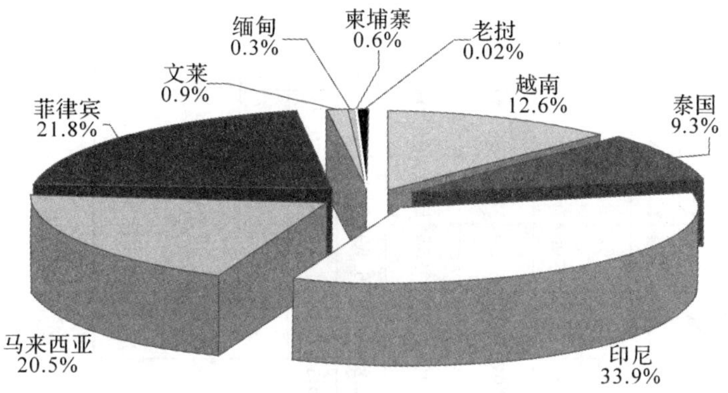

图 4-4　东南亚国家居民苹果消费结构

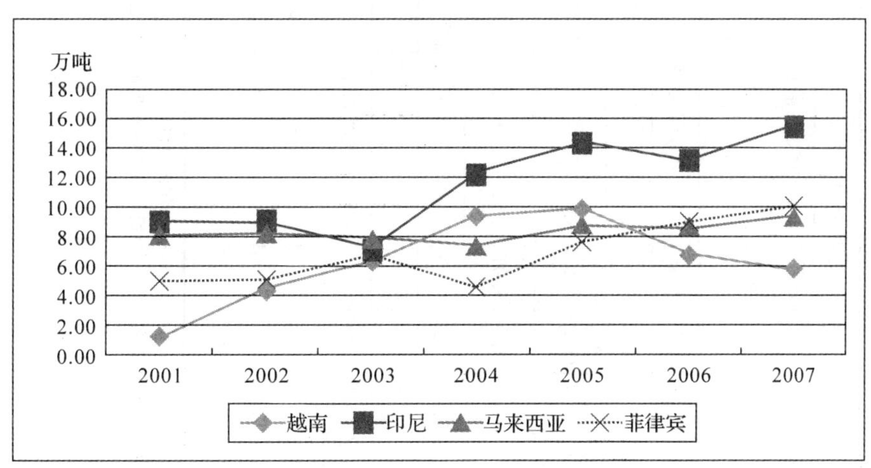

图 4-5　东南亚主要国家居民苹果消费趋势

表 4-3　东南亚各国苹果消费及变动趋势

（单位：万吨；%）

	2001 年			2005 年			2002 年			2006 年			2003 年			2007 年			2004 年		
	消费量	比重1	比重2	消费量	比重1	比重2	消费量	比重1	比重2	消费量	比重1	比重2	消费量	比重1	比重2	消费量	比重1	比重2.	消费量	比重1	比重2
越南	1.12	0.29	3.90	4.44	1.07	13.75	6.43	1.44	18.69	9.36	1.94	23.46	9.78	1.92	21.54	6.7	1.34	15.95	5.77	1.15	12.63
泰国	2.07	0.36	7.21	2.36	0.43	7.31	3.72	0.66	10.81	3.54	0.63	8.87	4.19	0.73	9.23	4.19	0.67	9.98	4.25	0.7	9.30
印尼	9.01	1.04	31.39	8.86	0.87	27.43	7.16	0.63	20.81	12.29	0.96	30.80	14.33	1.1	31.56	13.1	0.93	31.19	15.5	1.04	33.92
马来西亚	7.99	6.07	27.84	8.25	6.2	25.54	7.9	5.88	22.97	7.41	5.29	18.57	8.78	6.04	19.34	8.59	6.13	20.45	9.36	6.14	20.48
菲律宾	4.85	0.69	16.90	5.01	0.63	15.51	6.68	0.84	19.42	4.43	0.55	11.10	7.36	0.86	16.21	8.71	1.02	20.74	9.97	1.02	21.82
文莱	0.23	7.58	0.80	0.25	7.57	0.77	0.42	11.79	1.22	0.21	6.69	0.53	0.25	7.05	0.55	0.34	9.99	0.81	0.41	12.02	0.90
缅甸	3.21	2.33	11.18	2.82	1.94	8.73	1.67	1.14	4.85	2.22	1.38	5.56	0.2	0.12	0.44	0.13	0.07	0.31	0.14	0.08	0.31
老挝	0.001	0.01	0.003	0.001	0.01	0.003	0.15	0.73	0.44	0.16	0.7	0.40	0.19	0.78	0.42	0.04	0.17	0.10	0.01	0.06	0.02
柬埔寨	0.25	0.8	0.87	0.25	0.81	0.77	0.26	0.86	0.76	0.28	0.93	0.70	0.34	1.04	0.75	0.18	0.52	0.43	0.29	0.84	0.63
总计	28.73	19.17	100	32.24	19.53	100	34.39	23.97	100	39.90	19.07	100	45.42	19.64	100	41.98	20.84	100	45.70	23.05	100

资料来源：(1)FAO Database，由作者整理得。

(2)比重 1 指东南亚各国苹果消费量占本国水果消费总量的百分比；比重 2 指东南亚各国苹果消费量占东南亚苹果消费总量的百分比。

2. 鲜葡萄消费

近年来，东南亚各国对鲜葡萄的消费量增长速度比较快，消费量从 2001 年的 13.4 万吨上升到 2007 年的 22.3 万吨，年均增长 8.86%，年均增长量 1.48 万吨，占东南亚国家居民水果消费总量的比重也呈上升趋势，从 0.47% 上升到 0.56%。

从东南亚各国鲜葡萄消费状况及趋势来看，以泰国、越南、印度尼西亚、马来西亚、菲律宾消费为主，2007 年这五国葡萄消费占东南亚国家葡萄消费总量的 99%。

泰国鲜葡萄消费量最高，占东南亚葡萄消费总量的 30%以上，且呈增长趋势，从 4.24 万吨上升到 7.21 万吨，年均增长 9.25%，年均增长量 0.5 万吨，占其本国水果消费的比重不高但呈增加趋势，从 0.74%上升到 1.18%（见图 4-6）。

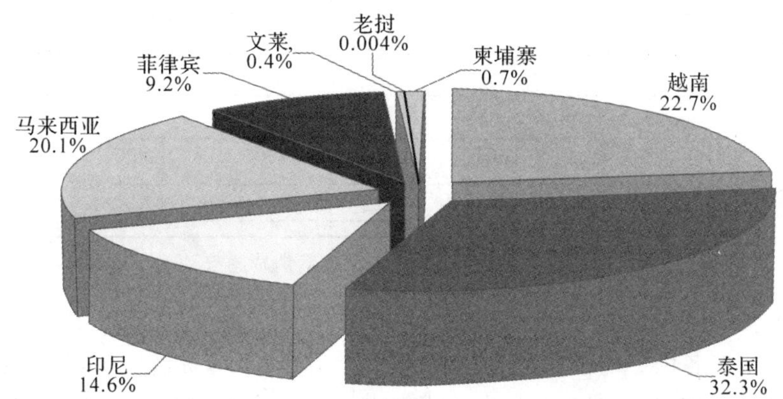

图 4-6　东南亚国家居民葡萄消费结构

越南鲜葡萄消费量增长比较快，从 2.61 万吨增加到 5.08 万吨，年均增长 11.74%，年均增长量 0.41 万吨，占其本国水果消费总量的比重也从 0.67% 增加到 1.01%。

马来西亚对鲜葡萄的消费呈波动上升趋势，2007 年达到最高 4.48 万吨，年均增长 10.21%，年均增长量 0.33 万吨，占其本国水果消费总量的比重呈增长趋势，从 1.9%增加到 2.94%。

印度尼西亚鲜葡萄消费量增长速度最快，从 1.37 万吨增加到 3.26 万吨，增加了 1.4 倍，年均增长 15.54%，年均增长量 0.32 万吨，占本国水果消费总量的比重不高但呈波动上升趋势，从 0.16%增加到 0.22%。

菲律宾对鲜葡萄的消费呈波动下降趋势，从 2.52 万吨下降到 2.06 万吨，占其本国水果消费总量的比重也从0.36%下降到0.21%。

文莱、老挝、柬埔寨、缅甸等对鲜葡萄的消费很少。文莱的葡萄消费量比较低，最高仅为0.09万吨，但占文莱水果消费总量的比重相对较高，呈波动变化，在2.13%和2.96%之间。老挝对葡萄的消费量不高，也呈上升趋势，从0.08万吨增加到0.16万吨。柬埔寨和缅甸的葡萄消费量很少且呈波动变化(见图4-7和表4-5)。

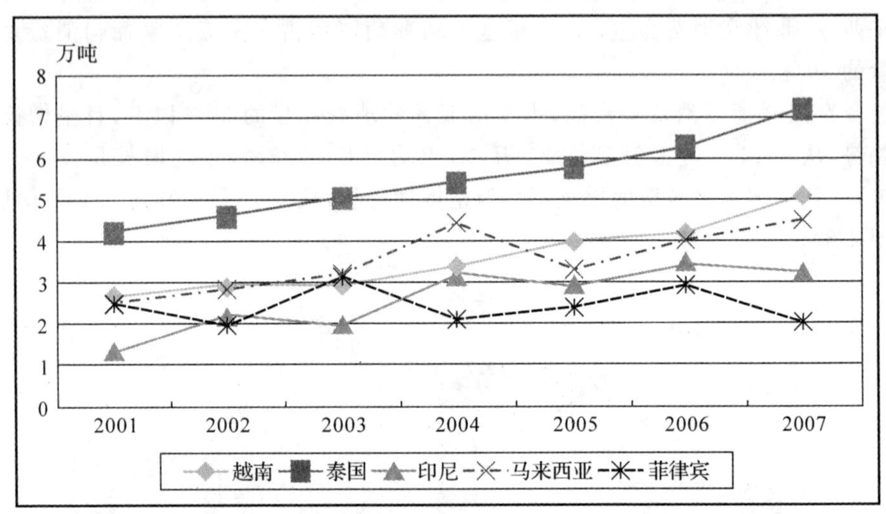

图4-7 东南亚主要国家葡萄消费趋势

3.枣消费

东南亚各国枣的消费量比较低，但呈上升趋势，消费量从2001年的1.9万吨增加到2007年的3.1万吨，年均增长8.5%，年均增长量0.2万吨。

东南亚消费枣的国家主要是印度尼西亚和马来西亚，这两个国家枣消费量占东南亚枣消费的90%以上，2001年比重高达99.5%。两国枣消费呈上升趋势，分别从0.88万吨、1.01万吨增加到1.54万吨、1.44万吨。其中马来西亚枣消费量较高，且呈上升趋势，从1.01万吨增长到1.44万吨，占东南亚枣消费总量的50%左右，年均增长6.08%，年均增长量0.07万吨，但占本国水果消费总量的比重比较低，最高年份仅为0.97%。其次，印度尼西亚的枣消费量增长速度比较快，从0.88万吨上升到1.54万吨，年均增长9.78%，年增长量0.11万吨。

越南、泰国、菲律宾、文莱四国的枣消费量很少，呈波动变化，其中泰国的枣消费增长速度最快，从0.005万吨增长到0.07万吨，占泰国水果消费总量的比重从0.001%增长到0.01%，增加了10倍。

表 4-5　东南亚各国葡萄消费及变动趋势

（单位：万吨；%）

	2001 年			2005 年			2002 年			2006 年			2003 年			2007 年			2004 年		
	消费量	比重1	比重2	消费量	比重1	比重2	消费量	比重1	比重2	消费量	比重1	比重2	消费量	比重1	比重2	消费量	比重1	比重2	消费量	比重1	比重2
越南	2.61	0.67	19.48	2.92	0.7	19.86	2.97	0.67	18.00	3.34	0.69	17.77	4	0.78	21.28	4.17	0.83	19.76	5.08	1.01	22.78
泰国	4.24	0.74	31.64	4.6	0.83	31.29	5.07	0.9	30.73	5.41	0.97	28.78	5.82	1.01	30.96	6.29	1	29.81	7.21	1.18	32.33
印尼	1.37	0.16	10.22	2.2	0.22	14.97	2	0.18	12.12	3.22	0.25	17.13	2.96	0.23	15.74	3.48	0.25	16.49	3.26	0.22	14.62
马来西亚	2.5	1.9	18.66	2.82	2.12	19.18	3.12	2.32	18.91	4.45	3.18	23.67	3.3	2.27	17.55	4.01	2.86	19.00	4.48	2.94	20.09
菲律宾	2.52	0.36	18.81	1.94	0.25	13.20	3.14	0.4	19.03	2.13	0.26	11.33	2.43	0.28	12.93	2.96	0.35	14.03	2.06	0.21	9.24
文莱	0.08	2.46	0.60	0.1	2.96	0.68	0.1	2.77	0.61	0.09	2.81	0.48	0.09	2.67	0.48	0.07	2.13	0.33	0.09	2.59	0.40
缅甸	0.002	0.001	0.01	0.02	0.01	0.14	0.01	0.004	0.06	0.08	0.005	0.43	0.08	0.005	0.43						
老挝	0.003	0.02	0.02	0.001	0.01	0.01	0.002	0.01	0.01	0.01	0.03	0.05	0.0003	0.001	0.002	0.003	0.01	0.01	0.001	0.002	0.004
柬埔寨	0.08	0.25	0.60	0.08	0.27	0.54	0.13	0.42	0.79	0.13	0.44	0.69	0.15	0.46	0.80	0.13	0.38	0.62	0.16	0.47	0.72
总计	13.41	6.56	100	14.68	7.37	100	16.54	7.67	100	18.86	8.64	100	18.83	7.71	100	21.11	7.81	100	22.34	8.62	100

资料来源：FAO Database，由作者整理得。

柬埔寨的枣消费量很低，呈波动下降趋势，从 0.01 万吨下降到 0.004 万吨，消费量在 0.002 万吨和 0.1 万吨之间。缅甸仅在 2004 年有少量的枣消费量。（见图 4-8、图 4-9 和表 4-6）

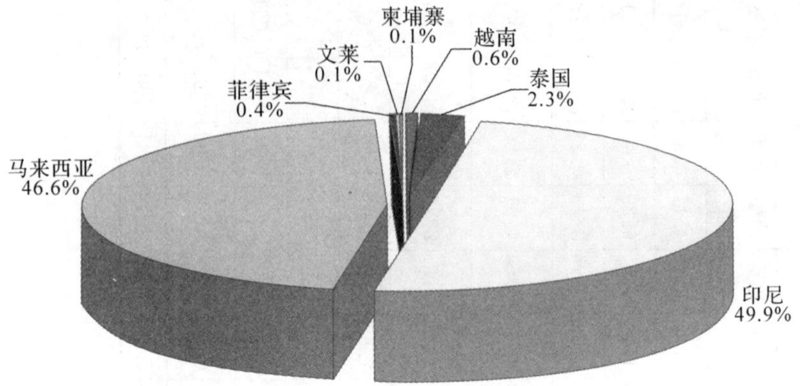

图 4-8　东南亚国家居民枣消费结构

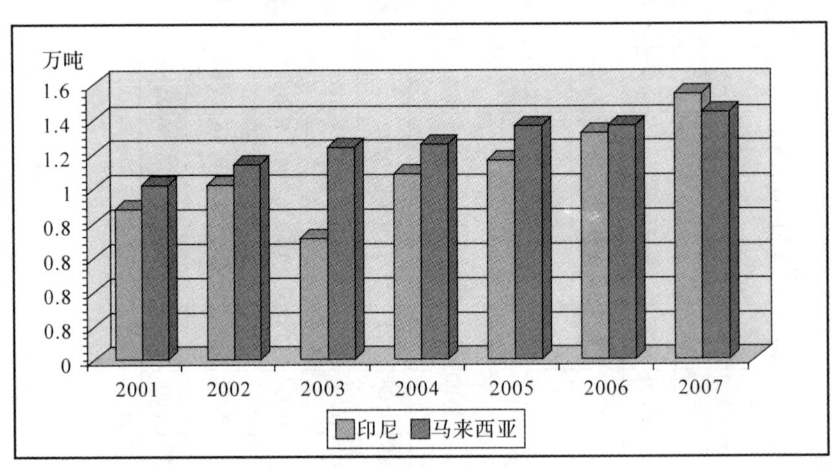

图 4-9　东南亚主要国家枣消费趋势

表 4-6 东南亚各国枣消费及变动趋势

（单位：万吨；%）

	2001 年			2005 年			2002 年			2006 年			2003 年			2007 年			2004 年		
	消费量	比重1	比重2	消费量	比重1	比重2	消费量	比重1	比重2	消费量	比重1	比重2	消费量	比重1	比重2	消费量	比重1	比重2	消费量	比重1	比重2
越南	0.01	0.003	0.53	0.02	0.005	0.87	0.03	0.01	1.50	0.02	0.005	0.83	0.07	0.01	2.59	0.01	0.002	0.37	0.02	0.004	0.65
泰国	0.005	0.001	0.26	0.004	0.001	0.17	0.001	0.0002	0.05	0.01	0.002	0.42	0.01	0.001	0.37	0.03	0.01	1.11	0.07	0.01	2.26
印尼	0.88	0.1	46.32	1.02	0.1	44.35	0.7	0.06	35	1.06	0.08	44.17	1.15	0.09	42.59	1.32	0.09	48.89	1.54	0.1	49.68
马来西亚	1.01	0.77	53.16	1.14	0.86	49.57	1.24	0.92	62	1.25	0.89	52.08	1.36	0.93	50.37	1.36	0.97	50.37	1.44	0.95	46.45
菲律宾	0.01	0.001	0.53	0.001	0.0002	0.04	0.002	0.0002	0.10	0.001	0.0001	0.04	0.0133	0.002	0.49	0.0131	0.002	0.49	0.011	0.001	0.35
文莱	0.003	0.1	0.16	0.01	0.23	0.43	0.01	0.41	0.50	0.02	0.52	0.83	0.02	0.44	0.74	0.002	0.06	0.07	0.002	0.04	0.06
缅甸										0.002	0.001	0.08									
柬埔寨	0.01	0.05	0.53	0.07	0.21	3.04	0.07	0.22	3.50	0.06	0.21	2.50	0.1	0.31	3.70	0.002	0.01	0.07	0.004	0.01	0.13
总计	1.93	1.03	100	2.27	1.41	100	2.05	1.62	100	2.42	1.71	100	2.72	1.78	100	2.74	1.14	100	3.09	1.12	100

资料来源：(1)FAO Database，由作者整理得。

第二节　东南亚国家人均水果消费及变动趋势

一、人均水果消费

随着经济发展和居民生活水平的提高，东南亚国家人均水果消费量呈不断增长趋势，人均消费量从2001年的54.9千克/人·年上升到2007年的70.3千克/人·年，人均年消费水果增长4.21%，人均年水果消费增长量2.57千克/人·年。

东南亚国家人均消费量比较高的水果是香蕉，呈增长趋势，人均香蕉消费量从2001年的16.9千克/人·年增加到2007年的21.3千克/人·年，占东南亚国家人均水果消费量的30%以上，年人均香蕉消费增长3.93%，年均增长量0.73千克/人·年。其次是菠萝和橘子，也呈上升趋势，人均菠萝和橘子的消费量分别从5.3千克/人·年和4.6千克/人·年增加到9.1千克/人·年和7.9千克/人·年，分别占东南亚国家人均水果消费量的13%和11%，年人均消费增长都为9.4%，年人均消费增长量分别为0.63千克/人·年和0.55千克/人·年(见表4-7)。

表4-7　东南亚国家人均水果消费及变动趋势(单位:千克/人·年)

	2001年	2002年	2003年	2004年	2005年	2006年	2007年
橘　子	4.6	5	5.8	7	7.4	7.8	7.9
柠　檬	0.2	0.2	0.2	0.2	0.2	0.1	0.1
柚　子	0.2	0.2	0.2	0.2	0.2	0.2	0.2
其他柑橘	0.4	0.4	0.4	0.3	0.4	0.4	0.4
香　蕉	16.9	17.7	17.2	18.7	19.4	19.3	21.3
芭　蕉	0.8	0.8	0.9	0.9	1	1	0.9
苹　果	0.55	0.61	0.64	0.74	0.83	0.75	0.81
菠　萝	5.3	5.4	5.6	5.7	6.3	7.7	9.1
枣	0.04	0.04	0.04	0.05	0.05	0.05	0.06
葡　萄	0.26	0.28	0.31	0.35	0.34	0.38	0.4
其他水果	25.89	28.4	29.82	30.32	29.99	30.1	29.08
水果人均消费	54.88	58.99	61.05	64.47	66.03	67.82	70.3

其他水果(主要有梨、樱桃、木瓜、腰果、榴莲、山竹果、龙眼、红毛丹、桃、栗子、核桃等)的人均消费量也较高,保持在30千克/人·年左右,占东南亚国家人均水果消费量的40%以上。

东南亚国家居民温带水果的人均消费量很低,但均呈增加趋势。苹果人均消费量不足1千克/人·年,葡萄人均消费量不足0.5千克/人·年,枣人均消费量在0.05千克/人·年左右。

二、各国人均水果消费差异

从东南亚国家整体来看,人均水果消费水平较高,不仅高于中国,高于新疆,也高于世界人均水果消费水平。近年来东南亚国家人均水果消费能力呈不断上升趋势,人均水果消费量从2001年的54.88千克/人·年增加到2007年的70.3千克/人·年,同期,世界人均水果消费量从59.81千克/人·年增加到69.09千克/人·年,与世界人均水果消费量的差距越来越小,到2004年已经赶超世界人均水果消费水平。与中国相比,东南亚国家人均水果消费量一直相对较高,高出中国10千克/人·年左右。与新疆相比,2001—2006年间东南亚国家人均水果消费量一直低于新疆,但两者差距在不断缩小,2007年东南亚人均水果消费量高于新疆。与欧盟发达国家相比,东南亚国家人均水果消费量则相对较低,但与欧盟国家消费标准的差距在逐渐缩小,从2001年的42.89千克/人·年缩小到2007年的34.43千克/人·年(见图4-10)。

从东南亚各国人均水果消费状况来看,菲律宾、泰国、文莱三国的水果人均消费量比较高;马来西亚、越南、印度尼西亚次之;缅甸、老挝和柬埔寨比较少,且都低于东南亚国家平均人均水果消费水平。

菲律宾人均水果消费量最高,且增长速度快,人均年消费水果增长3.7%,人均年消费量增长3.6千克/人·年,2007年达最高为110.66千克/人·年,已超过欧盟人均水果消费水平(104.43千克/人·年)。

泰国和文莱人均水果消费量也较高,消费量明显超过东南亚人均水果消费水平,也高于世界及中国平均人均水果消费水平,年消费量最高分别达到94.6千克/人·年和98.95千克/人·年。

印度尼西亚人均水果消费量呈持续上升趋势,人均年水果消费量从41.69千克/人·年增长到66.28千克/人·年,年均增长8%,年均增长量4.1千克/人·年,高于世界人均水果消费水平,也略高于中国,但低于东南亚国家人均水果消费水平。

马来西亚和越南人均水果消费量呈波动上升趋势,人均年水果消费量分别从55.35千克/人·年和48.95千克/人·年,增长到57.4千克/人·年和

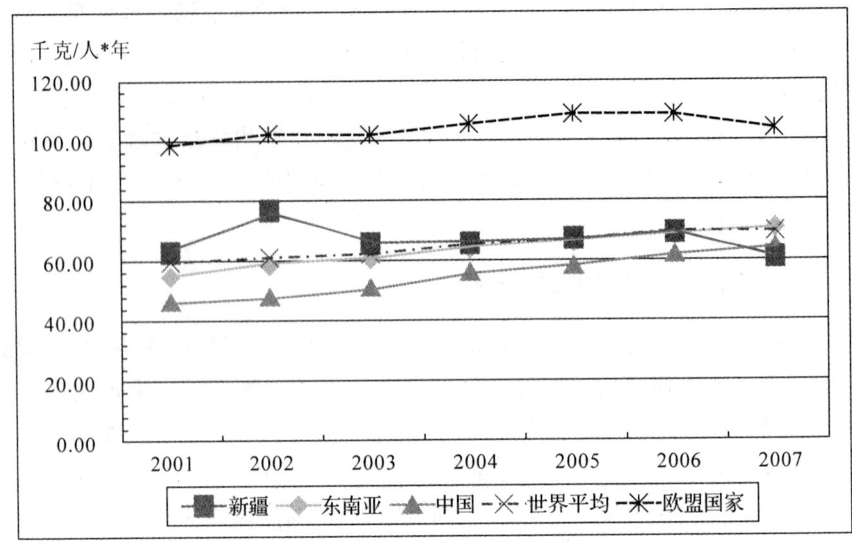

图 4-10 东南亚与世界人均水果消费趋势对比

58.2 千克/人·年，年均增长分别为 0.6%和 2.93%，年均增长量分别为 0.34 千克/人·年和 1.54 千克/人·年，均低于东南亚平均水平，也低于中国和世界的平均消费水平。

老挝和缅甸人均水果消费量不高，但呈波动上升趋势。柬埔寨水果人均消费量比较低，2006 年最高仅为 24.17 千克/人·年，仅相当于东南亚整体人均水果消费量(69.09 千克/人·年)的三分之一(见表 4-8、图 4-11)。

表 4-8 东南亚各国人均水果消费差异及变动趋势

(单位:千克/人·年)

	2001 年	2002 年	2003 年	2004 年	2005 年	2006 年	2007 年
越　南	48.95	51.57	54.51	58.26	60.74	58.68	58.22
泰　国	90.47	86.67	87.25	85.87	87.16	94.6	90.91
印　尼	41.69	48.33	52.94	59.4	59.57	63.61	66.28
马来西亚	55.35	54.84	54.39	55.62	56.72	53.69	57.4
菲律宾	89.01	98	96.02	96.59	100.3	98.2	110.66
文　莱	89.3	96.7	98.95	88.54	95.43	90.22	88.08
缅　甸	29.34	30.63	30.69	33.53	36.09	36.36	34.41
老　挝	34.51	35.68	35.35	38.7	40.69	42.67	38.89

续表

	2001 年	2002 年	2003 年	2004 年	2005 年	2006 年	2007 年
柬埔寨	23.64	23.32	22.56	21.88	23.54	24.17	23.68
东南亚	54.88	58.99	61.05	64.47	66.03	67.82	70.3
新　疆	62.24	75.98	66.03	65.49	66.99	68.67	61.00
中　国	46.39	47.77	50.97	55.83	57.85	61.83	64.42
世界平均	59.81	61.33	62.24	64.46	65.89	67.92	69.09
欧盟国家	97.77	102.24	101.81	104.92	108.67	108.53	104.43

资料来源:(1)FAO 食品消费平衡表。(2)新疆数据来自新疆统计年鉴。

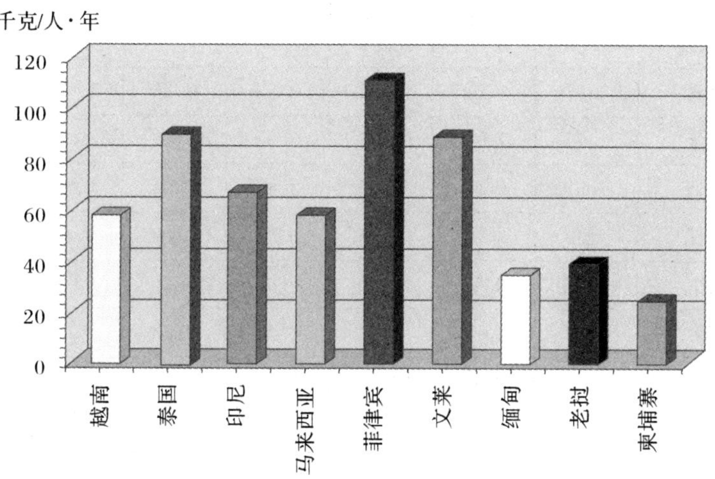

图 4-11　东南亚各国人均水果消费比较

三、各国温带水果人均消费差异

1. 苹果人均消费

从东南亚国家居民温带水果人均消费状况来看,苹果的人均消费能力比较强,且呈上升趋势,人均苹果消费量从 2001 年的 0.55 千克/人·年增长到 2007 年的 0.81 千克/人·年,年均增长 6.67%,年均增长量 0.04 千克/人·年。但远低于世界人均苹果消费水平(9.13 千克/人·年)。也远低于中国人均苹果消费量(13.8 千克/人·年),与欧盟国家相比,东南亚国家苹果人均消费量更低,但差距呈不断缩小趋势(见表 4-9)。

从东南亚各国人均苹果消费状况来看,存在明显差异。

文莱人均苹果消费量最高，呈波动上升趋势，人均苹果消费量从2001年的6.77千克/人·年增加到2007年的10.59千克/人·年，高于世界平均消费水平，2003年最高达11.67千克/人·年，年均增长7.74%，年均增长量0.63千克/人·年。

表4-9 东南亚各国人均苹果消费差异及变动趋势

（单位：千克/人·年）

	2001年	2002年	2003年	2004年	2005年	2006年	2007年
越南	0.14	0.55	0.79	1.13	1.16	0.79	0.67
泰国	0.33	0.37	0.58	0.54	0.64	0.63	0.63
印尼	0.43	0.42	0.34	0.57	0.65	0.59	0.69
马来西亚	3.36	3.4	3.2	2.94	3.43	3.29	3.52
菲律宾	0.61	0.62	0.81	0.53	0.86	1	1.12
文莱	6.77	7.32	11.67	5.92	6.73	9.01	10.59
缅甸	0.68	0.6	0.35	0.46	0.04	0.03	0.03
老挝			0.26	0.27	0.32	0.07	0.02
柬埔寨	0.19	0.19	0.19	0.2	0.25	0.13	0.2
东南亚	0.55	0.61	0.64	0.74	0.83	0.75	0.81
中国	11.1	10.1	10.8	12.2	12	13.4	13.8
世界	8.15	7.83	8.15	8.58	8.82	8.79	9.13
欧盟	24.02	23.79	23.43	23.68	24.64	21.58	21.81

资料来源：FAO食品消费平衡表。

马来西亚人均苹果消费量高于东南亚平均水平，但低于世界平均水平。呈波动增长趋势，人均苹果消费量从3.36千克/人·年上升到3.52千克/人·年，年均增长0.78%，年均增长量0.03千克/人·年。

越南人均苹果消费增长最快，从0.14千克/人·年上升到0.67千克/人·年，年均增长29.81%，年均增长量0.09千克/人·年。

泰国、印度尼西亚人均苹果消费量不高，但呈上升趋势，人均苹果消费量分别从0.33千克/人·年、0.43千克/人·年增加到0.63千克/人·年和0.69千克/人·年，年均增长分别为11.38%和8.2%，年增长量分别为0.05千克/人·年和0.04千克/人·年，低于东南亚平均苹果消费水平。

缅甸和老挝人均苹果消费量比较低，且呈波动下降趋势，人均苹果消费量分别从0.68千克/人·年和0.26千克/人·年下降到0.03千克/人·年和

0.02 千克/人・年。柬埔寨人均苹果消费量呈波动变化，人均苹果消费量在 0.13 千克/人・年和 0.25 千克/人・年之间（见图 4-12、图 4-13）。

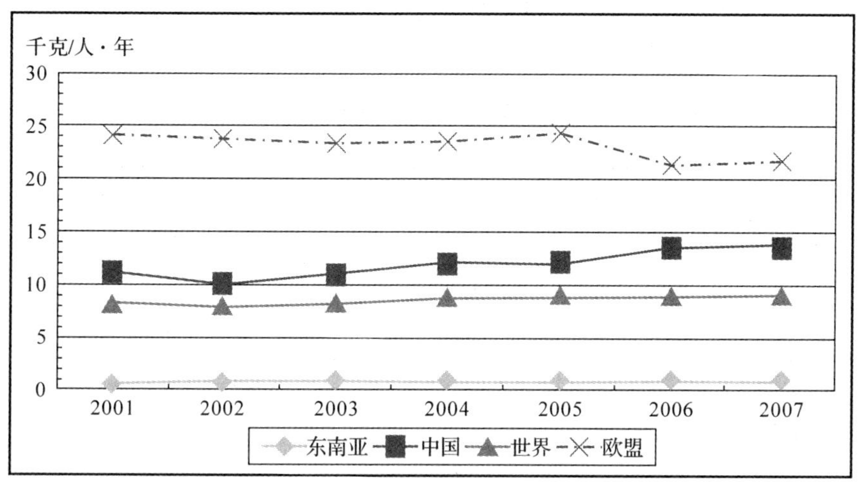

图 4-12　东南亚与世界人均苹果消费对比

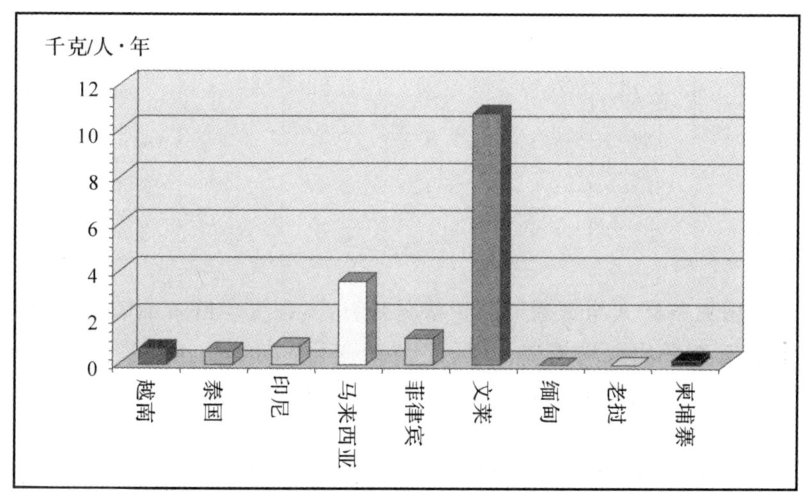

图 4-13　东南亚各国人均苹果消费比较

2. 鲜葡萄人均消费

东南亚国家人均鲜葡萄消费能力不高，但呈增长趋势，人均葡萄消费量从 2001 年的 0.26 千克/人・年上升到 2007 年的 0.4 千克/人・年，年均增长 7.44%，年均增长量 0.02 千克/人・年。低于中国人均鲜葡萄消费量，在 2001—2007 年中国人均鲜葡萄消费量与东南亚国家人均鲜葡萄消费量之间的差距呈上升趋势。2007 年东南亚人均鲜葡萄消费量（0.4 千克/人・年）仅相当于中国(3.5 千克/人·年)的 11.4%。与世界人均鲜葡萄消费量相比,两者之间的消费差距比较大,东南亚人均鲜葡萄消费量仅相当于世界(3.88 千克/人·年)的 1/10。与欧盟国家鲜葡萄人均消费量的差距更大,且呈扩大趋势(见表 4-10、图 4-14)。

表 4-10 东南亚国家人均鲜葡萄消费差异及变动趋势

(单位:千克/人·年)

	2001 年	2002 年	2003 年	2004 年	2005 年	2006 年	2007 年
越　南	0.33	0.36	0.36	0.4	0.48	0.49	0.59
泰　国	0.67	0.72	0.79	0.83	0.88	0.95	1.08
印　尼	0.07	0.11	0.09	0.15	0.14	0.16	0.15
马来西亚	1.05	1.16	1.26	1.77	1.29	1.54	1.69
菲律宾	0.32	0.24	0.38	0.25	0.28	0.34	0.23
文　莱	2.2	2.86	2.74	2.49	2.55	1.92	2.29
老　挝	0.01			0.01		0.01	
柬埔寨	0.06	0.06	0.09	0.1	0.11	0.09	0.11
东南亚	0.26	0.28	0.31	0.35	0.34	0.38	0.4
中　国	1.8	2.4	2.8	3.1	3.1	3.3	3.5
世　界	3.26	3.5	3.57	3.47	3.77	3.81	3.88
欧　盟	8.3	8.7	9.3	8.01	8.49	8.64	9.52

从东南亚各国人均鲜葡萄消费状况来看:文莱人均鲜葡萄消费能力最强,远高于东南亚平均人均消费水平,呈波动变化,2002 年达到最高为 2.86 千克/人·年,而后有所回落,在 2～3 千克/人·年之间,但低于中国和世界平均水平。

马来西亚人均鲜葡萄消费量也比较高,且呈波动上升趋势,人均鲜葡萄消费量从 1.05 千克/人·年增长到 1.69 千克/人·年,是东南亚平均人均葡萄消费量的 4 倍以上。

泰国人均鲜葡萄消费能力增长比较快,从 0.67 千克上升到 1.08 千克,是东南亚平均人均鲜葡萄消费量的 2.7 倍,年均人均鲜葡萄消费量增长 8.28%,年均增长量 0.07 千克/人·年。

越南人均鲜葡萄消费量也高于东南亚平均人均消费水平,且呈增长趋势,从 0.33 千克/人·年上升到 0.59 千克/人·年。

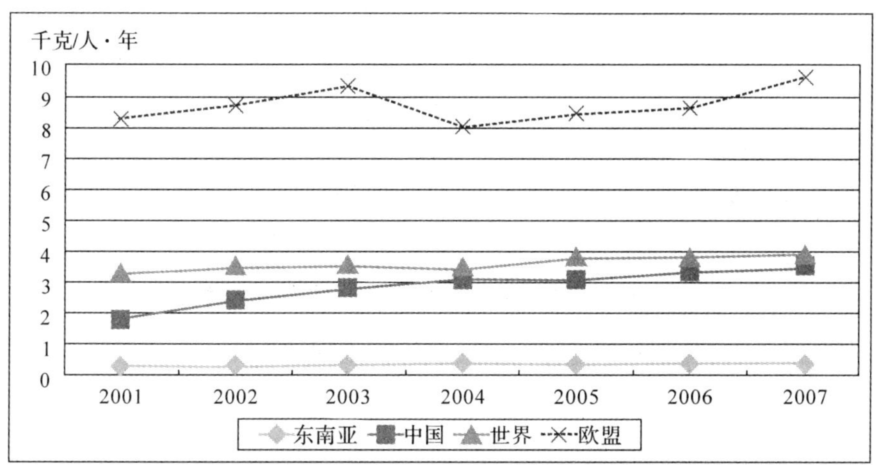

图 4-14　东南亚与世界人均鲜葡萄消费对比

菲律宾人均鲜葡萄消费量不高，且呈波动变化，人均鲜葡萄消费量在 0.23 千克/人·年和 0.38 千克/人·年之间，略低于东南亚平均人均消费水平。

印度尼西亚、柬埔寨人均鲜葡萄消费量比较少，低于东南亚平均人均消费水平，但都呈增加趋势，人均鲜葡萄消费量分别从 0.07 千克/人·年、0.06 千克/人·年上升到 0.15 千克/人·年、0.11 千克/人·年。老挝只有个别年份有葡萄消费（见图 4-15）。

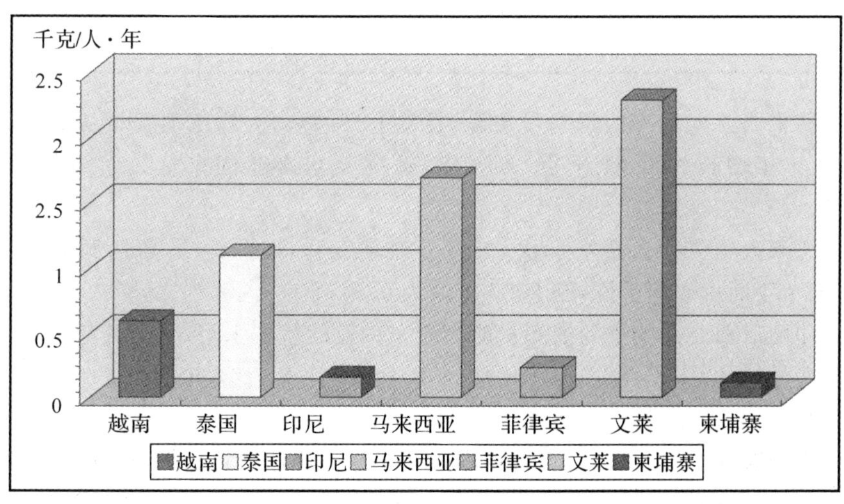

图 4-15　东南亚各国人均葡萄消费比较

3. 枣人均消费

东南亚国家整体上人均枣的消费量很低，但稳中有升，人均枣的消费量从2001年的0.04千克/人·年增加到2007年的0.06千克/人·年。与世界相比，东南亚国家人均枣消费低于世界人均枣消费水平，也低于中国人均枣消费量。而与欧盟国家人均枣消费量的差距比较低且呈下降趋势（见表4-11、图4-16）。

表4-11 东南亚国家人均枣消费差异及变动趋势

（单位：千克/人·年）

	2001年	2002年	2003年	2004年	2005年	2006年	2007年
越　南					0.01		
泰　国						0.01	0.01
印　尼	0.04	0.05	0.03	0.05	0.05	0.06	0.07
马来西亚	0.42	0.47	0.5	0.5	0.53	0.52	0.54
文　莱	0.09	0.23	0.41	0.46	0.42	0.06	0.04
柬埔寨	0.01	0.05	0.05	0.05	0.07		
东南亚	0.04	0.04	0.04	0.05	0.05	0.05	0.06
中　国	0.1	0.1	0.1	0.1	0.1	0.1	0.1
世　界	0.77	0.75	0.73	0.8	0.77	0.78	0.78
欧　盟	0.21	0.15	0.15	0.14	0.14	0.13	0.17

马来西亚人均枣的消费量最高，且呈上升趋势，人均枣消费量从0.42千克/人·年增长到0.54千克/人·年，远高于东南亚国家整体对枣的消费水平。

文莱人均枣的消费水平次之，但呈波动变化，2004年最高达到0.46千克/人·年而后逐渐下降，到2007年仅为0.04千克/人·年。

印度尼西亚人均枣的消费量略高于东南亚的整体水平，呈上升趋势，人均枣消费量从0.04千克/人·年增加到0.07千克/人·年，年增长率9.8%，年增长量0.005%。

柬埔寨在2001—2005年人均枣的消费量呈快速增长趋势，从0.01千克/人·年增加到0.07千克/人·年，但2006—2007年柬埔寨人均枣消费几乎为零。

越南和泰国枣人均消费能力很低。越南仅在2005年有枣的人均消费

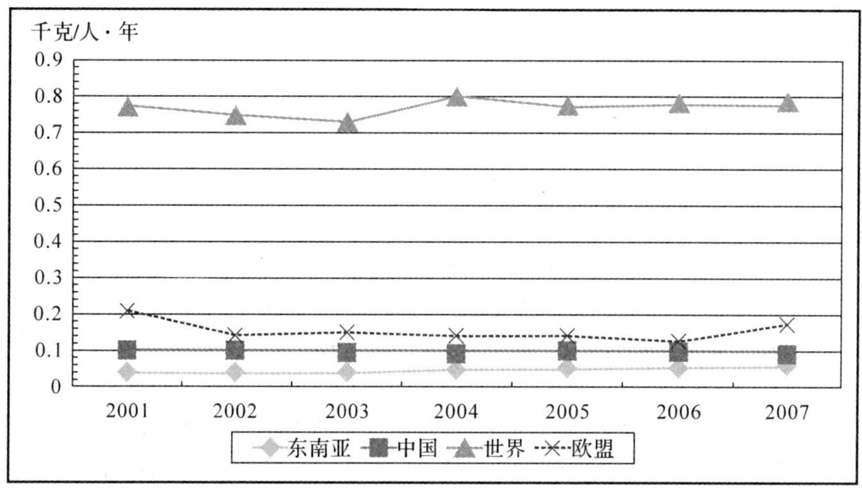

图 4-16　东南亚与世界人均枣消费对比

0.01 千克/人·年，而泰国在 2006 年和 2007 年对枣的人均消费都为 0.01 千克/人·年(见图 4-17)。

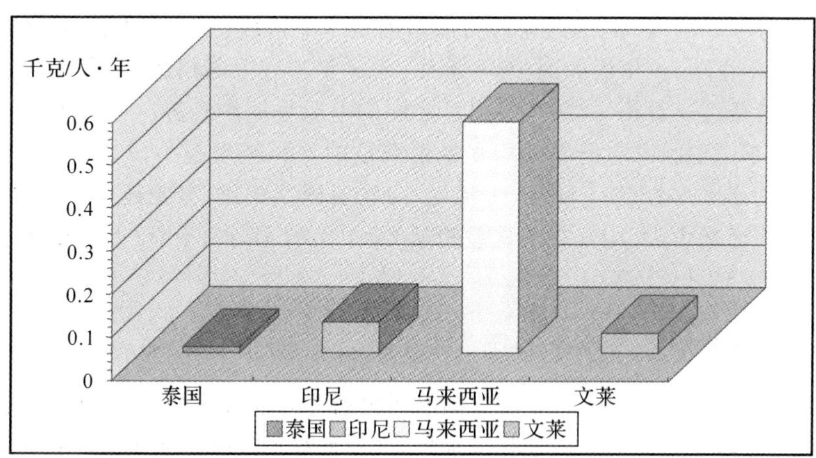

图 4-17　东南亚各国人均枣消费比较

第三节　东南亚国家水果消费特征

一、水果消费总量稳步增长

随着东南亚国家人民生活水平的不断提高和生活方式的变化，水果消费在整个食物消费中的比重不断提高，总体需求不断增长，但增幅相对较小。2007年水果消费总量3964.9万吨，比2001年增加了1108.2万吨，年均增长量184.7万吨，年均增长率5.62%。

东南亚各国在水果消费总量和变化趋势上存在差异，越南、泰国、印度尼西亚、菲律宾是其主要的水果消费大国，这四国水果消费量占东南亚国家水果消费总量的90%以上。其中印度尼西亚水果消费量呈持续上升趋势，其他三国均呈波动上升趋势，其他东南亚国家水果消费水平较低。

二、人均水果消费呈上升趋势

2001—2007年间，东南亚人均水果消费水平持续上升，人均水果消费量从54.9千克/人·年增加到70.3千克/人·年。与中国相比，东南亚国家人均水果消费量一直相对较高，但两者之间的差距呈缩小趋势。与世界平均水平相比，东南亚国家与世界人均水果消费量的差距越来越小，2004年已赶超世界平均水平(65.89千克/人·年)。与欧盟国家相比，差距还比较大，但差距趋势逐渐减小，人均水果消费差距从2001年的42.89千克/人·年缩小到2007年的34.43千克/人·年。

三、以消费热带水果为主

从水果消费种类来看，东南亚国家居民消费的水果种类十分集中，主要是香蕉、菠萝和柑橘类等热带亚热带水果，这三种水果消费量之和占东南亚国家居民水果消费总量的55%以上。其中，香蕉是东南亚国家居民消费量最大的水果，且呈增长趋势，香蕉消费量占水果消费总量的30%以上。其次为菠萝和柑橘，是东南亚国家第二和第三大消费水果，分别占水果消费总量的13%和12%以上。此外，其他水果消费量(主要是梨、樱桃、木瓜、腰果、榴莲、山竹果、龙眼、红毛丹、桃、栗子、核桃等)也较大，占水果总消费量的40%以上。

四、各国存在明显差异

从东南亚各国水果消费总量来看，水果消费主要集中在越南、泰国、印度尼西亚、菲律宾，这四国水果消费量占东南亚国家水果消费总量的90%以上。其中，印度尼西亚是东南亚水果消费大国，水果消费总量从2001年的867.38万吨增长到2007年的1489万吨，占东南亚水果消费总量的35%以上。其次越南、泰国、菲律宾三国水果消费量所占比重分别为12.6%、15.4%和24.8%.

从东南亚各国人均水果消费量来看，菲律宾、泰国、文莱三国的人均水果消费量比较高。菲律宾人均水果消费2007年达110.66千克/人·年，超过欧盟人均水果消费水平(104.43千克/人·年)；泰国和文莱人均水果消费量明显超过东南亚人均水果消费水平，也高于世界及中国的水果人均消费水平；印度尼西亚人均水果消费量高于世界平均水平，也略高于中国，但低于东南亚人均水果消费水平；其他东南亚国家人均水果消费水平较低。

五、温带水果消费较少，但呈上升趋势

东南亚国家居民对温带水果消费比较少，占水果消费总量的比重不足2%，但呈增长趋势。消费的温带水果主要有苹果、葡萄、梨、枣，其中以苹果消费最多，2007年消费量达到45.7万吨，占苹果、葡萄、枣消费总量的65%以上，且呈增加趋势，年均增长8.06%，年增长量2.83万吨，占东南亚水果消费总量的比重从1%上升到1.15%。其次是葡萄的消费增长速度较快，从13.4万吨上升到22.3万吨，年均增长8.86%，年增长量1.48万吨。对枣的消费比较少，但也呈增长趋势，从1.9万吨增加到3.1万吨，年均增长8.5%，年增长量0.5万吨。

六、温带水果消费集中，印、马、菲、越、泰是主要的消费国

从东南亚各国居民温带水果消费总量来看，存在明显差异。印度尼西亚、马来西亚、菲律宾、越南、泰国是主要的苹果消费国家，2007年这五国苹果消费占东南亚苹果消费总量的98%，且呈波动上升趋势。葡萄消费也主要集中在泰国、越南、印度尼西亚、马来西亚、菲律宾，2007年这五国占东南亚葡萄消费总量的99%。东南亚国家对枣的消费主要集中在印度尼西亚和马来西亚，这两个国家枣消费量占东南亚枣消费的90%以上。

七、温带水果人均消费量不足，市场潜力较大

虽然东南亚国家人均水果消费量较高，但温带水果人均消费量较少，消费量不仅低于中国和新疆，更是远低于世界平均水平和欧盟发达国家消费水平。

相对而言，东南亚各国人均苹果消费较多，且呈上升趋势，但人均消费量极低，仅为 0.81 千克/人·年，远低于世界平均水平(9.13 千克/人·年)，更是远低于中国(13.8 千克/人·年)，仅相当于欧盟(21.81 千克/人年)的 3.7%，但差距呈不断缩小趋势。表明东南亚还具有较大的苹果消费市场潜力。

鲜葡萄人均消费能力也很低，也呈增长趋势，人均鲜葡萄消费量只有 0.4 千克/人·年，仅相当于中国的 11.4%，相当于世界(3.88 千克/人·年)的 1/10，与欧盟国家鲜葡萄人均消费差距也较大且呈增长趋势。对枣的人均消费非常少，低于世界、中国和欧盟的人均枣消费水平。同样表明东南亚还具有巨大的鲜葡萄和红枣消费的市场潜力。

第五章

新疆特色水果出口东南亚特征及趋势

第一节　新疆水果出口总体状况

一、出口规模及增长速度

2006—2010 年，新疆农产品出口呈快速增长趋势，出口额从 2006 年的 40077.75 万美元增加到 2010 年的 85189.46 万美元，增长了一倍多，年均增长 20.75%，远高于新疆对外商品贸易出口年均增长 11.02%的速度。其中，新疆特色水果出口呈快速增长趋势，超过新疆农产品出口的增长速度。水果出口量从 2006 年的 140811.48 吨增加到 2010 年的 234029.19 吨，占新疆农产品出口总量的比重从 19.58%增加到 22.33%，出口量年均增加 13.54%，高于农产品出口量 9.87%的增长速度。水果出口额从 6043.35 万美元增加到 18703.19 万美元，增加了 2.09 倍，年均增加 32.64%，高于农产品出口额增加 1.13 倍和年均 20.75%的增长速度，占新疆农产品出口总额的比重从 15.08%增加到 21.95%（见图 5-1）。

二、出口种类

新疆水果出口主要有苹果、葡萄、梨、杏、哈密瓜、核桃、桃，以及葡萄干、红枣、杏干、巴旦木等温带鲜干水果，也有通过新疆口岸出口的柑橘类、番石榴、菠萝、龙眼、香蕉、板栗、柿饼等我国热带亚热带水果。

我国大致以秦岭—淮河以北为温带水果栽培区，主要有苹果、梨、葡萄、桃、杏、枣、石榴、柿等品种；秦岭—淮河以南为热带、亚热带水果栽培区，主要有柑橘、香蕉、菠萝、荔枝、龙眼、椰子、琵琶、猕猴桃等品种。

我们按照我国海关统计年鉴及海关协调编码制定（HS1992）规定的商品项目分类界定水果出口的品目范围，使用 HS 编码中的 08 类商品，即食用水

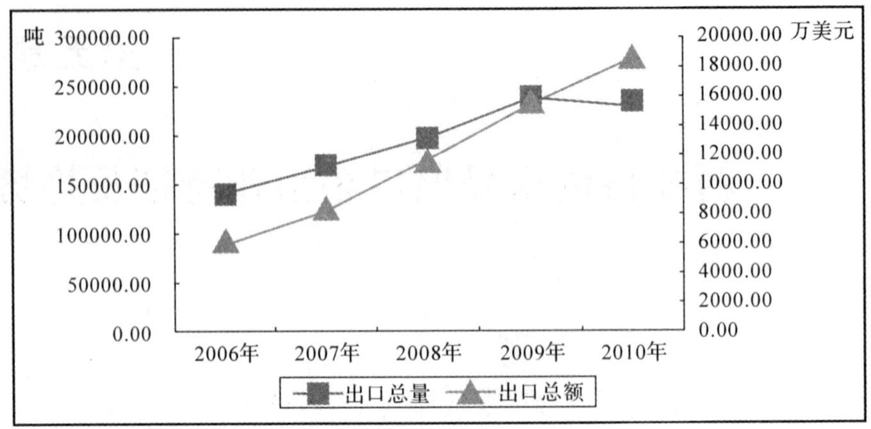

图 5-1　新疆水果出口总体状况

果及坚果。柑橘属水果或甜瓜的果皮，其编码对应的水果商品名称见表 5-1。其中，从新疆出口到东南亚国家的水果主要有柑橘类、苹果、香梨、鲜梨、葡萄、哈密瓜、甜瓜、荔枝、火龙果、猕猴桃、板栗、红枣、核桃等。本研究我们重点探讨新疆特色水果(包括苹果、梨、葡萄、哈密瓜、甜瓜、桃、葡萄干、红枣和核桃)出口东南亚状况、特征及趋势。

表 5-1　海关水果 HS 编码及商品名称分类

代　码	水果类别
0803	鲜或干的香蕉，包括芭蕉
08030000	鲜或干的香蕉，包括芭蕉
0804	鲜或干的椰枣、无花果、菠萝、鳄梨、番石榴、芒果及山竹果
08043000	鲜或干的菠萝
08045010	鲜或干的番石榴
0805	鲜或干的柑橘属水果
08051000	橙
08052020	阔叶柑橘
08052090	其他鲜或干的柑橘及杂交柑橘
08054000	柚
08059000	未列名柑橘属水果
0806	鲜或干的葡萄

续表

代　码	水果类别
08061000	鲜葡萄
08062000	葡萄干
0807	鲜的甜瓜(包括西瓜)及木瓜
08071100	鲜西瓜
08071990	其他鲜甜瓜
0808	鲜的苹果、梨
08081000	鲜苹果
08082012	鲜鸭梨、雪梨
08082013	香梨
08082019	其他鲜梨
0809	鲜的杏、樱桃、桃(包括油桃)、梅及李
08091000	鲜杏
08093000	鲜桃,包括油桃
08094000	鲜梅及李
0810	其他鲜果
08105000	鲜猕猴桃
08109090	未列名鲜果

资料来源:中华人民共和国海关统计商品目录。

三、出口主要目标市场

新疆特色水果出口的目标市场广阔,已出口到中亚、南亚、东南亚、西亚、欧洲、美洲等世界各大区域,但以出口中亚和东南亚为主。二者占新疆特色水果出口总额的近 80%,其中出口中亚占 53.20%,出口东南亚占 25.82%。其次为欧洲和美洲市场,出口欧洲占 10.03%,出口美洲占 4.91%。此外,出口南亚占 1.96%,出口西亚占 1.92%,出口东亚占 1.45%,出口非洲占 0.29%,出口大洋洲占 0.39%(见图 5-2)。

从新疆水果出口国家来看,目前已出口到哈萨克斯坦、吉尔吉斯斯坦、俄罗斯联邦、马来西亚、泰国、印度尼西亚、加拿大、斯里兰卡、孟加拉国、澳大利亚、乌克兰、克罗地亚、意大利、荷兰等世界众多国家。其中以出口哈萨克斯

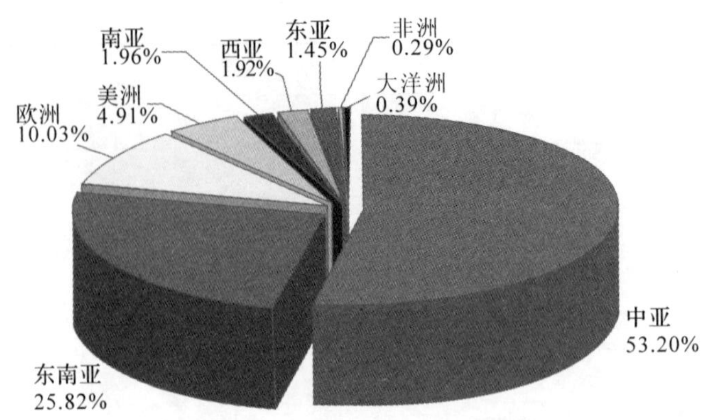

图 5-2 新疆水果出口市场构成

坦、吉尔吉斯斯坦、俄罗斯联邦、马来西亚、泰国、印度尼西亚、越南、加拿大、美国、印度为主，对这 10 个国家出口的水果占新疆水果出口总额的 90％以上，其中出口哈萨克斯坦占 34.19％，吉尔吉斯斯坦占 16.61％，俄罗斯联邦占 9.09％，马来西亚占 11.17％，泰国占 6.44％，印度尼西亚占 5.81％，越南占 1.36％，加拿大 2.56％，美国占 2.35％，印度占 1.14％（见图 5-3）。

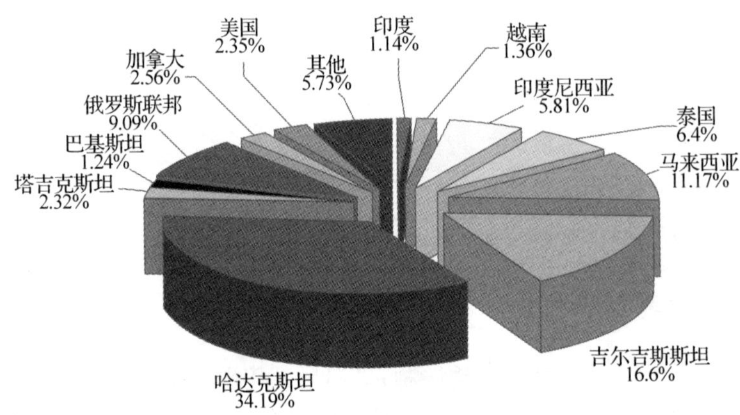

图 5-3 新疆水果出口主要国家

第二节 新疆水果出口东南亚总体状况

从新疆特色水果出口东南亚整体状况来看，出口还相对较少，占比重也较低，但对东南亚国家出口呈快速增长趋势，出口增长速度明显高于新疆水果及农产品出口的增长速度。新疆水果出口东南亚的出口量从 2006 年的 12957.96 吨增加到 2010 年 37180.31 吨，增加了 1.87 倍，年均增加 30.15%，占新疆水果出口量的比重从 9.20%增加到 15.89%，出口额从 841.77 万美元增加到 4830.08 万美元，增加了 4.74 倍，年均增加 54.77%，占新疆水果出口额的比重从 13.93%增加到 25.82%。

从新疆水果出口东南亚市场的国家分布来看，已出口到马来西亚、印度尼西亚、泰国、越南、新加坡、菲律宾、老挝、文莱 8 个东南亚国家，其中以对马来西亚、印度尼西亚、泰国和越南 4 个国家出口为主，占新疆水果出口东南亚国家的 95%以上。

新疆对马来西亚水果出口最多，占新疆水果出口东南亚的 43.24%，出口量从 2006 年的 5006.36 吨增加到 2020 年的 15406.37 吨，增加了 2.08 倍，年均增加 32.45%，占新疆水果出口总量的比重从 3.56%增加到 6.58%，出口额从 265.95 万美元增加到 2088.55 万美元，增加了 6.85 倍，年均增加 67.40%，占新疆水果出口总额的比重从 4.40%增加到 11.17%，是新疆水果出口东南亚的第一大国和最主要的目标市场。

泰国是新疆水果出口东南亚的第二大目标市场，新疆水果对其出口量从 2006 年的 4228.33 吨增加到 2010 年的 9235.57 吨，增加了 1.18 倍，年均增加 21.57%，占新疆水果出口总量的比重从 3.00%增加到 3.95%。出口额从 285.20 万美元增加到 1204.50 万美元，增加了 3.22 倍，年均增加 43.36%，占新疆水果出口总额的 6.44%。

印度尼西亚是新疆水果出口东南亚市场的第三大贸易伙伴国，新疆对印度尼西亚水果出口量从 2006 年的 1593.79 吨增加到 2010 年的 9861.11 吨，增加了 5.19 倍，年均增加 57.71%，占新疆水果出口总量的比重从 1.13%增加到 4.21%。出口额从 132.13 万美元增加到 1086.78 万美元，增加了 7.23 倍，占新疆水果出口总额的 5.81%。

新疆水果对越南出口量不多，但增长幅度最快，是增长潜力最大的目标市场。出口量从 2006 年的 61.00 吨增加到 2010 年的 1129.44 吨，增加了 17.52 倍，年均增加 107.44%。出口额从 8.54 万美元增加到 253.89 万美元，增加了 28.73 倍，年均增加 133.51%，占新疆水果出口总额的 1.36%。

新疆水果出口新加坡较少，近 5 年间均有少量出口，且呈下降趋势，出口量从 2006 年 1459.51 吨下降到 812.84 吨，占新疆水果出口总量的比重从 1.04%下降到 0.35%。出口额从 124.04 万美元下降到 84.14 万美元，占新疆水果出口总额的比重从 2.05%下降到 0.45%。

新疆水果对菲律宾出口除2007年外均有少量出口，出口量从2006年的608.98吨增加到2010年的621.35吨，占新疆水果出口总量的比重从0.43%下降到0.27%。出口额从25.91万美元增加到98.72万美元，增加了2.81倍，年均增加39.71%，占新疆水果出口总额的比重从0.43%增加到0.53%，占新疆水果出口东南亚国家的2.04%(见表5-2)。

表5-2 新疆水果出口东南亚总体状况 （单位:万美元、%）

	2006年		2007年		2008年		2009年		2010年	
	出口额	比重	出口额	比重	出口额	比重	出口额	比重	出口额	比重
出口总额	6043.35	15.08	8203.81	13.78	11765.81	14.42	15527.54	19.42	18703.19	21.95
出口东南亚	841.77	13.93	421.13	5.13	1486.75	12.64	2965.62	19.10	4830.08	25.82
文莱									1.93	0.01
印度尼西亚	132.13	2.19	118.90	1.45	286.00	2.43	877.52	5.65	1086.78	5.81
老挝							2.14	0.01	11.57	0.06
马来西亚	265.95	4.40	162.02	1.97	713.12	6.06	1732.09	11.15	2088.55	11.17
菲律宾	25.91	0.43			17.98	0.15	82.13	0.53	98.72	0.53
新加坡	124.04	2.05	61.14	0.75	320.90	2.73	124.24	0.80	84.14	0.45
泰国	285.20	4.72	76.08	0.93	139.95	1.19	125.02	0.81	1204.50	6.44
越南	8.54	0.14	3.00	0.04	8.80	0.07	22.49	0.14	253.89	1.36

注:①资料来源:乌鲁木齐海关提供,计算整理所得。

②总额比重指新疆出口水果占新疆出口农产品比重,东南亚国家比重是指新疆出口东南亚国家水果占新疆出口水果总额的比重。

新疆对老挝和文莱只有个别年份有很少量水果出口，其中对老挝仅2009年和2010年有少量出口，出口量为39.10吨和91.77吨，出口额为2.14万美元和11.57万美元。对文莱仅2010年有出口，出口量为21.84吨，出口额为1.93万美元(见图5-4)。

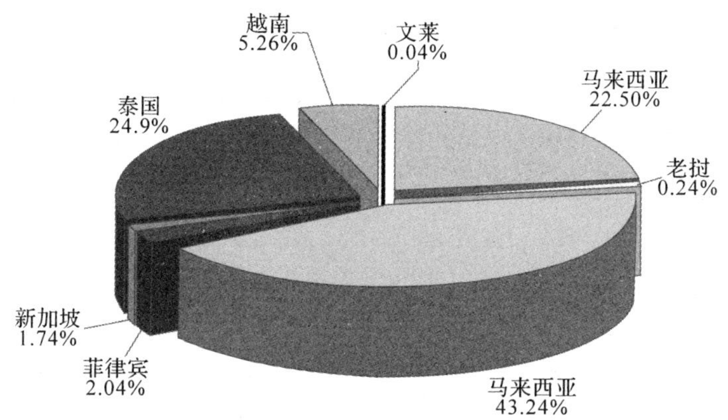

图 5-4　新疆水果出口东南亚国家市场结构

第三节　新疆鲜水果出口东南亚趋势

新疆出口东南亚国家的主要温带水果有鲜果和干果，其中以鲜果为主。2010 年出口鲜果 2083.21 万美元，占新疆出口东南亚主要温带水果总额的 97.71%，主要有鲜梨、葡萄、苹果、哈密瓜、甜瓜和桃。出口的干果较少，干果主要有葡萄干、红枣和核桃。目前，新疆水果加工产品还没有对东南亚国家出口。

一、葡萄

1. 出口东南亚总体状况

近年来新疆鲜葡萄总体出口呈增长趋势，出口量从 2006 年的 8829.36 吨增加到 2010 年的 9886.23 吨，年均增长 2.87%，出口额从 401.85 万美元增加到 1072.86 万美元，增加了 1.67 倍，年均增加 27.83%。

对东南亚国家鲜葡萄出口呈快速增长趋势，增长速度远高于新疆鲜葡萄出口的平均增长速度，对东南亚国家鲜葡萄出口量从 1210.95 吨增加到 3695.58 吨，增加了 2.05 倍，年均增加 32.17%，占新疆鲜葡萄出口总量的比重从 13.71%增加到 37.38%，出口额从 124.98 万美元增加到 629.36 万美元，增加了 4.04 倍，年均增加 49.80%，占新疆鲜葡萄出口总额的比重从 31.10%增加到 58.66%，也就是说新疆鲜葡萄出口的一半以上都面向东南亚市场，东南亚市场是新疆葡萄出口的主要目标市场(见图 5-5)。

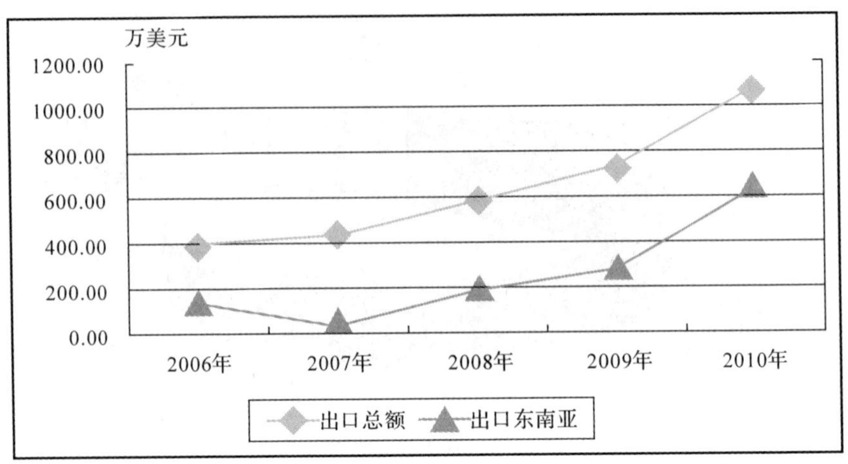

图 5-5 新疆鲜葡萄出口总体状况

从新疆鲜葡萄出口国家分布来看，主要出口东南亚的马来西亚(25.71%)、越南(17.59)、泰国(11.48%)、印度尼西亚(2.9%)，还出口吉尔吉斯斯坦、哈萨克斯坦、俄罗斯、巴基斯坦等国家，其中出口吉尔吉斯斯坦占新疆葡萄出口总额的13.31%，哈萨克斯坦占10.47%，俄罗斯联邦占8.16%，巴基斯坦占7.53%。此外，还出口荷兰、斯里兰卡、孟加拉国等国家(见图5-6)。

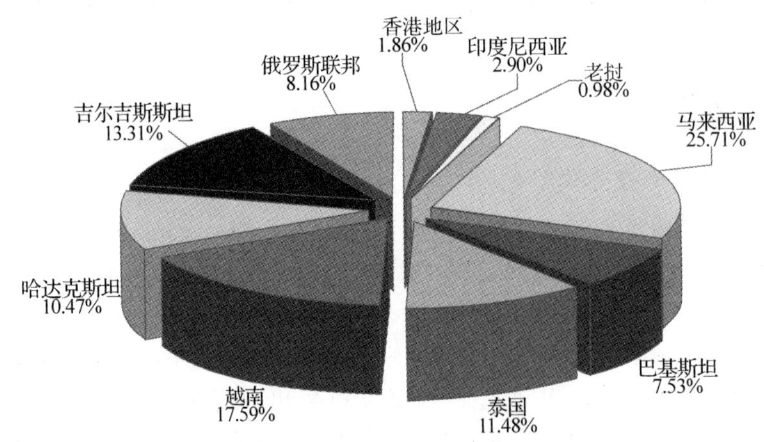

图 5-6 新疆鲜葡萄出口市场构成

2. 出口东南亚各国状况

新疆鲜葡萄出口东南亚市场主要在马来西亚、泰国、越南、印度尼西亚、老挝和新加坡 6 个国家。其中，以对马来西亚、泰国和越南三个国家出口为主.

对马来西亚除 2007 年外其他年份均有出口，且在东南亚国家中所占份额和增长幅度最大，新疆对马来西亚的鲜葡萄出口量从 2006 年的 147.23 万吨增加到 2010 年的 1932.77 吨，增加了 12.13 倍，年均增长 90.3%，占新疆鲜葡萄出口总量的比重从 1.67%增加到 19.55%，出口额从 11.45 万美元增加到 275.84 万美元，增加了 23.09 倍，年均增加 121.52%，占新疆鲜葡萄出口总额的比重从 2.85%增加到 25.71%，占新疆出口东南亚国家鲜葡萄总额的 43.83%。

新疆鲜葡萄对泰国出口也呈增加趋势，出口量从 2006 年的 319.26 吨增加到 2010 年的 787.12 吨，增加了 1.47 倍，年均增加 25.31%，比重从 3.62%增加到 7.96%，出口额从 41.51 万美元增加到 123.17 万美元，增加了 1.97 倍，年均增加 31.25%，比重从 10.33%增加到 11.48%，占新疆对东南亚国家鲜葡萄出口的 19.57%。

新疆鲜葡萄仅在 2010 年对越南有出口，出口量较大，成为新型的主要出口目标市场。2010 年对越南出口葡萄 699.00 吨，占新疆鲜葡萄出口总量的 7.07%，出口额 188.73 万美元，占新疆鲜葡萄出口总额的 17.59%，占新疆对东南亚国家鲜葡萄出口的 29.99%。

此外，新疆鲜葡萄对印度尼西亚除 2007 年外每年均有少量出口，出口呈下降趋势，出口量 2006 年的 696.45 吨减少到 2010 年的 204.69 吨，所占比重从 7.89%减少到 2.07%，出口额从 68.09 万美元减少到 31.14 万美元，所占比重从 16.94%减少到 2.90%。新疆鲜葡萄对新加坡和老挝仅在个别年份有少量出口，对新加坡仅在 2006 年和 2009 年有鲜葡萄出口，出口量分别为 48.00 吨和 14.90 吨，所占比重仅为 0.54%和 0.16%，出口额分别为 3.92 万美元和 2.23 万美元，所占比重也仅为 0.98%和 0.31%。仅在 2010 年对老挝有鲜葡萄出口，出口量 72.00 吨，占 0.73%，出口额 10.48 万美元，占 0.98%（见图 5-7、表 5-3）。

表 5-3　新疆鲜葡萄出口东南亚国家状况　（单位：万美元、%）

	2006 年		2007 年		2008 年		2009 年		2010 年	
	出口额	比　重	出口额	比　重	出口额	比　重	出口额	比　重	出口额	比　重
东南亚国家	124.98	31.10	33.03	7.70	182.09	31.29	270.26	37.02	629.36	58.66
印度尼西亚	68.09	16.94			41.33	7.10	16.09	2.20	31.14	2.90
老　挝									10.48	0.98

续表

	2006 年		2007 年		2008 年		2009 年		2010 年	
	出口额	比　重	出口额	比　重	出口额	比　重	出口额	比　重	出口额	比　重
马来西亚	11.45	2.85			123.01	21.14	237.68	32.56	275.84	25.71
新加坡	3.92	0.98					2.23	0.31		
泰　国	41.51	10.33	33.03	7.70	17.75	3.05	14.26	1.95	123.17	11.48
越　南									188.73	17.59

注：①资料来源：乌鲁木齐海关提供，计算整理所得。②比重是指新疆出口东南亚各国葡萄占新疆出口葡萄总额的比重。

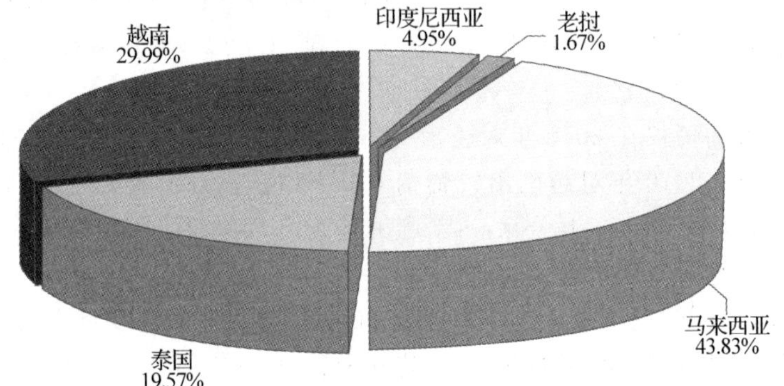

图 5-7　新疆鲜葡萄出口东南亚国家市场结构

二、梨

1. 出口东南亚总体状况

新疆鲜梨出口近年来呈上升趋势，出口量从 2006 年的 24551.87 吨增加到 2010 年的 30969.37 吨，增加了 0.26 倍，年均增加 5.98%，2009 年最高达 34943.65 吨。出口额从 1425.82 万美元增加到 2846.88 万美元，增加了近 1 倍，年均增加 18.87%。

通过新疆口岸出口到东南亚国家的鲜梨呈快速增长趋势，其增长速度超过新疆鲜梨出口的平均增长速度。出口量从 6685.85 吨增加到 11562.16 吨，增加了 0.73 倍，年均增加 14.68%，占新疆鲜梨出口总量的比重从 27.23%增加到 37.33%，出口额从 434.94 万美元增加到 1189.39 万美元，增加了 1.73 倍，年均增加 28.59%，占新疆鲜梨出口总额的比重从 30.50%增加到 41.78%（见图 5-8）。

此外，新疆鲜梨还出口荷兰、加拿大、美国、巴基斯坦、哈萨克斯坦、吉尔吉

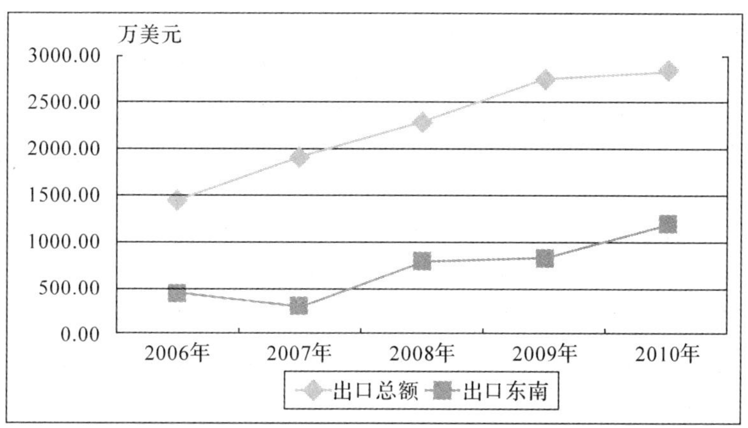

图 5-8　通过新疆口岸出口鲜梨总体状况

斯斯坦、乌兹别克斯坦、南非、英国、德国、荷兰、澳大利亚、意大利、西班牙、俄罗斯联邦等国家和地区。

2. 出口东南亚各国状况

新疆鲜梨出口东南亚国家的印度尼西亚、马来西亚、泰国、新加坡、菲律宾、越南、老挝和文莱。其中以对印度尼西亚、马来西亚、泰国和新加坡四个国家出口为主，占新疆对东南亚国家出口鲜梨的 97.24%。

新疆鲜梨出口印度尼西亚的规模及增长幅度最大，超过新疆鲜梨出口东南亚国家的平均增长幅度，出口量从 2006 年的 726.00 吨快速增加到 2010 年的 5840.38 吨，增加了 7.04 倍，年均增加 68.41%，占新疆鲜梨出口总量的比重从 2.96%增加到 18.86%。出口额从 54.07 万美元增加到 587.95 万美元，增加了 9.87 倍，年均增加 81.59%，占新疆鲜梨出口总额的比重从 3.79%增加到 20.65%，占新疆鲜梨出口东南亚总额的 49.43%，即新疆鲜梨出口东南亚的几乎一半都集中在印度尼西亚。

马来西亚是新疆鲜梨出口的东南亚的第二大市场，新疆对其鲜梨的出口量从 2006 年的 1626.70 吨增加到 2010 年的 3592.41 吨，增加了 1.21 倍，年均增加 21.90%，占新疆鲜梨出口总量的比重从 6.63%增加到 11.60%。出口额从 88.25 万美元增加到 402.73 万美元，增加了 3.56 倍，年均增加 46.16%，占新疆鲜梨出口总额的比重从 6.19%增加到 14.15%，占新疆对东南亚出口鲜梨的 33.86%。

新疆鲜梨对泰国和新加坡每年均有一定量的出口，但出口呈波动下降趋势。其中对泰国出口量从 2006 年的 2921.64 吨下降到 2010 年的 547.38 吨，占新疆鲜梨出口总量的比重从 11.90%下降到 4.36%。出口额从 172.50 万美元下降到113.47万美元，占新疆鲜梨出口总额的比重从12.10%下降到3.99%，占新疆对东南亚国家出口鲜梨的9.54%；对新加坡出口量从2921.64吨下降到1349.08吨，占新疆鲜梨出口总量的比重从11.90%下降到4.36%，出口额从120.12万美元下降到52.37万美元，占新疆鲜梨出口总额的比重从8.42%下降到1.84%。

新疆对越南和老挝仅2009年和2010年有鲜梨出口，对越南出口量分别为72.25吨和96.34吨，出口额为5.03万美元和11.53万美元。对老挝出口量分别为39.10吨和19.77吨，出口额为2.14万美元和1.09万美元，呈下降趋势。对文莱仅2010年有少量鲜梨出口，出口量和出口额分别为3.81吨和0.36万美元(见表5-4)。

表5-4　新疆鲜梨出口东南亚国家状况　(单位:万美元、%)

	2006年		2007年		2008年		2009年		2010年	
	出口额	比　重	出口额	比　重	出口额	比　重	出口额	比　重	出口额	比　重
东南亚国家	434.94	30.50	301.18	15.75	780.08	33.99	812.29	29.40	1189.39	41.78
文　莱									0.36	0.01
印度尼西亚	54.07	3.79	103.78	5.43	175.56	7.65	400.30	14.49	587.95	20.65
老　挝							2.14	0.08	1.09	0.04
马来西亚	88.25	6.19	93.21	4.87	342.31	14.92	252.21	9.13	402.73	14.15
菲律宾					4.46	0.19	10.94	0.40	19.88	0.70
新加坡	120.12	8.42	61.14	3.20	212.89	9.28	63.01	2.28	52.37	1.84
泰　国	172.50	12.10	43.05	2.25	44.86	1.95	78.65	2.85	113.47	3.99
越　南							5.03	0.18	11.53	0.40

注:①资料来源:乌鲁木齐海关提供，计算整理所得。②比重是指新疆出口东南亚各国鲜梨占新疆出口鲜梨总额的比重。

三、香梨

1.出口东南亚总体状况

从近年新疆香梨总体出口状况来看，香梨出口比较稳定，呈稳步增长趋势。出口量从2006年的6052.75吨增加到2010年的7375.16吨，增加了0.22倍，年均增加5.06%，2007年高达9006.33吨。出口额从773.35万美元增加到1031.03万美元，增加了0.33倍，年均增加7.45%，2007年高达1216.00万美元。

其中对东南亚国家出口香梨的增长幅度高于新疆对外出口香梨的平均增长速度。新疆香梨对东南亚出口量从 2006 年的 2366.01 吨增加到 2010 年的 3436.85 吨，增加了 0.45 倍，年均增加 9.78%，占新疆香梨出口总量的比重从 39.09%增加到 46.60%，出口额从 225.35 万美元增加到 419.62 万美元，增加了 0.86 倍，年均增加 16.82%，占新疆香梨出口总额的比重从 29.14%增加到 40.70%。同样，东南亚市场也是新疆香梨出口的主要目标市场(见图 5-9)。

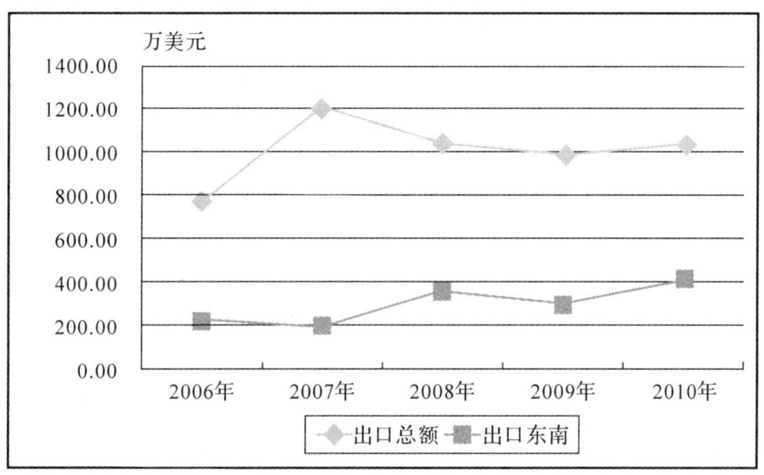

图 5-9　新疆香梨出口总体状况

同时，新疆香梨还主要出口美国、加拿大、澳大利亚等，其中出口美国占 37.22%、加拿大占 19.98%、澳大利亚占 2.10%。此外，还出口到巴基斯坦、吉尔吉斯斯坦、英国、南非、德国、荷兰等国家(见图 5-10)。

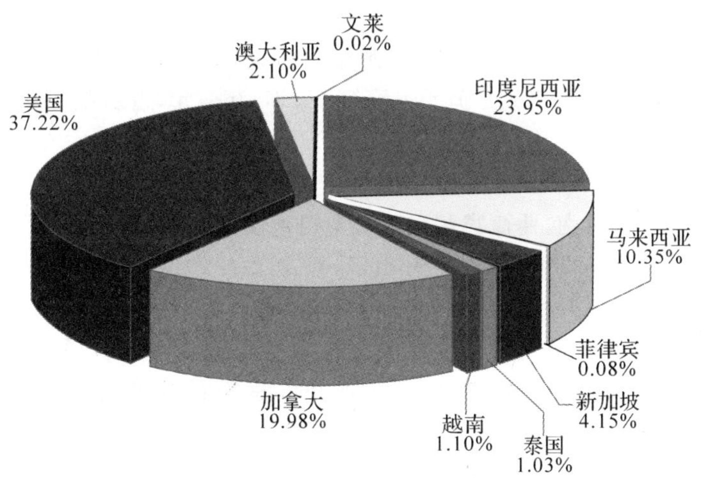

图 5-10　新疆香梨出口市场构成

2.出口东南亚各国状况

新疆香梨出口东南亚包括印度尼西亚、马来西亚、新加坡、越南、泰国、菲律宾和文莱7个国家,其中主要集中在印度尼西亚、马来西亚和新加坡三个国家。

新疆香梨对印度尼西亚出口的增长幅度最快,且占香梨对东南亚国家出口的比重也最大。新疆香梨对印度尼西亚的出口量从2006年的520.80吨快速增加到2010年的2024.65吨,增加了2.89倍,年均增加40.42%,占新疆香梨出口总量的比重从8.60%增加到27.45%。出口额从45.02万美元快速增加到246.98万美元,增加了4.49倍,年均增加53.04%,占新疆香梨出口总额的比重从5.82%增加到23.95%,占新疆香梨出口东南亚国家的58.86%。

新疆香梨对马来西亚出口也呈增长趋势,出口量从2006年的393.43吨增加到2010年的867.59吨,增加了1.21倍,年均增加21.86%,占新疆香梨出口总量的比重从6.50%增加到11.76%。出口额从33.39万美元增加到106.71万美元,增加了2.20倍,年均增加33.71%,占新疆香梨出口总额的比重从4.32%增加到10.35%,占新疆香梨出口东南亚国家25.43%。

新疆香梨对新加坡出口呈下降趋势,出口量从2006年的1037.52吨下降到2010年的351.34吨,占新疆香梨出口总量的比重从17.14%下降到4.76%。出口额从106.17万美元下降到42.76万美元,占新疆香梨出口总额的比重从13.73%下降到4.15%,占新疆对东南亚国家香梨出口总额的10.19%。

新疆香梨对泰国出口也呈下降趋势,出口量从2006年的414.26万吨下降到2010年的92.41吨,占新疆香梨出口总量的比重从6.84%下降到1.25%。出口额从40.77万美元下降到10.67万美元,占新疆香梨出口总额的比重从5.27%下降到1.03%,占新疆对东南亚国家香梨出口总额的2.54%。

新疆香梨对越南、菲律宾和文莱三个国家仅在个别年份有少量出口,其中对越南和菲律宾从2009年以来有出口,对文莱从2010年才有出口。新疆香梨对越南出口呈上升趋势,2009年—2010年出口量分别为33.15吨和93.94吨,占新疆香梨出口总量的比重分别为0.43%和1.27%,出口额分别为3.27万美元和11.37万美元,占新疆香梨出口总额的比重分别为0.33%和1.10%,占新疆对东南亚国家香梨出口总额的2.71%。新疆香梨对菲律宾出口呈下降趋势,2009年—2010年出口量分别为20.70吨和4.80吨,占新疆香梨出口总量的比重分别为0.27%和0.07%,出口额分别为1.66万美元和

0.86 万美元，占新疆香梨出口总额的比重分别为 0.17%和 0.08%，占新疆对东南亚国家香梨出口总额的 0.21%。2010 年新疆香梨出口文莱 2.13 吨，占新疆香梨出口总量的 0.03%，出口额 0.26 万美元，占新疆香梨出口总额的 0.02%（见图 5-11、表 5-5）。

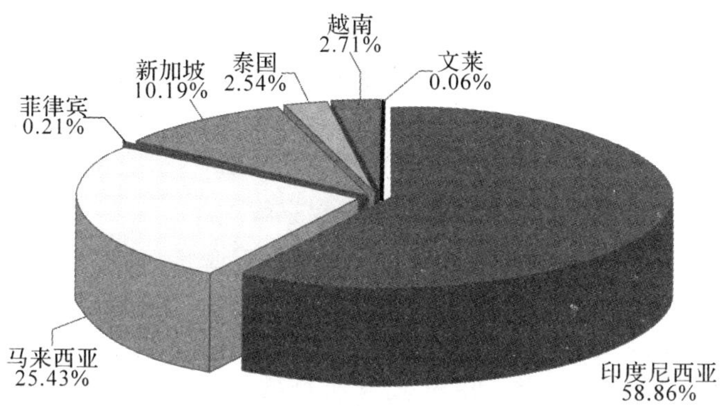

图 5-11 新疆香梨出口东南亚国家市场结构

表 5-5 新疆香梨出口东南亚国家状况 （单位：万美元、%）

	2006 年		2007 年		2008 年		2009 年		2010 年	
	出口额	比 重	出口额	比 重	出口额	比 重	出口额	比 重	出口额	比 重
东南亚国家	225.35	29.14	200.36	16.48	361.16	34.81	292.71	29.47	419.62	40.70
文 莱									0.26	0.02
印度尼西亚	45.02	5.82	102.16	8.40	142.41	13.73	166.28	16.74	246.98	23.95
马来西亚	33.39	4.32	10.56	0.87	115.24	11.11	66.48	6.69	106.71	10.35
菲律宾							1.66	0.17	0.86	0.08
新加坡	106.17	13.73	59.65	4.91	90.32	8.71	51.94	5.23	42.76	4.15
泰 国	40.77	5.27	27.98	2.30	13.19	1.27	3.08	0.31	10.67	1.03
越 南							3.27	0.33	11.37	1.10

注：①资料来源：乌鲁木齐海关提供，计算整理所得。②比重是指新疆出口东南亚各国香梨占新疆出口香梨总额的比重。

四、苹果

1. 出口东南亚总体状况

新疆苹果出口较多，占水果出口的份额最高，苹果出口量从2006年的97514.69吨增加到2010年的136553.51吨，增加了0.40倍，年均增加8.78%。出口额从3508.99万美元增加到8930.54万美元，增加了1.55倍，年均增加26.31%，占新疆水果出口的47.75%，占新疆农产品出口总额的10.48%。新疆出口的苹果有地产的各类各品种的苹果，有内地苹果产区通过新疆口岸出口的苹果，其中内地产苹果占比重较大。

新疆苹果出口东南亚国家占新疆苹果出口总量的份额较低，且呈下降趋势，出口量从2006年的2119.02吨下降到2010年的1280.32吨，占新疆苹果出口总量的比重从2.17%下降到0.94%。出口额从121.69万美元增加到159.28万美元，增加了0.31倍，年均增加6.96%，占新疆苹果出口总额的比重从3.47%下降到1.78%（见图5-12）。

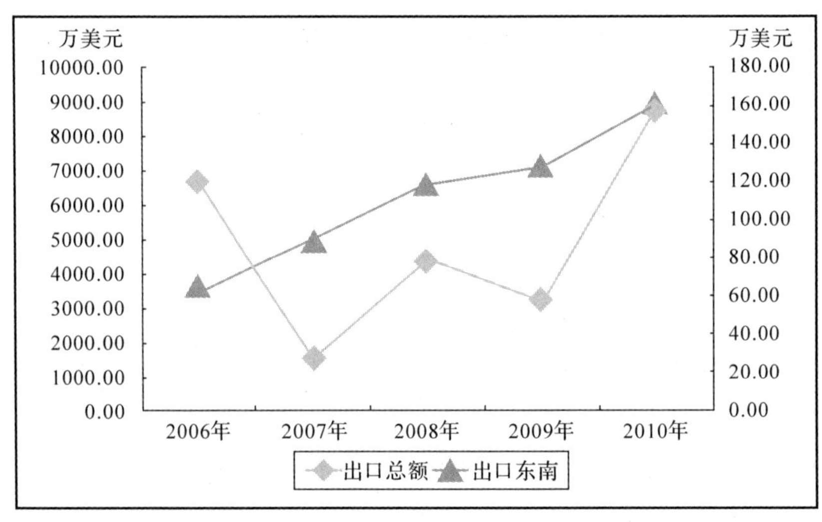

图5-12 通过新疆口岸出口苹果总体状况

新疆苹果主要出口中亚国家，占82.28%，其中对哈萨克斯坦出口占54.43%、吉尔吉斯斯坦占24.40%、塔吉克斯坦占3.44%、乌兹别克斯坦占0.02%；东欧的俄罗斯联邦占15.16%；南亚的巴基斯坦占0.29%；美洲的加拿大占0.48%。还出口到蒙古、阿联酋、挪威、白俄罗斯、巴拿马等国家（见图5-13）。

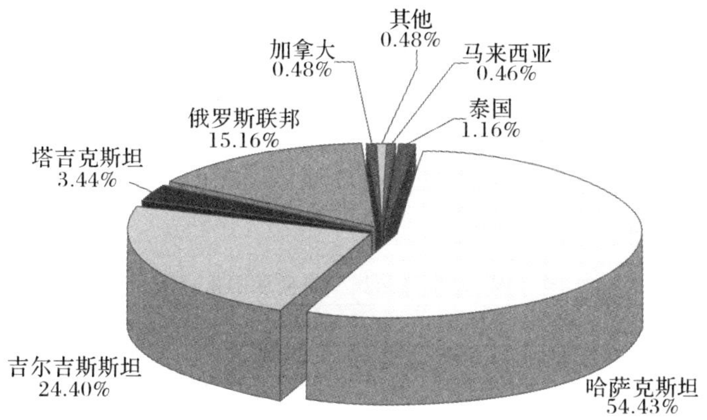

图 5-13　新疆苹果出口市场构成

2.出口东南亚各国状况

新疆苹果出口东南亚的泰国、马来西亚、菲律宾、印度西尼亚、新加坡和文莱 6 个国家，其中以对泰国和马来西亚出口为主。

新疆苹果对泰国出口在东南亚国家中所占份额最大，并呈下降趋势，除 2007 年外均有出口，出口量从 2006 年的 987.42 吨下降到 2010 年的 808.64 吨，2008 年最高达 1384.29 吨，占新疆苹果出口总量的比重从 1.01%下降到 0.59%。出口额从 71.19 万美元增加到 103.30 万美元，增加了 0.45 倍，年均增加 9.76%，占新疆苹果出口总额的比重从 2.03%下降到 1.16%，占新疆对东南亚国家苹果出口总额的 64.85%。

新疆苹果对马来西亚出口也呈减少趋势，出口量从 2006 年的 432.57 吨下降到 2010 年的 297.35 吨，占新疆苹果出口总量的比重从 0.44%下降到 0.22%。出口额从 20.54 万美元增加到 41.03 万美元，增加了近 1 倍，年均增长 18.88%，占新疆苹果出口总额的比重从 0.59%下降到 0.46%，占新疆对东南亚国家苹果出口总额的 25.76%。

新疆苹果对印度尼西亚除 2007 年外每年均有少量出口，也呈下降趋势。出口量从 2006 年的 90.04 吨下降到 2010 年的 29.31 吨，占新疆苹果出口总量的比重从 0.09%下降到 0.02%，出口额从 4.05 万美元下降到 3.29 万美元，占新疆苹果出口总额的比重从 0.12%下降到 0.04%，占新疆对东南亚国家苹果出口总额的 2.06%。

新疆苹果对菲律宾除 2007 年和 2008 年外每年均有少量出口，亦呈下降趋势。出口量从 2006 年的 608.98 吨下降到 2010 年的 139.32 吨，占新疆苹果出口总量的比重从 0.62%下降到 0.10%，出口额从 25.91 万美元下降到

11.17 万美元，占新疆苹果出口总额的比重从 0.74%下降到 0.13%，占新疆对东南亚国家苹果出口总额的 7.01%。

新疆苹果对新加坡和文莱只有个别年份有少量出口，对新加坡 2008 年有少量出口，出口量 78.00 吨，占 0.06%，出口额 6.63 万美元，占 0.10%。对文莱 2010 年有少量出口，出口量 5.70 吨，出口额 0.50 万美元，占 0.01%(见表 5-6、图 5-14)。

表 5-6 新疆苹果出口东南亚国家状况 (单位:万美元、%)

	2006 年		2007 年		2008 年		2009 年		2010 年	
	出口额	比重	出口额	比重	出口额	比重	出口额	比重	出口额	比重
东南亚国家	121.69	3.47	27.15	0.54	81.90	1.24	57.38	0.81	159.28	1.78
文莱									0.50	0.01
印度尼西亚	4.05	0.12			8.82	0.13	0.92	0.01	3.29	0.04
马来西亚	20.54	0.59	27.15	0.54	3.95	0.06	13.61	0.19	41.03	0.46
菲律宾	25.91	0.74					33.53	0.47	11.17	0.13
新加坡					6.63	0.10				
泰国	71.19	2.03			62.51	0.95	9.33	0.13	103.30	1.16

注:①资料来源:乌鲁木齐海关提供，计算整理所得。②比重是指新疆出口东南亚各国苹果占新疆出口苹果总额的比重。

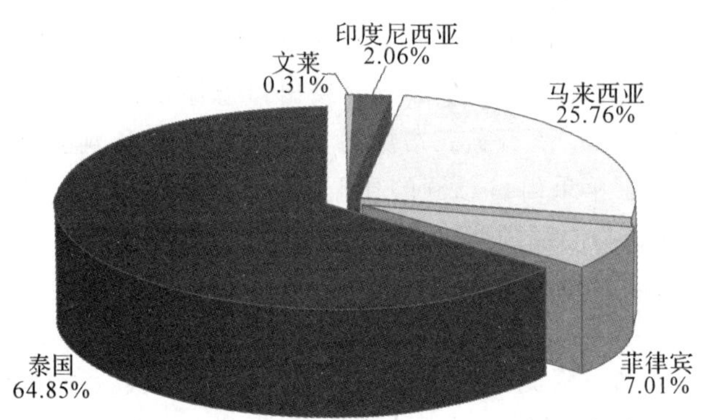

图 5-14 新疆苹果出口东南亚国家市场结构

五、哈密瓜

1. 出口东南亚总体状况

新疆哈密瓜从 2007 年开始对外出口，并呈快速增长趋势，是新疆水果对外出口增长幅度最大的。哈密瓜出口量从 2007 年的 84.53 吨增加到 2010 年的 812.57 吨，增加了 8.61 倍，年均增加 112.63%。出口额从 6.79 万美元增加到 97.59 万美元，增加了 13.37 倍，年均增加 143.13%。

新疆哈密瓜从 2008 年开始对东南亚国家出口，其增长速度很快，高于新疆哈密瓜对外出口的平均增长幅度，且是新疆哈密瓜最大的出口地区，对东南亚哈密瓜出口占新疆哈密瓜出口的 90%以上。出口量从 2008 年的 96.00 吨增加到 2010 年的 732.87 吨，增加了 6.63 倍，年均增加 176.30%，高于新疆哈密瓜出口年均 148.11%的增长速度，占新疆哈密瓜出口总量的比重从 72.73%增加到 90.19%。出口额从 11.99 万美元增加到 95.68 万美元，增加了 6.98 倍，年均增加 182.55%，高于新疆哈密瓜出口年均 173.31%的增长速度，占新疆哈密瓜出口总额的比重从 91.73%增加到 98.04%。意味着新疆哈密瓜出口的全部市场几乎都在东南亚市场。

此外，新疆哈密瓜对巴基斯坦、俄罗斯等有少量出口(见图 5-15、图 5-16)。

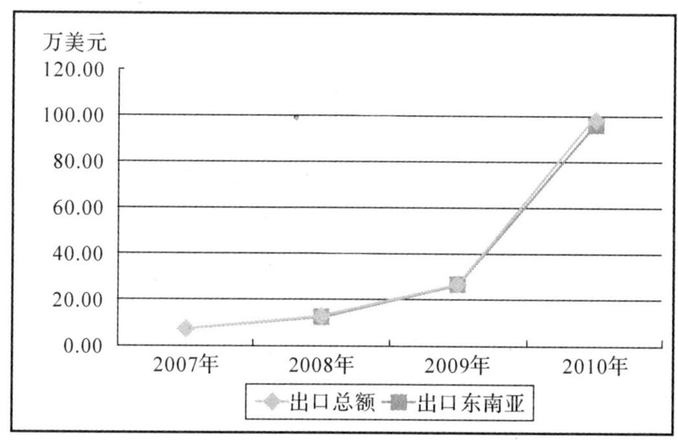

图 5-15　新疆哈密瓜出口总体状况

2. 出口东南亚各国状况

新疆哈密瓜出口东南亚市场包括马来西亚、泰国、新加坡和泰国 4 个国家，其中以对马来西亚和泰国出口为主，占新疆哈密瓜对东南亚国家出口总额的 99%以上。

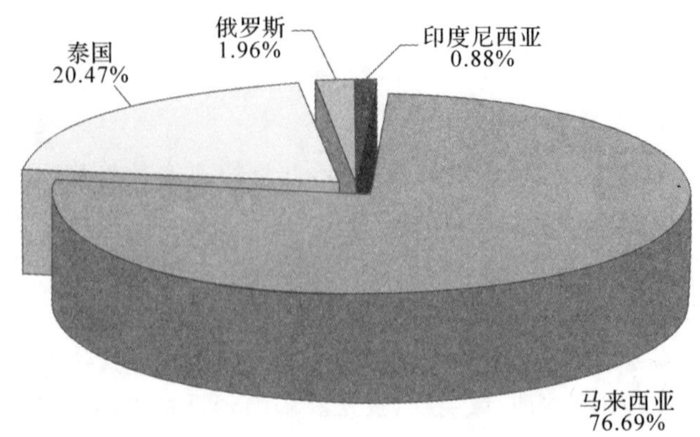

图 5-16 新疆哈密瓜出口市场构成

新疆哈密瓜对马来西亚出口在东南亚国家中所占份额最大，出口量从2008年的96.00吨增加到2010年的562.04吨，增加了4.85倍，年均增加141.96%，占新疆哈密瓜出口总量的比重从100.00%下降到69.17%。出口额从11.99万美元增加到74.85万美元，增加了5.24倍，年均增加149.90%，占新疆哈密瓜出口总额的比重从100.00%下降到76.69%，占新疆对东南亚国家哈密瓜出口总额的78.23%。

新疆哈密瓜从2009年开始对泰国出口，且呈上升趋势，出口量从56.10吨增加到163.91吨，增加了1.92倍，占新疆哈密瓜出口总量的比重从21.43%下降到20.17%。出口额从4.92万美元增加到19.98万美元，增加了3.06倍，占新疆哈密瓜出口总额的比重从18.80%增加到20.47%。

新疆哈密瓜对印度西尼亚在2009年和2010年有出口，但呈下降的趋势，出口量从10.46吨减少到6.92吨，占新疆哈密瓜出口总量的比重从3.99%下降到0.85%。出口额从1.10万美元减少到0.88万美元，占新疆哈密瓜出口总额的比重从4.21%下降到0.88%。

新疆哈密瓜仅在2009年对新加坡有出口，出口量31.25吨，占新疆哈密瓜出口总量的11.94%，出口额2.66万美元，占新疆哈密瓜出口总额的10.17%(见表5-7、图5-17)。

表 5-7　新疆哈密瓜出口东南亚国家状况　（单位：万美元、%）

	2008 年		2009 年		2010 年	
	出口额	比　重	出口额	比　重	出口额	比　重
东南亚国家	11.99	91.73	26.16	100.00	95.68	98.04
印度尼西亚			1.10	4.21	0.86	0.88
马来西亚	11.99	100.00	17.48	66.82	74.85	76.69
新加坡			2.66	10.17		
泰　国			4.92	18.80	19.98	20.47

注：①资料来源：乌鲁木齐海关提供，计算整理所得。②比重是指新疆出口东南亚各国哈密瓜占新疆出口哈密瓜总额的比重。

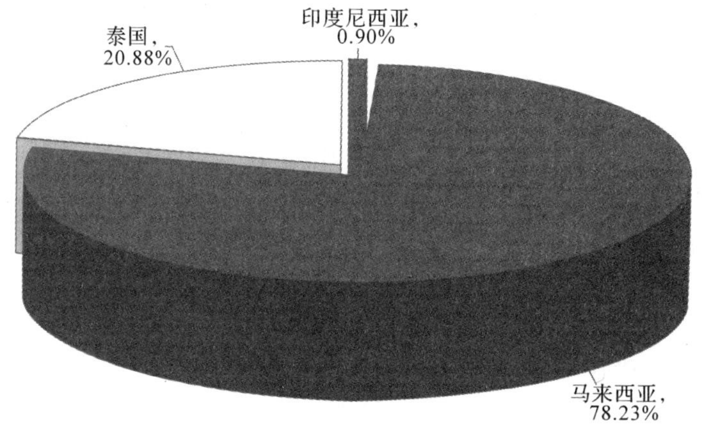

图 5-17　新疆哈密瓜出口东南亚国家市场结构

六、其他甜瓜

1. 出口东南亚总体状况

2006—2010 年间新疆甜瓜出口呈上升趋势。出口量从 19.00 吨波动增加到 60.86 吨，增加了 2.20 倍，年均增加 33.78%，2009 年高达 1334.57 吨。出口额从 0.34 万美元增加到 9.31 万美元，增加了 11.91 倍，年均增加 89.55%，2009 年高达 152.31 万美元。

2006 年—2008 年新疆甜瓜主要出口巴基斯坦和吉尔吉斯斯，2009 年则主要转向出口东南亚国家。2009 年—2010 年出口达到最大规模，出口量分别为 1334.57 吨和 60.86 吨，出口额分别为 152.31 万美元和 9.13 万美元。

2. 出口东南亚各国状况

新疆甜瓜主要出口东南亚的马来西亚、泰国、新加坡和印度尼西亚 4 个国家,其中以对马来西亚出口为主,2009 年和 2010 年的出口量分别为 1106.69 吨和 60.86 吨,占新疆甜瓜出口总量的 82.93%和 100.00%。出口额分别为 13.91 万美元和 9.31 万美元,占新疆甜瓜出口总额的 86.61%和 100.00%。而对泰国、新加坡和马来西亚仅 2009 年有出口,出口量分别为 178.08 吨、48.50 吨和 1.30 吨,出口额分别为为 14.42 万美元、5.82 万美元和 0.16 万美元(见表 5-8)。

表 5-8　新疆甜瓜东南亚国家状况　　(单位:万美元、%)

	2009 年		2010 年	
	出口额	比　重	出口额	比　重
合　计	152.31		9.13	
东南亚国家	152.31	100.00	9.13	100.00
印度尼西亚	0.16	0.10		
马来西亚	131.91	86.61	9.13	100.00
新加坡	5.82	3.82		
泰　国	14.42	9.47		

注:①资料来源:乌鲁木齐海关提供,计算整理所得。
②比重是指新疆出口东南亚各国甜瓜占新疆出口甜瓜总额的比重。

七、桃

1. 出口东南亚总体状况

2006—2010 年间新疆桃(包括油桃)出口呈快速增长趋势,是新疆主要温带水果出口中增长幅度最大的。出口量从 34.08 吨增加到 2293.33 吨,增加了 66.29 倍,年均增加 186.41%。出口额从 2.34 万美元增加到 121.49 万美元,增加了 50.83 倍,年均增加 168.31%。

新疆桃(包括油桃)出口东南亚国家所占比重较小,仅 2009 年和 2010 年有少量出口,且呈下降的趋势。出口量分别为 39.75 吨和 2.63 吨,占新疆桃出口总量的比重为 0.63%和 0.11%。出口额分别为 4.89 万美元和 0.37 万美元,占新疆桃出口总额的比重仅 1.23%和 0.31%。

2. 出口东南亚各国状况

新疆桃(包括油桃)仅出口东南亚国家的马来西亚和新加坡,其中以对马来西亚出口为主，2009 年和 2010 年对马来西亚的出口量分别为 27.75 吨和 2.63 吨，占新疆桃出口总量的 0.44%和 0.11%。出口额分别为 3.69 万美元和 0.37 万美元，占新疆桃出口总额的 0.93%和 0.31%。而对新加坡仅 2009 年有少量出口，出口量和出口额分别为 12.00 吨和 1.20 万美元(见表 5-9)。

表 5-9　新疆桃(包括油桃)出口东南亚状况　(单位:万美元、%)

	2009 年		2010 年	
	出口额	比　重	出口额	比　重
合　计	395.93		121.49	
东南亚国家	4.89	1.23	0.37	0.31
马来西亚	3.69	0.93	0.37	0.31
新加坡	1.20	0.30		

注:①资料来源:乌鲁木齐海关提供，计算整理所得。

②比重是指新疆出口东南亚各国桃占新疆出口桃总额的比重。

第四节　新疆干果出口东南亚趋势

一、葡萄干

1. 出口东南亚总体状况

新疆葡萄干一直是最主要的出口干果产品，出口市场广阔，出口量大，且呈增长趋势。近年来葡萄干出口量从 2006 年的 2556.19 吨增加到 2010 年的 4524.91 吨，增加了 0.77 倍，年均增加 15.35%，出口额从 335.00 万美元增加到 954.99 万美元，增加了 1.85 倍，年均增加 29.94%。

新疆葡萄干出口东南亚的量不是很大，但出口增长速度较快，明显高于新疆葡萄干对外出口的总体增长速度。葡萄干对东南亚国家的出口量从 2006 年的 35.50 吨增加到 2010 年的 249.75 吨，增加了 6.04 倍，年均增加 62.86%，占新疆葡萄干出口总量的比重从 1.39%增加到 5.52%。出口额从 3.37 万美元增加到 44.96 万美元，增加了 12.36 倍，年均增加 91.19%，占新疆葡萄干出口总额的比重从 1.00%增加到 4.71%(见图 5-18)。

新疆葡萄干出口的主要目标市场涵盖了美国、加拿大、澳大利亚、印度、日本、巴基斯坦、乌克兰、沙特阿拉伯、孟加拉国、尼泊尔、伊朗、香港、蒙古、韩国、泰国、阿联酋等众多国家和地区，但以南亚、欧洲和东亚为主要目标市场。出

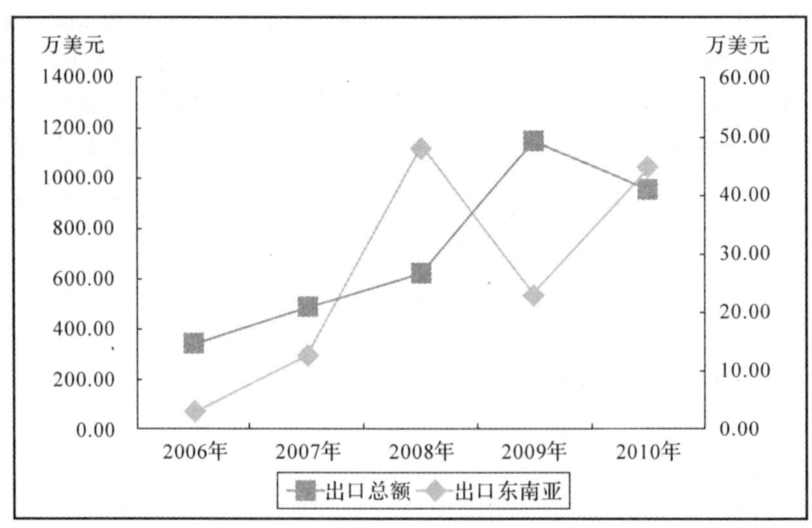

图 5-18　新疆葡萄干出口总体状况

口南亚占 33.97%，其中孟加拉国 11.21%、印度 22.27%、尼泊尔 0.49%；出口欧洲占 21.58%，其中英国 7.50%、西班牙 4.21%、俄罗斯联邦 3.48%、葡萄牙 1.83%、希腊 1.32%、德国 1.04%、比利时 0.73%；出口东亚占 11.93%，其中台湾 7.09%、日本 4.38%、香港 0.46%；出口西亚占 9.80%，其中沙特阿拉伯 6.85%、阿联酋 1.98%、伊朗 0.97%；出口美洲占 8.70%，主要包括美国 5.85%和加拿大 2.85%；出口非洲占 5.70%，埃及 4.47%、阿尔及利亚 0.82%、突尼斯 0.42%；出口大洋洲的澳大利亚出口占 3.61%(见图 5-19)。

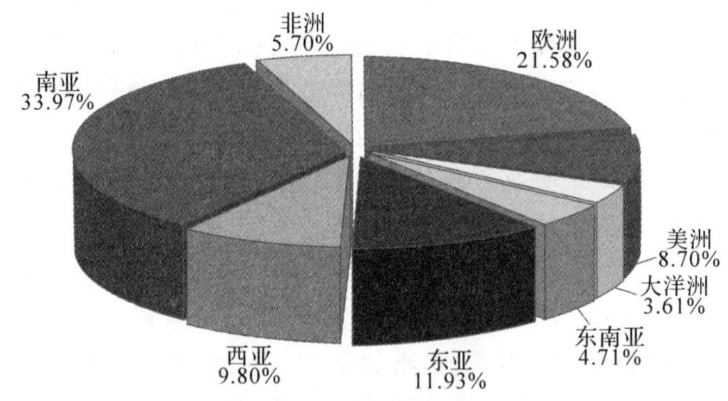

图 5-19　新疆葡萄干出口市场构成

2.出口东南亚各国状况

新疆葡萄干出口东南亚国家包括越南、新加坡、马来西亚、印度尼西亚、菲律宾和泰国6个国家,其中以对越南、新加坡和马来西亚出口为主。

新疆葡萄干从2007年开始对越南出口,出口增长较快,在东南亚国家所占份额最大,葡萄干出口量从2007年的26.25吨增加到2010年的184.25吨,增加了6.02倍,年均增加91.47%,占新疆葡萄干出口总量的比重从0.68%增加到4.07%,出口额从3.00万美元增加到32.25万美元,增加了9.75倍,年均增加120.71%,占新疆葡萄干出口总额的比重从0.61%增加到3.38%,占新疆对东南亚国家葡萄干出口总额的71.73%。

新疆葡萄干从2008年开始对新加坡出口,出口增长幅度在东南亚国家中最大,葡萄干出口量从2008年的7.00吨增加到2010年的37.50吨,增加了5.36倍,年均增加131.46%,占新疆葡萄干出口总量的比重从0.17%增加到0.83%。出口额从1.62万美元增加到8.18万美元,增加了4.04倍,年均增加124.58%,占新疆葡萄干出口总额的比重从0.26%增加到0.86%,占新疆对东南亚国家葡萄干出口总额的18.19%。

新疆葡萄干对马来西亚在2007年、2008年和2010年有出口,出口量从31.07吨下降到28.00吨,2008年最高达143.00吨,占新疆葡萄干出口总量的比重从0.80%下降到0.62%。出口额从3.56万美元增加到4.53万美元,增加了0.27倍,年均增加8.34%,2008年最高达20.00万美元,占新疆葡萄干出口总额的比重从0.73%下降到0.47%,占新疆对东南亚国家葡萄干出口总额的10.08%。

新疆葡萄干在2006—2008年对印度尼西亚有出口,2009年以后没有出口,且2006年印度尼西亚是东南亚国家中唯一进口新疆葡萄干的国家。葡萄干出口量从2006年的35.50吨增加到2008年的108.00吨,增加了2.04倍,年均增加74.42%,占新疆葡萄干出口总量的比重从1.39%增加到2.60%。出口额从3.37万美元增加到14.34万美元,增加了3.26倍,年均增加106.40%,占新疆葡萄干出口总额的比重从1.00%增加到2.31%。

新疆葡萄干仅在个别年份对菲律宾和泰国有少量出口,对菲律宾在2008年和2009年有出口,出口量分别37.00吨和36.00吨,比重为0.89%和0.57%。出口额分别为3.64万美元和4.53万美元,比重为0.59%和0.40%。对泰国仅在2009年有出口,出口量8.00吨,占0.13%,出口额1.82万美元,占0.16%(见表5-10、图5-20)。

表 5-10　新疆葡萄干出口东南亚国家状况　　（单位：万美元、%）

	2006 年		2007 年		2008 年		2009 年		2010 年	
	出口额	比　重	出口额	比　重	出口额	比　重	出口额	比　重	出口额	比　重
东南亚国家	3.37	1.00	12.68	2.59	48.40	7.81	23.44	2.05	44.96	4.71
印度尼西亚	3.37	1.00	6.12	1.25	14.34	2.31				
马来西亚			3.56	0.73	20.00	3.23			4.53	0.47
菲律宾					3.64	0.59	4.53	0.40		
新加坡					1.62	0.26	3.02	0.26	8.18	0.86
泰　国							1.82	0.16		
越　南			3.00	0.61	8.80	1.42	14.07	1.23	32.25	3.38

注：①资料来源：乌鲁木齐海关提供，计算整理所得。②比重是指新疆出口东南亚各国葡萄干占新疆出口葡萄干总额的比重。

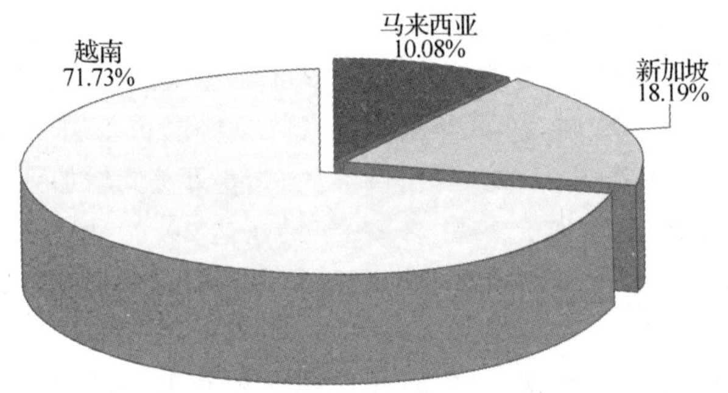

图 5-20　新疆葡萄干出口东南亚国家市场结构

二、红枣

1. 出口东南亚总体状况

新疆红枣出口在 2006—2010 年间是水果出口中增长幅度最快的，出口量从 0.55 吨增加到 97.97 吨，增加了 177.43 倍，年均增加 265.99%。出口额从 0.15 万美元增加到 118.95 万美元，增加了 792 倍，年均增加 430.48%。

新疆红枣仅在 2007 年和 2010 年对东南亚国家有出口，出口量分别为 3.00 吨和 16.76 吨，分别占新疆红枣出口总量的 11.30%和 17.11%，出口额分别为 0.29 万美元和 3.92 万美元，分别占新疆红枣出口总额的 10.41%和 3.30%。

2. 出口东南亚各国状况

新疆红枣出口东南亚主要集中在马来西亚和新加坡 2 个国家。其中 2007 年仅对马来西亚有红枣出口，出口量 3.00 吨，占新疆红枣出口总量的 11.30%，出口额 0.29 万美元，占新疆红枣出口总额的 10.41%。2010 年红枣对东南亚国家出口增加了新加坡，对马来西亚和新加坡出口量分别为 3.40 吨和 13.36 吨，占新疆红枣出口总量的 3.47% 和 13.64%，出口额分别为 0.87 万美元和 3.05 万美元，占新疆红枣出口总额的 0.73% 和 2.56%（见表 5-11）。

表 5-11　新疆红枣出口东南亚国家状况　（单位：万美元、%）

	2007 年		2008 年		2009 年		2010 年	
	出口额	比　重	出口额	比　重	出口额	比　重	出口额	比　重
东南亚国家	0.29	10.41					3.92	3.30
马来西亚	0.29	10.41					0.87	0.73
新加坡							3.05	2.56

注：①资料来源：乌鲁木齐海关提供，计算整理所得。②比重是指新疆出口东南亚各国红枣占新疆出口红枣总额的比重。

三、核桃

新疆核桃出口很少，且仅在个别年份有少量出口，出口的国际目标市场很少，仅对土耳其和越南出口。新疆未去壳核桃仅 2006 年和 2008 年有少量出口，出口量分别为 61.00 吨和 183.02 吨，出口额分别为 8.54 万美元和 52.60 万美元。

新疆未去壳核桃 2006 年对土耳其出口，2008 年对东南亚国家出口，出口越南 61.00 吨，出口额 8.54 万美元。

第五节　新疆特色水果出口东南亚特征

一、出口特征

1. 覆盖面广，出口市场集中

目前新疆水果已出口到东南亚十国的马来西亚、印度尼西亚、泰国、越南、新加坡、菲律宾、老挝、文莱 8 个国家，但主要集中在马来西亚、印度尼西亚、泰国和越南4个国家，对这四个国家的出口占新疆水果出口东南亚国家的近95%。其中，对马来西亚出口最多，2010年出口量1.54万吨，占新疆水果出口总量的1.8%，占新疆水果出口东南亚的43%。出口额2088.55万美元，占新疆水果出口总额的11.17%，占新疆水果出口东南亚的43.24%，是新疆水果出口东南亚的第一大国和最主要的目标市场。其次是泰国，出口量9235.57吨，出口额1204.50万美元，占新疆水果出口东南亚国家的24.94%。对印度尼西亚出口水果9861.11吨，出口额1086.78万美元，占新疆水果出口东南亚的22.5%。对越南水果出口979.59吨，出口额232.51万美元，占新疆水果出口东南亚的5.26%。

2.出口占比重大，且增长势头迅猛

从新疆水果出口东南亚市场整体状况来看，出口东南亚的规模还不大，所占比重也较低，但增长速度快，增长趋势明显。目前新疆出口东南亚的水果总量占新疆水果出口总量的近16%，出口额占新疆水果出口总额的25%。出口东南亚的出口量以年均30%以上速度在增加，出口额以年均55%的速度在增加，远高于新疆水果整体年均12%的出口量增长速度和年均23%的出口额增长速度，增长势头旺盛，趋势明显。

3.以鲜果出口为主，干果出口较少，没有水果加工品出口

目前新疆出口东南亚国家的水果有鲜果和干果，没有水果加工品出口。其中，以鲜果出口为主，2010年新疆对东南亚国家鲜果出口额2083.21万美元，占新疆水果出口东南亚总额的97.71%，鲜果出口主要有梨、葡萄、苹果、哈密瓜、桃等。干果出口很少，不足3%，主要有葡萄干、红枣和核桃。

4.传统鲜水果增长速度快，优势明显

从新疆各主要水果出口东南亚状况来看，哈密瓜、鲜葡萄、香梨是其最主要的出口鲜水果，且出口增长速度很快，是新疆特色水果出口东南亚最具优势的。

鲜葡萄出口东南亚的出口量年均增加32%以上，占新疆鲜葡萄出口总量的比重达37%以上。出口额年均增加50%，占新疆鲜葡萄出口总额的近60%，东南亚市场已成为新疆鲜葡萄出口的第一大目标市场。

香梨出口东南亚的出口量年均增加10%，占新疆香梨出口总量的47%。出口额年均增加17%，占新疆香梨出口总额的40%以上，东南亚国家也是新疆香梨出口的第一大目标市场。

哈密瓜出口东南亚的出口量年均增加176%，占新疆哈密瓜出口总量的90%。出口额年均增加183%，占新疆哈密瓜出口总额的98%以上，新疆哈密

瓜几乎全部出口东南亚市场。

其他鲜水果出口东南亚较少,苹果出口呈下降趋势,出口量占新疆苹果出口总量的比重从2.17%下降到0.94%,出口额从3.47%下降到1.78%。桃仅2009年和2010年有少量出口,出口占新疆桃出口总量的不足1%。

5.干果出口种类少,所占比重低,且不连续

干果出口东南亚也呈增长趋势,但出口较少,所占份额较低。葡萄干出口东南亚出口量年均增加60%,出口额年均增加90%以上,但所占份额较低,出口量和出口额分别占新疆葡萄干出口的5%左右。红枣仅在2007年和2010年对东南亚国家有出口,出口量和出口额分别占新疆红枣出口的17%和3%左右。

6.出口品种相似度高,各国存在差异

新疆对东南亚国家出口的水果主要是鲜葡萄、香梨、哈密瓜、苹果等鲜果及葡萄干,但各国存在明显差异。目前已出口到马来西亚和新加坡的有鲜葡萄、哈密瓜(甜瓜)、苹果、香梨、鲜梨、桃及葡萄干和红枣等8种水果;出口到泰国的有鲜葡萄、哈密瓜(甜瓜)、苹果、香梨、鲜梨及葡萄干6种;出口到印度尼西亚的有葡萄、葡萄干、哈密瓜、苹果、香梨和鲜梨6种;出口到越南的有葡萄、香梨、苹果、鲜梨、葡萄干和核桃6种;出口到菲律宾的有葡萄干、苹果、香梨及鲜梨4种;出口到文莱的有苹果、鲜梨和香梨3种;出口到老挝的有葡萄和鲜梨2种。

二、主要结论

1.出口呈增长趋势,对东南亚出口增长更快

2006—2010年,新疆特色水果出口呈快速增长趋势。出口量年均增长13.54%,超过新疆农产品出口量9.87%的增长速度;出口总额年均增长32.64%,也高于农产品出口年均20.75%的增长速度,占新疆农产品出口总额的比重从15.08%增加到21.95%。

新疆水果对东南亚国家出口增长更快,出口东南亚的增长速度明显高于新疆水果及农产品出口的增长速度。五年来新疆水果对东南亚的出口量增加了1.87倍,年均增长30.15%,出口额增加了4.74倍,年均增长54.77%。

2.出口种类繁多,出口东南亚以传统温带鲜水果为主

从新疆口岸出口的水果主要有苹果、葡萄、梨、杏、哈密瓜、核桃、桃以及葡萄干、红枣、杏干、巴旦木等多种温带鲜干水果,也有柑橘类、番石榴、菠萝、龙眼、香蕉、板栗、柿饼等我国热带亚热带水果,还有水果罐头、果汁等加工产品。

通过新疆口岸出口到东南亚国家的水果主要有柑橘类、苹果、香梨、鲜梨、葡萄、哈密瓜、甜瓜、荔枝、火龙果、猕猴桃、板栗、红枣、核桃等。其中，新疆自产的特色水果出口东南亚以香梨、葡萄、苹果、哈密瓜等传统鲜水果和少量的葡萄干为主，红枣和核桃等新发展起来的干果出口极少，目前还没有水果加工产品出口东南亚。2010 年出口鲜水果 2083.21 万美元，占新疆出口东南亚主要温带水果总额的 97.71%，包括香梨、葡萄、苹果、哈密瓜、甜瓜和桃。

3. 出口目标市场集中，主要出口中亚和东南亚国家

新疆特色水果出口的市场广阔，目标市场涵盖了中亚、南亚、东南亚、西亚、东亚、欧洲、美洲、非洲、大洋洲等世界各大区域国家和地区，但以出口中亚和东南亚为主，二者占新疆特色水果出口总额的 75%以上，其中出口中亚占 53.20%，出口东南亚占 25.82%。其次，出口欧洲和美洲市场，分别占出口总额的 10.03%和 4.91%。出口南亚、西亚、东亚、非洲、大洋洲分别占 1.96%、1.92%、1.45%、0.29%、0.39%。

4. 马来、印尼、泰国和越南是出口东南亚最主要的目标市场

新疆特色水果已出口到东南亚的马来西亚、印度尼西亚、泰国、越南、新加坡、菲律宾、老挝、文莱等 8 个国家，但主要集中在马来西亚、印度尼西亚、泰国和越南 4 个国家，对这四个国家的出口占新疆水果出口东南亚的近 95%。

对马来西亚出口最多，2010 年出口量 1.54 万吨，占新疆水果出口总量的 1.8%，占新疆水果出口东南亚的 43%，出口额 2088.55 万美元，占新疆水果出口总额的 11.17%，占新疆水果出口东南亚的 43.24%，是新疆水果出口东南亚的第一大国和最主要的目标市场。其次是泰国，出口量 9235.57 吨，出口额 1204.50 万美元，占新疆水果出口东南亚的 25%。对印度尼西亚出口水果 9861.11 吨，出口额 1086.78 万美元，占新疆水果出口东南亚的 22.5%。对越南出口 979.59 吨，出口额 232.51 万美元，占新疆水果出口东南亚的 5.26%。

5. 鲜葡萄出口持续增加，东南亚是最主要的目标市场

鲜葡萄是新疆最具出口优势的水果，新疆鲜葡萄出口总体呈增长趋势，近五年出口量年均增长 2.87%，出口额年均增加 27.83%。出口市场以东南亚和中亚市场为主，其中东南亚是最主要的出口市场，占新疆鲜葡萄出口总额的 58.66%，其次出口吉尔吉斯斯坦、哈萨克斯坦、俄罗斯、巴基斯坦等国家，分别占新疆鲜葡萄出口总额的 13.31%、10.47%、8.16%、7.53%，此外，还出口荷兰、斯里兰卡、孟加拉国等国家。

6. 鲜葡萄出口东南亚增长速度快，市场集中度高

新疆鲜葡萄出口东南亚呈快速增长趋势，增长速度远高于新疆鲜葡萄出

口的平均增长速度，对东南亚国家鲜葡萄出口量年均增加 32.17%，占新疆鲜葡萄出口总量的 37.38%，出口额年均增加 49.80%，占新疆鲜葡萄出口总额的 58.66%，可以看出，新疆鲜葡萄出口东南亚效益较高，用占 37.38%的出口量赢得了近 60%的出口额，即新疆鲜葡萄出口效益的一半以上都来自东南亚，东南亚市场是新疆葡萄出口的最主要目标市场。

目前新疆鲜葡萄已出口东南亚的马来西亚、泰国、越南、印度尼西亚、老挝和新加坡 6 个国家，其中主要集中在马来西亚、泰国和越南 3 个国家，对这 3 个国家的出口占新疆鲜葡萄出口东南亚的 93.39%。其中，对马来西亚出口增长最快，出口量占新疆鲜葡萄出口总量的 19.55%，年均增长 90.3%，出口额占新疆鲜葡萄出口总额的 25.71%，年均增长 121.52%，占新疆鲜葡萄出口东南亚总额的 43.83%。对泰国鲜葡萄出口量占新疆鲜葡萄出口总量的 7.96%，出口额占新疆鲜葡萄出口总额的 11.48%，占新疆鲜葡萄出口东南亚的 19.57%。对越南出口量占新疆鲜葡萄出口总量的 7.07%，出口额占新疆鲜葡萄出口总额的 17.59%，占新疆鲜葡萄出口东南亚的 29.99%。

7. 香梨出口持续增加，东南亚也是最主要的目标市场

近年来通过新疆口岸出口的鲜梨呈上升趋势，出口量超过 3 万吨，出口额达到 2846.88 万美元，年均增长 18.87%。同时，鲜梨出口东南亚呈快速增长趋势，其增长速度超过新疆鲜梨出口的平均增长速度，出口量 11562.16 吨，占新疆鲜梨出口总量的 37.33%，出口额 1189.39 万美元，占新疆鲜梨出口总额的 41.78%。新疆鲜梨出口东南亚的印度尼西亚、马来西亚、泰国、新加坡、菲律宾、越南、老挝和文莱 8 个国家，其中主要集中在印度尼西亚、马来西亚、泰国和新加坡 4 个国家，占新疆鲜梨出口东南亚的 97.24%。

香梨是新疆出口的又一大特色水果，出口呈稳步增长趋势，出口量 7375.16 吨，占新疆鲜梨出口量的 23.8%，出口额 1031.03 万美元，占新疆鲜梨出口额的 36.2%。新疆香梨出口市场广泛，已出口东南亚、美国、加拿大、澳大利亚以及巴基斯坦、吉尔吉斯斯坦、英国、南非、德国、荷兰等，其中出口美国占 37.22%、加拿大占 19.98%、澳大利亚占 2.10%。对东南亚出口的增长幅度高于新疆香梨出口的平均增长速度，出口量 3436.85 吨，年均增长 9.78%，占新疆香梨出口量的 46.60%，出口额 419.62 万美元，年均增长 16.82%，占新疆香梨出口额的 40.70%。因此，东南亚市场也是新疆香梨出口的最主要目标市场。

8. 香梨出口东南亚市场集中度较高

新疆香梨出口东南亚的印度尼西亚、马来西亚、新加坡、越南、泰国、菲律

宾和文莱 7 个国家，但主要集中在印度尼西亚、马来西亚和新加坡 3 个国家，对这 3 个国家的出口占新疆香梨出口总额的 94.48%。

对印度尼西亚出口增长幅度最快，占比重也最大，出口量达 2024.65 吨，年均增加 40.42%，占新疆香梨出口总量的 27.45%，出口额 246.98 万美元，年均增加 53.04%，占新疆香梨出口总额的 23.95%，占新疆香梨出口东南亚国家的 58.86%。对马来西亚出口也呈快速增长趋势，出口量 867.59 吨，年均增加 21.86%，占新疆香梨出口总量的 11.76%，出口额 106.71 万美元，年均增加 33.71%，占新疆香梨出口总额的 10.35%，占新疆香梨出口东南亚国家 25.43%。对新加坡出口呈下降趋势，出口量 351.34 吨，出口额 42.76 万美元，占新疆香梨出口总额的比重从 13.73%下降到 4.15%，占新疆对东南亚国家香梨出口总额的 10.19%。

9.苹果主要出口中亚市场，对东南亚出口呈递减趋势

新疆水果出口中苹果的出口最多，出口量达 136553.51 吨，出口额 8930.54 万美元，年均增长 26.31%，占新疆水果出口总额的 47.75%。新疆出口的苹果有地产的各类各品种的苹果，也有内地苹果产区通过新疆口岸出口的苹果，其中内地产苹果占比重较大。

新疆苹果主要出口中亚国家和俄罗斯，分别占苹果出口总额的 82.28% 和 15.16%。出口东南亚较少，且呈下降趋势，出口量从 2119.02 吨下降到 1280.32 吨，出口额 159.28 万美元，占新疆苹果出口总额的比重从 3.47%下降到 1.78%。出口东南亚主要集中在泰国和马来西亚，对这两个国家的苹果出口占新疆苹果出口东南亚的 90.6%，其中出口泰国占 64.85%，出口马来西亚占 25.76%。

10.哈密瓜几乎全部出口东南亚，且增长迅猛

新疆哈密瓜从 2007 年开始对外出口，并呈快速增长趋势，是新疆水果对外出口增长幅度最大的。出口量 812.57 吨，年均增加 112.63%。出口额 97.59 万美元，年均增加 143.13%。

新疆哈密瓜出口东南亚增长速度迅猛，出口量年均增加 176.30%，占新疆哈密瓜出口总量的 90.19%，出口额年均增加 182.55%，占新疆哈密瓜出口总额的 98.04%。意味着新疆哈密瓜出口的全部市场几乎都在东南亚市场。

新疆哈密瓜出口市场主要集中在马来西亚和泰国，占新疆哈密瓜出口东南亚总额的 97%以上，其中对马来西亚出口占新疆哈密瓜出口东南亚的 76.69%，出口泰国占 20.47%。

11. 葡萄干出口市场广阔，呈持续增长趋势

新疆葡萄干一直是最主要的出口干果产品，出口市场广阔，出口量呈增长趋势，出口量 4524.91 吨，年均增加 15.35％，出口额 954.99 万美元，年均增加 29.94％。

新疆葡萄干出口的主要市场包括美国、加拿大、澳大利亚、印度、日本、巴基斯坦、乌克兰、沙特阿拉伯、孟加拉国、尼泊尔、伊朗、香港、蒙古、韩国、泰国、阿联酋等众多国家和地区，但以南亚、欧洲和东亚为主要目标市场。其中出口南亚占 33.97％，欧洲占 21.58％，东亚占 11.93％，西亚占 9.80％，美洲占 8.70％，非洲占 5.70％，大洋洲的澳大利亚占 3.61％。

12. 葡萄干出口东南亚较少，但增长速度快

新疆葡萄干出口东南亚的量不是很大，但出口增长速度较快，明显高于新疆葡萄干对外出口增长速度。对东南亚出口量年均增加 62.86％，占新疆葡萄干出口总量的 5.52％，出口额年均增加 91.19％，占新疆葡萄干出口总额的 4.71％。

新疆葡萄干出口东南亚的越南、新加坡、马来西亚、印度尼西亚、菲律宾和泰国 6 个国家，其中以对越南、新加坡和马来西亚出口为主，对越南出口占新疆葡萄干出口总额的 3.38％，占新疆对东南亚国家葡萄干出口总额的 71.73％；对新加坡出口占新疆葡萄干出口总额的 0.86％，占新疆对东南亚国家葡萄干出口总额的 18.19％；对马来西亚出口占新疆葡萄干出口总额的 0.47％，占新疆对东南亚国家葡萄干出口总额的 10.08％。

13. 红枣和核桃等主要特色干果出口较少

新疆红枣出口较少，但出口增长速度最快，出口量年均增加 265.99％，出口额年均增加 430.48％。

新疆红枣仅在 2007、2010 年对东南亚国家有出口，出口量分别为 3.00 吨和 16.76 吨，出口额分别为 0.29 万美元和 3.92 万美元，分别占新疆红枣出口总额的 10.41％和 3.30％。新疆红枣出口东南亚主要集中在马来西亚和新加坡 2 个国家，出口量分别占新疆红枣出口总量的 3.47％和 13.64％，出口额分别占新疆红枣出口总额的 0.73％和 2.56％。

新疆核桃出口很少，且仅在个别年份有少量出口，出口的国际目标市场也很少，仅对土耳其和越南出口。在 2006 年和 2008 年有少量出口，出口量分别为 61.00 吨和 183.02 吨，出口额分别为 8.54 万美元和 52.60 万美元。只在 2008 年对东南亚的越南有出口，出口量 61.00 吨，出口额 8.54 万美元。其他年份均没有出口。

第六章

新疆特色水果出口东南亚的依存度与贸易互补性

第一节　新疆与东南亚水果生产的互补性

一、自然气候条件差异

东南亚位于北纬25°到南纬10°之间，大部分位于热带地区，全年平均气温在20℃以上，属热带季风气候和热带雨林气候，其中，热带季风气候主要在中南半岛和菲律宾群岛北部，每年6月至10月为雨季，11月至第二年5月为旱季。热带雨林气候主要在马来半岛南部和马来群岛大部分，一年四季高温多雨。东南亚水果生产多位于高温多雨的马来半岛和马来群岛地区，该地区多为大河沿岸平原、河口三角洲和各大岛沿岸平原，地形平坦，土壤肥沃，雨水和灌溉水源充足，非常有利于热带水果生产，产量大，品种多。

新疆位于北纬34°25′到48°10′之间，属典型的干旱半干旱荒漠温带区，年平均气温10.4℃左右，深居内陆，远离海洋，湿润的海洋气流难以进入，形成了干燥少雨，冬寒夏热，昼夜温差大的温带大陆性气候，非常有利于温带水果生产，有利于水果糖分积累，水果品质高，水果生产主要分布在高山融水形成的河流流域。

二、产品差异与互补

东南亚盛产各种热带水果，享有“热带水果之乡”的美誉。其中泰国、越南、马来西亚、印度尼西亚和菲律宾是热带水果生产大国，四季均可生产种类繁多的热带水果，不但出产香蕉、菠萝、芒果、荔枝、龙眼、腰果等世界大宗热带水果，也出产榴莲、山竹、红毛丹、菠萝蜜、火龙果等许多当地特有的热带水果。东南亚国家还有木瓜、鳄梨、其他浆果、石果、葡萄、木菠萝、杨桃、番荔枝、榴

莲、费约果、番石榴、菠萝蜜、龙眼、曼密苹果、山竹、龙葵、西番莲、红毛丹、果榄、人参果、金星果、星苹果以及番木瓜、莲灰、荔枝、枇杷、木瓜、石榴、玫瑰果、罗望子、杨梅等多种水果，水果生产呈多种类、多样性态势，是世界主要的热带水果生产基地。其中，香蕉、菠萝、芒果、山竹、番石榴以及柑橘类水果(包括橘子、葡萄柚、柑橘、柠檬和酸橙等)是东南亚生产的主要水果，占东南亚水果种植总面积和总产量的56.98%和71.59%。

然而，东南亚国家每年需进口大量温带水果以满足国内需求，这些温带水果主要有苹果、梨、葡萄、甜瓜、杏子以及一些干果。近年来新疆大力发展特色水果业，全区共有1000多个瓜果品种，主要有葡萄、哈密瓜、梨、苹果、杏等鲜果，以及红枣、核桃、巴旦木等干果，水果种类和品种与东南亚国家具有明显的差异与互补，也形成了新疆与东南亚国家开展水果贸易的基础和条件。

三、上市季节差异与互补

东南亚主要水果成熟期一般在每年的3—8月，其中香蕉和菠萝全年可调节收获期。芒果的收获期在4—6月，其中，泰国为4—5月，菲律宾为5—6月，印度尼西亚为3—5月，越南为4—6月。荔枝的收获期在3—6月，其中，越南为5—6月，泰国为3月中旬到6月中旬，与我国海南省类似。龙眼的收获期在6—8月，其中，泰国为7月中旬到8月中旬，越南为6月中旬到7月下旬。山竹的收获期为5—6月。

与此同时，新疆水果的收获期多在6—10月，其中，杏子成熟期较早，葡萄收获期在7—10月，苹果在9—10月，哈密瓜和西瓜均在6—10月，香梨在9—10月，红枣在9—10月。由此可见，新疆水果与东南亚水果成熟集中上市高峰期存在明显的差异和互补，从而避免了因集中上市带来的竞争，而且随着保鲜技术和设备的不断提高，新疆香梨已能实现周年销售，红枣、核桃等干果也能实现周年销售，为新疆与东南亚水果贸易实现优势互补提供了条件。

第二节　新疆水果出口东南亚的依存度

一、出口依存度评价方法

出口依存度反映一个国家(或地区)的出口对其贸易伙伴国(或地区)的依赖程度，可以用一个国家(或地区)对贸易伙伴国(或地区)的出口额占该国(或地区)出口总额的比重来衡量。计算公式为：

$$EIR=\frac{X_{ij}}{X_i}$$

其中：X_{ij} 表示 i 国（或地区）对 j 国（或地区）的出口额；X_i 表示 i 国（或地区）的出口总额。EIR 越大，依存度越高，表明出口国（或地区）对贸易伙伴国（或地区）的依赖性越强。

本研究中 X_{ij} 表示新疆对东南亚各国（或某国）某类水果的出口额，X_i 表示新疆该类水果的出口总额，以此反映新疆主要特色水果出口东南亚国家的依赖程度。

二、依存度评价结果

1. 鲜葡萄出口依存度

近年来新疆鲜葡萄出口东南亚呈增加趋势，出口东南亚的依存度不断上升，从 2006 年的 31.1%上升到 2010 年的 58.66%，表明目前新疆鲜葡萄出口的近 60%在东南亚市场。

从新疆鲜葡萄出口东南亚各国市场分布来看，存在明显差异。新疆鲜葡萄已出口到东南亚的马来西亚、印度尼西亚、泰国、越南、新加坡、老挝 6 个国家，出口市场广阔，但出口相对集中，出口市场也在不断发生变化，出口东南亚市场已从印度尼西亚和泰国转向马来西亚和泰国，越南成为增长最快的新的目标市场。目前，马来西亚、泰国和越南是新疆鲜葡萄出口东南亚的主要目标市场（见表 6-1、图 6-1）。

表 6-1　新疆鲜葡萄出口东南亚的依存度

	2006 年	2007 年	2008 年	2009 年	2010 年
东南亚	31.10	7.70	31.29	37.02	58.66
其中：印度尼西亚	16.94		7.10	2.20	2.90
老　挝					0.98
马来西亚	2.85		21.14	32.56	25.71
新加坡	0.98			0.31	
泰　国	10.33	7.70	3.05	1.95	11.48
越　南					17.59

马来西亚是新疆对东南亚鲜葡萄出口最主要的市场，新疆鲜葡萄对其出口的依存度较高，且持续增长。出口依存度从 2006 年的 2.85%上升到 2010 年的 25.71%，成为拉动新疆葡萄出口增长的最主要动力，新疆每年鲜葡萄出

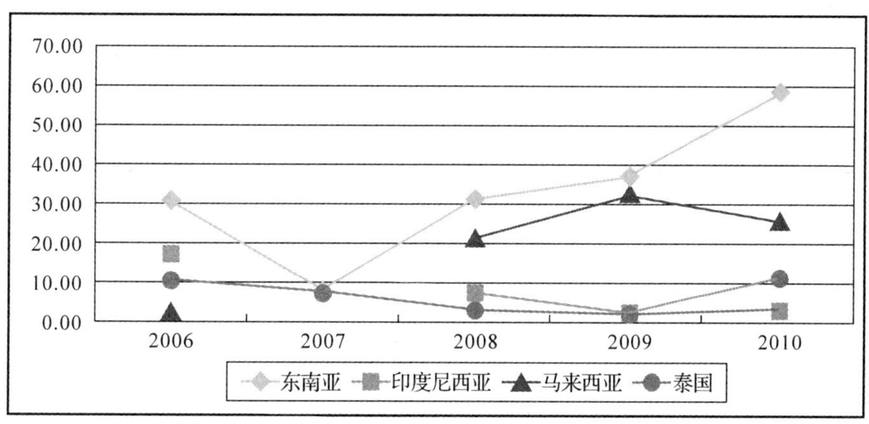

图 6-1　新疆鲜葡萄出口东南亚依存度趋势

口 1/4 以上的国际市场在马来西亚。尤其是 2009 年受国际金融危机影响，新疆鲜葡萄对马来西亚的出口不降反升，依存度达到最大值 32.56%，显示出马来西亚葡萄消费市场需求的潜力和稳定性，也反映了新疆鲜葡萄对其出口较强的依赖性。

泰国是目前东南亚进口新疆鲜葡萄的第二大国，但不稳定，波动较大，新疆鲜葡萄对其出口呈“U”形趋势，2006—2009 年，依存度从 10.33% 降至 1.95%，出口明显下降，2010 年大幅回升，依存度达 11.48%。

印度尼西亚在 2006 年曾是新疆鲜葡萄出口东南亚的最大市场，但近年来呈持续降低趋势。新疆鲜葡萄对其出口的依存度从 2006 年的 16.94% 持续降低到 2010 年的 2.9%。依存度不断下降，表明新疆鲜葡萄出口东南亚市场在发生转变，对印度尼西亚的出口在不断减少。

目前越南成为新疆鲜葡萄出口东南亚的主要国家，2010 年对其开始有出口，且出口较大，依存度达到 17.59%，成为仅次于马来西亚的新疆鲜葡萄消费市场，是东南亚一个具有挖掘潜力的新型的葡萄消费市场，需要进一步探索和开发其市场潜力。

2. 香梨出口依存度

总体来看，新疆香梨对东南亚出口的依存度也较高，且呈持续增长趋势，出口依存度从 2006 年的 29.14% 增加到 2010 年的 40.70%，东南亚占据新疆香梨出口 40% 以上的国际市场份额，是新疆香梨出口的主要目标市场。

新疆香梨出口东南亚的印度尼西亚、马来西亚、新加坡、泰国、越南、菲律宾、文莱 7 个国家，是新疆水果出口东南亚市场国家最多的。新疆香梨出口东南亚市场已由新加坡、泰国、印度尼西亚、马来西亚转向印度尼西亚和马来西亚，目前印度尼西亚、马来西亚、新加坡是其最主要的目标市场，其中以出口印度尼西亚和马来西亚为主，呈不断增加趋势，而对新加坡和泰国的出口则呈持续减少趋势，对其依存度也不断降低（见表 6-2、图 6-2）。

表 6-2　新疆香梨出口东南亚的依存度

	2006 年	2007 年	2008 年	2009 年	2010 年
东南亚	29.14	16.48	34.81	29.47	40.70
其中：文莱					0.02
印度尼西亚	5.82	8.40	13.73	16.74	23.95
马来西亚	4.32	0.87	11.11	6.69	10.35
菲律宾				0.17	0.08
新加坡	13.73	4.91	8.71	5.23	4.15
泰　国	5.27	2.30	1.27	0.31	1.03
越　南				0.33	1.10

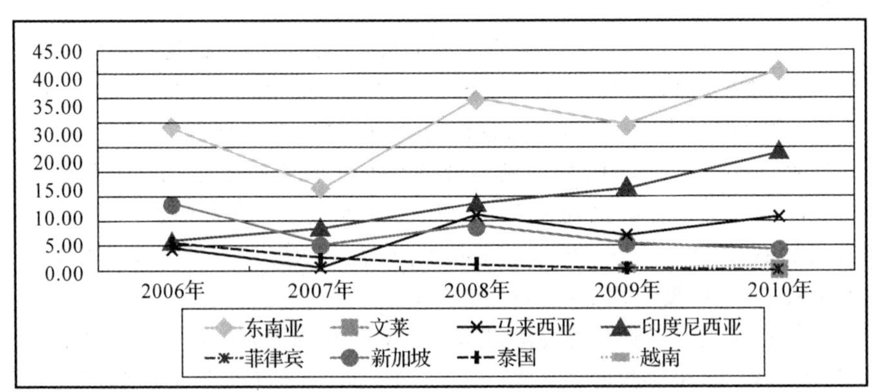

图 6-2　新疆香梨出口东南亚依存度趋势

印度尼西亚是新疆香梨出口东南亚最主要的目标市场，对其出口依存度最高，增长迅速。依存度从 2006 年的 5.82%上升到 2010 年的 23.95%，表明印度尼西亚水果市场对新疆香梨的需求旺盛，占新疆香梨出口近 25%的市场份额，同时也反映出新疆香梨对印度尼西亚市场的依赖性不断增加。

马来西亚也是新疆香梨出口东南亚的主要市场，新疆香梨对其出口的依存度从 4.32%波动上升到 10.35%，是新疆香梨出口东南亚的第二大目标市场。

2006 年新加坡曾是新疆香梨出口东南亚的最大市场，出口依存度达 13.73%，但其后呈不断下降趋势，2010 年依存度降为 4.15%，表明近年来新疆香梨对新加坡出口的依赖程度在降低。

新疆香梨对泰国出口的依存度也呈明显下降趋势，依存度从 2006 年的 5.27%下降到 2010 年的 1.03%，表明新疆香梨对泰国出口的依赖程度也持续下降。

越南、菲律宾、文莱是新疆香梨出口东南亚的新型的目标市场，但出口均较少。

3. 苹果出口依存度

总体来看，新疆对东南亚出口苹果较少，出口依存度也较低，而且还呈降低趋势，依存度从 2006 年的 3.47%降低到 2010 年的 1.78%，表明新疆苹果出口东南亚还很少，对其市场的依赖程度也很低，在 1%左右，也就是说新疆苹果出口东南亚只占新疆苹果出口总额的 1%(见表 6-3)。

表 6-3　新疆苹果出口东南亚的依存度

	2006 年	2007 年	2008 年	2009 年	2010 年
东南亚	3.47	0.54	1.24	0.81	1.78
其中:文莱					0.01
印度尼西亚	0.12		0.13	0.01	0.04
马来西亚	0.59	0.54	0.06	0.19	0.46
菲律宾	0.74			0.47	0.13
新加坡			0.10		
泰　国	2.03		0.95	0.13	1.16

从新疆苹果出口东南亚各国状况来看，已出口到泰国、马来西亚、印度尼西亚、菲律宾以及新加坡和文莱 6 个国家，其中对前四个国家持续有出口，但出口均较少，主要出口到东南亚的泰国。

4. 哈密瓜及甜瓜出口依存度

哈密瓜是新疆出口东南亚最有优势的水果。总体来看，新疆哈密瓜对东南亚出口的依赖性极强，依存度非常高，而且呈持续平稳发展态势。新疆哈密瓜从 2008 年以来对东南亚出口，依存度从 91.73%上升到 98.04%，2009 年达到 100%，表明新疆哈密瓜出口的国际市场几乎全部在东南亚市场。

从新疆哈密瓜出口东南亚各国情况来看，已从最初的马来西亚扩展到马来西亚、泰国、印度尼西亚和新加坡 4 个国家，目前马来西亚和泰国是其主要的目标市场（见表 6-4、图 6-3）。

表 6-4　新疆哈密瓜出口东南亚的依存度

	2008 年	2009 年	2010 年
东南亚	91.73	100.00	98.04
其中：印度尼西亚		4.21	0.88
马来西亚	91.73	66.82	76.69
新加坡		10.17	
泰　国		18.80	20.47

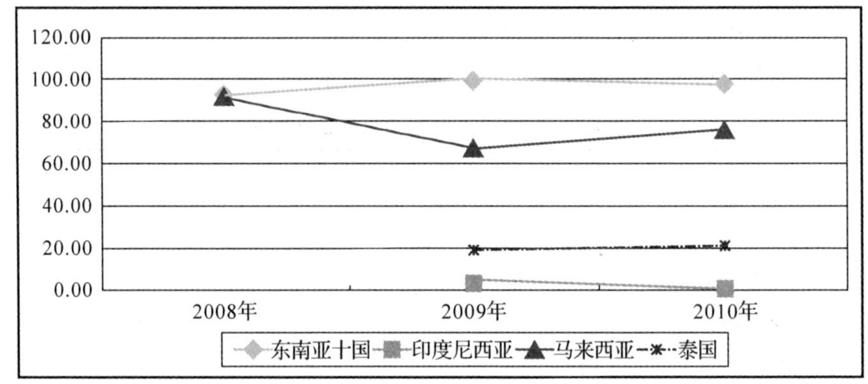

图 6-3　新疆哈密瓜出口东南亚依存度趋势

马来西亚是新疆哈密瓜出口最主要的目标市场，新疆哈密瓜对其出口依存度极高，2008 年马来西亚是新疆哈密瓜出口东南亚的唯一市场，依存度达到 91.73%，2010 年依存度 76.69%，表明新疆哈密瓜出口对马来西亚有极高的依赖性。

泰国也是目前新疆哈密瓜出口的主要市场之一，哈密瓜出口泰国的依存度达到 20.47%，也就是说新疆哈密瓜出口的 20%以上在泰国。近两年新疆哈密瓜对印度尼西亚也有出口，但出口较少，依存度很低。

除哈密瓜外，新疆其他甜瓜对东南亚出口的依存度极高，新疆甜瓜出口的国际市场全部在东南亚国家，2009 年和 2010 年对其出口依存度均为 100%，表明新疆甜瓜出口完全依赖于东南亚市场（见表 6-5）。

表 6-5 新疆甜瓜出口东南亚的依存度

	2009 年	2010 年
东南亚	100.00	100.00
其中:印度尼西亚	0.10	
马来西亚	86.61	100.00
新加坡	3.82	
泰　国	9.47	

从新疆甜瓜出口东南亚国家市场状况来看,马来西亚是新疆甜瓜出口的主要目标市场,对其出口的依存度极高,表明新疆甜瓜对马来西亚出口有极强的依赖性。此外,新疆甜瓜 2009 年还出口泰国、新加坡、印度尼西亚 3 各个国家,但出口的依存度较低。

5. 葡萄干出口依存度

新疆葡萄干出口较多,市场广阔,但对东南亚出口较少,出口依存度较低,且年际波动较大。新疆葡萄干出口东南亚的依存度从 2006 年的 1%上升到 2010 年的 4.71%,也就是说新疆葡萄干出口东南亚只占到其出口总额的不足 5%。

从新疆葡萄干出口东南亚各国情况来看,出口不稳定,也不连续,对越南、印度尼西亚、新加坡、马来西亚以及菲律宾、泰国 6 个国家,在不同年份有不同出口。其中对越南出口葡萄干相对较多,且呈增长趋势,依存度不断提高,从 0.61%上升到 3.38%。其次是对新加坡出口,但依存度很低,不足 1%,也呈上升趋势(见表 6-6、图 6-4)。

表 6-6 新疆葡萄干出口东南亚的依存度

	2006 年	2007 年	2008 年	2009 年	2010 年
东南亚	1.00	2.59	7.81	2.05	4.71
其中:印度尼西亚	1.00	1.25	2.31		
马来西亚		0.73	3.23		0.47
菲律宾			0.59	0.40	
新加坡			0.26	0.26	0.86
泰　国				0.16	
越　南		0.61	1.42	1.23	3.38

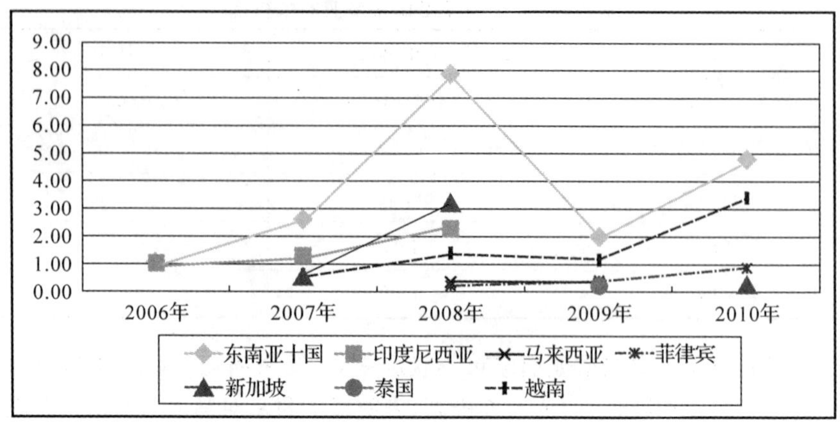

图 6-4　新疆葡萄干出口东南亚依存度趋势

6. 红枣出口依存度

目前，新疆红枣出口东南亚较少，且不连续，出口的依存度也很低，仅在2007 年和 2010 年有少量出口，出口依存度也分别只有 10.41%和 3.3%。

从新疆红枣出口东南亚国家市场来看，主要在马来西亚和新加坡 2 个国家，且依存度很低。然而，东南亚作为主要的华人华侨聚居区，具有与中国人相同的红枣消费习惯和偏好，红枣消费需求应该是巨大的，但是，目前巨大的消费市场与其对新疆红枣进口很少的现状不相符，新疆红枣在东南亚应该具有较大的市场开拓空间(见表 6-7)。

表 6-7　新疆红枣出口东南亚的依存度

	2007 年	2010 年
东南亚	10.41	3.30
其中：马来西亚	10.41	0.73
新加坡		2.56

7. 核桃出口依存度

新疆核桃出口很少，只有个别年份出口，且只出口到东南亚，仅在 2006 年出口越南，出口依存度达到 100%。表明新疆核桃出口在国际市场的影响力并不高，新疆核桃打开国际市场，特别是开拓东南亚市场还任重道远。

第三节　新疆水果出口东南亚比较优势

一、出口比较优势指数

出口比较优势反映一个国家(或地区)某产品的出口相对于世界该产品平均出口水平的相对比较优势。可以用一个国家(或地区)对其贸易伙伴国某产品的出口占其该产品出口总额的比重与世界对该国(或地区)某产品出口占世界该产品出口总额的比重的比值来衡量。

计算公式为:

$$ECA=\frac{X_{ij}^{k}/X_{i}^{k}}{W_{wj}^{k}/W_{w}^{k}}$$

式中:X_{ij}^{k}表示 i 国对 j 国 k 产品的出口额;X_{i}^{k} 表示 i 国 k 产品的出口总额;W_{wj}^{k}表示世界对 j 国 k 产品的出口额;W_{w}^{k} 表示世界 k 产品的出口总额。如果 ECA 大于 1,说明 i 国对 j 国在 k 产品上具有出口比较优势,且 ECA 越大,表明出口优势越大;若 ECA 小于 1,说明 i 国对 j 国在 k 产品上不具有出口比较优势,且 ECA 越小,表明其出口优势越小。

本研究中,X_{ij}^{k}表示新疆对东南亚 k 水果的出口额,X_{i}^{k} 表示新疆 k 水果的出口总额,W_{wj}^{k}表示世界对东南亚 k 水果的出口额,W_{w}^{k} 表示世界 k 水果的出口总额。

二、比较优势测算结果

根据目前新疆出口东南亚的主要特色水果品种以及数据可获得性,我们测算了新疆鲜葡萄、梨、苹果、甜瓜、葡萄干等特色水果出口东南亚的比较优势,测算结果显示:新疆鲜葡萄、梨、葡萄干、甜瓜具有较强的出口东南亚的比较优势,其出口比较优势指数均大于 1;苹果没有出口东南亚的比较优势,其出口比较优势指数小于 1(见表 6-8)。

表 6-8　新疆特色水果出口东南亚比较优势指数

	2006	2007	2008	2009	2010
鲜葡萄	10.61	2.50	10.70	9.23	12.67
苹　果	0.59	0.10	0.22	0.11	0.20
梨	4.13	2.17	5.35	4.05	4.72

续表

	2006	2007	2008	2009	2010
葡萄干	0.64	1.75	5.87	1.35	2.56
甜　瓜				77.55	46.09
未去壳核桃	852.87				

从新疆主要特色水果出口东南亚比较优势差异及变动来看：

甜瓜出口东南亚的比较优势最强，2009年出口东南亚比较优势指数达到77.55，2010年为46.09，远远大于1，表明新疆甜瓜出口东南亚相对于世界平均水平而言，具有非常强的比较优势。

鲜葡萄出口东南亚的比较优势也很强，且比较优势还在不断增加。出口东南亚比较优势由2006年的10.61波动增长到2010年的12.67，表明东南亚对新疆鲜葡萄的进口增加速度高于其从世界的进口，反映出新疆鲜葡萄出口东南亚相对于世界平均水平而言，具有很强的比较优势，且优势在不断增长。

梨（主要是香梨）出口东南亚的比较优势较强，且比较稳定。2006—2010年间梨出口东南亚的比较优势指数在4～5之间，均大于1，表明新疆梨出口东南亚相对于世界平均水平而言，具有较强的比较优势。

葡萄干出口东南亚的比较优势也较强，但呈波动变动状态。出口东南亚比较优势指数从2007年以来一直大于1，2008年达最高，新疆葡萄干出口东南亚不多，但相对于世界平均水平而言，还是具有较强的比较优势。

新疆苹果出口东南亚没有优势，出口东南亚的比较优势指数均小于1，且维持在0.1～0.2之间，劣势明显，表明新疆苹果出口东南亚与世界平均水平而言，没有优势，处在较高的比较劣势中。虽然近年来东南亚国家从世界进口苹果不断增加，世界对其苹果的出口依存度也从2006年的6%上升至2010年的9%，但新疆苹果出口东南亚没有优势，新疆苹果主要出口中亚国家和俄罗斯。

新疆核桃出口东南亚的优势在2006年曾经很高，出口比较优势指数达到852.87，显示出在东南亚市场的巨大竞争力，但出口不连续，也不稳定。

第四节 新疆水果与东南亚贸易的互补性

一、贸易互补性指数

按照国际贸易的基本原理，一般而言，一国出口比较优势产品，进口比较劣势产品。如果一国出口的产品结构与另一国进口的产品结构吻合程度高，意味着出口国产品在进口国市场上具有较强的增长潜力。在此利用贸易互补性指数(Trade Complementarity Index)来衡量出口国的出口结构与目标市场进口结构的吻合程度，以考察两国产品贸易的互补性，其中单类产品贸易互补性指数的计算方法如下：

$$TC_{ij}=RXS_i^k\times RMS_j^k$$

式中：

$$RXS_i^k=\frac{X_i^k/X_i}{W_x^k/W_x}$$

$$RMS_j^k=\frac{M_j^k/M_j}{W_m^k/W_m}$$

式中：X_j^k 为 i 国 k 产品的出口额；X_i 为 i 国出口总额；W_x^k 为世界 k 产品的出口额；W_x 为世界出口总额；M_j^k 为 j 国 k 产品的进口额；M_j 为 j 国进口总额；W_m^k 为世界 k 产品的进口额；W_m 为世界进口总额。RXS_i^k 表示 i 国出口的产品比较优势；RMS_j^k 表示 j 国进口的产品比较劣势。RXS_i^k 越大，表示 i 国在 k 产品上的比较优势越明显；RMS_j^k 越大，表示 j 国在 k 产品上的比较劣势越明显。若 i 国在 k 产品上的比较优势明显，而 j 国在 k 产品上的比较劣势明显，则两国在 k 产品上的贸易呈互补关系。

贸易互补性指数的特点在于考虑了两国之间贸易商品进出口结构的相似程度，衡量了两国之间贸易商品进出口结构上的互补性。当 $TC>1$ 时，说明两国的贸易互补性强，且 TC 值越大，互补性越强；当 $TC<1$ 时，说明两国的贸易互补性弱，且 TC 越小，互补性越不明显。

本研究中，X_j^k 为新疆 k 类水果出口额，X_i 为新疆水果出口总额，W_x^k 为世界 k 类水果出口额，W_x 为世界水果出口总额，M_j^k 为东南亚 k 类水果进口额，M_j 为东南亚水果进口总额，W_m^k 为世界 k 类水果进口额，W_m 为世界水果进口总额。

二、贸易互补性测算结果

鉴于数据资料的可获得性和一致性，本研究对鲜葡萄、葡萄干、梨、苹果、甜瓜、核桃等新疆主要特色水果出口与东南亚这些水果进口的贸易互补性进行了经验验证和理论分析。

结果显示：新疆与东南亚国家在苹果、梨、葡萄干上存在很强的贸易互补性，鲜葡萄也具有一定的贸易互补性，目前甜瓜、核桃的贸易互补性还没有显示出来，虽然新疆与东南亚在这两种水果生产上存在明显的互补和差异，但贸易很少，潜力还没有挖掘出来（见表6-9）。

表6-9　新疆与东南亚水果贸易互补性指数

	2006	2007	2008	2009	2010
苹　果	17.63	15.46	15.01	14.29	15.60
梨	23.80	21.26	14.40	13.31	12.38
鲜葡萄	0.95	0.75	0.64	0.69	0.87
葡萄干	2.18	2.21	1.55	2.09	1.41
甜　瓜	—	—	—	0.23	0.18
核　桃	0.02	—	0.16	—	—

从新疆与东南亚国家这些水果贸易互补性的差异及变动来看：

苹果一直是新疆与东南亚存在较强贸易互补性的水果，贸易互补性最高，但呈下降趋势，贸易互补性指数由2006年的17.63降至2010年的15.60，但贸易互补性指数远远大于1，具有很强的互补，存在较大的贸易潜力。

新疆与东南亚梨的贸易互补性也很高，也呈下降趋势，贸易互补性指数从23.80降至12.38，贸易互补性趋势在减弱，分析主要原因可能是新疆梨出口相对于世界梨出口比较优势在下降，同时，东南亚梨进口相对于世界梨进口比较劣势在增加。但是，仍然存在很强的贸易互补性，具有很大的扩大贸易的潜力和空间。

新疆与东南亚葡萄干贸易的互补性也较高，贸易互补性指数大于1，也呈下降趋势，贸易互补性指数从2.18波动下降到1.41，仍然具有较强的贸易潜力。

新疆与东南亚鲜葡萄贸易也存在一定的互补性，虽然贸易互补性指数小于1，但多年均接近1，具有一定的贸易互补性。其原因可能是新疆相对于国际市场鲜葡萄出口的比较优势还较小，但相对于东南亚而言，还是具有较大的贸易潜力。

新疆与东南亚甜瓜和核桃贸易的互补性很低，只在个别年份存在贸易关系，贸易互补性指数很低，不足 0.2，贸易潜力还没有被挖掘出来。

第五节　主要结论

(1)新疆主要传统特色鲜水果出口东南亚的依存度较高。各类水果出口东南亚的目标市场不同，对不同目标市场的依存度也存在差异。

新疆甜瓜及哈密瓜 2008 年以来开始出口东南亚，出口依存度最高，几乎接近 100%，也就是说新疆哈密瓜和甜瓜出口完全依赖东南亚市场。目前已出口到马来西亚、泰国、印度尼西亚和新加坡 4 个国家，其中马来西亚是其最主要的目标市场，对其出口依存度达 75%以上，2009 年开始对泰国出口，对其出口依存度达 20%以上。

新疆鲜葡萄出口东南亚依存度很高，达到近 60%，且呈持续增长趋势。目前马来西亚、泰国和越南是新疆鲜葡萄出口东南亚的主要目标市场，新疆鲜葡萄对其出口的依存度分别为 25.71%、11.48%和 17.59%，也均呈增长趋势。

新疆香梨出口东南亚依存度也较高，达 40%以上，但呈波动增长趋势。目前印度尼西亚、马来西亚、新加坡、泰国是新疆香梨出口最主要的目标市场，对其出口的依存度分别为 23.95%、10.35%、4.15%和 1.03%，其中，对印度尼西亚和马来西亚出口的依存度呈增加趋势，而对新加坡和泰国出口的依存度却呈降低趋势。

新疆苹果出口东南亚的依存度很低，还呈降低趋势，依存度从 2006 年的 3.47%降低到 2010 年的 1.78%。虽然新疆苹果已出口到泰国、马来西亚、印度尼西亚、菲律宾以及新加坡和文莱 6 个国家，但出口均较少，除泰国外，对东南亚国家出口的依存度均不足 1%。

(2)新疆干果出口东南亚的依存度较低。出口东南亚的目标市场主要是马来西亚、越南、新加坡，各类干果出口东南亚的依存度也存在差异。

新疆葡萄干出口东南亚的依存度较低，但呈持续增长趋势，依存度从 2006 年的 1%上升到 2010 年的近 5%。主要出口泰国、新加坡和马来西亚，依存度分别为 3.38%、0.86%和 0.47%，也均呈增长趋势。

新疆红枣和核桃出口东南亚很少，只有个别年份有少量出口。其中，红枣主要出口马来西亚和新加坡，但依存度很低，核桃主要出口越南。

(3)新疆鲜葡萄、梨、葡萄干、甜瓜具有较强的出口东南亚的比较优势,其出口比较优势指数均大于 1。也就是说相对于世界平均水平而言,新疆具有向东南亚出口鲜葡萄、梨(主要是香梨)、葡萄干、甜瓜(含哈密瓜)的较强比较优势。新疆苹果没有出口东南亚的比较优势,出口比较优势指数小于 1。

(4)新疆传统特色水果与东南亚国家存在较强的贸易互补性。贸易互补性较强的水果有苹果、梨、葡萄干,其贸易互补性指数分别为 15.6、12.38、1.41。鲜葡萄也具有一定的贸易互补性,贸易互补性指数接近 1。甜瓜和核桃的贸易互补性很低,贸易互补性指数均小于 1,贸易潜力还没有挖掘出来。

第七章

新疆特色水果通过深圳出口东南亚流通渠道及模式

第一节 新疆水果出口东南亚的主要途径

目前，新疆特色水果出口东南亚以葡萄、香梨和哈密瓜为主，此外，苹果和红枣有少量出口。

新疆特色水果出口东南亚主要有三条途径：

一是通过深圳港口出口，途经香港，出口东南亚的马来西亚、印度尼西亚、泰国等国家，即陆路—海港流通渠道。新疆特色水果从产地通过汽车运输（冷藏车运输或常温车运输）至深圳，时间5～6天，再通过港口航运至东南亚，时间5～6天，一般情况下需要10天左右时间。这是新疆特色水果出口东南亚最主要的渠道。

二是通过广西凭祥浦寨口岸进入越南，穿过越南全境后，途经柬埔寨金边，抵达泰国曼谷，进而进入马来西亚和新加坡，即陆路—陆路流通渠道。此路线还可以从河内直接走万象通往曼谷，比曼昆公路节省40公里。从新疆乌鲁木齐到广西南宁汽车运输距离最短约4250公里，需时约63小时，途经成都、重庆、贵阳。从凭祥浦寨口岸到越南需33小时的陆路运输。这一流通渠道与深圳海港出口相比，时间要缩短很多，主要出口越南，进而进入泰国。

三是通过云南昆明中老边境磨憨口岸出口，途径老挝抵达泰国曼谷的昆曼公路，将新疆特色水果运送到泰国、马来西亚和新加坡，也是陆路—陆路的流通渠道。昆曼公路全长1807公里，起于昆明，中国境内长688公里，老挝境内长229公里，泰国境内长890公里。从新疆乌鲁木齐到云南昆明汽车运输距离最短约3850公里，需时约56小时，途经成都，抵达昆明。

第二节　新疆水果通过深圳出口东南亚渠道

深圳港是目前新疆特色水果出口东南亚国家的最主要口岸。深圳港毗邻香港，且被九龙半岛分割为东西两大部分，西部港区南距香港 20 海里，北至广州 60 海里，包括蛇口、赤湾、妈湾和东角头和福永等港区，经珠江水系可与珠江三角洲水网地区各市、县相连，经香港暗士顿水道可达国内沿海及世界各地港口，东部港区包括盐田和沙渔涌、下洞等港区。深圳港口的直接腹地为深圳市、惠阳市、东莞市和珠江三角洲的部分地区，转运腹地范围包括京广和未来的京九铁路沿线的湖北、湖南、江西、粤北、粤东、粤西和广西的西江两岸。

一、香梨出口流通渠道

新疆库尔勒香梨主要出口美国、加拿大和澳大利亚等高端消费市场，也出口新加坡、越南等东南亚国家，然而，二者出口的要求和程序差别很大。香梨出口美国、加拿大和澳大利亚高端市场的出口程序相比出口东南亚国家要复杂，要求更高，出口企业必须要有符合美加认证的出口种植果园，还必须经过“挑选”、“气吹”、“清洗”、“晾干”和“包装”等五道工序的初加工，且要求必须在产地报检。

相比而言，东南亚市场香梨进口标准较低，目前对种植果园和进口标准没有具体要求，对企业出口限制不多，门槛较低，企业出口可以在产地报检，也可以到出口港委托报关。新疆库尔勒香梨出口东南亚主要通过深圳港出口，主要是新疆托普农产品有限公司、库尔勒金丰利冷藏有限公司和新疆源兴农业开发有限公司三家公司出口，对东南亚国家出口规模较大，分别约占其香梨总出口的 20%、50%和 65%。

目前，新疆这三家主要的香梨出口企业均具有自营出口资格，香梨出口东南亚市场均经深圳港，其中库尔勒金丰利冷藏有限公司和新疆源兴农业开发有限公司两家公司经销的香梨出口东南亚，均由其深圳总公司(深圳市金丰利冷藏有限公司和深圳市源兴农业开发有限公司)负责经销，新疆产地公司只负责组织货源，具体流通渠道略有差异。

(1)托普公司经销香梨出口东南亚国家的流通渠道为：公司按照客户(代理商)订单要求，在产地报检(或委托在出口港报检)，委托第三方物流(汽运)运输到深圳港，再委托海运公司报关出口。

(2)库尔勒金丰利冷藏有限公司和新疆源兴农业开发有限公司经销香梨

出口东南亚国家的流通渠道为：由深圳总公司负责与东南亚市场接洽，新疆产地分公司组织货源，并在产地报检，委托第三方物流（汽运）运输到深圳港，或由总公司在出口港委托报关出口。

二、葡萄出口流通渠道

目前，新疆葡萄出口以东南亚市场为主。新疆葡萄出口东南亚除了经深圳港外，还有一部分经云南西双版纳磨憨口岸和广西凭祥市浦寨口岸出口，如呼图壁县惠农农产品保鲜合作社的葡萄以委托代理方式出口，且经由云南西双版纳磨憨口岸和广西凭祥市浦寨口岸出口；新疆伊犁霍城县北山坡葡萄专业合作社葡萄除经深圳港出口东南亚外，也有一部分经广西凭祥市浦寨口岸出口。总体而言，新疆葡萄出口企业规模较小，葡萄出口主要以委托代理出口为主，自营出口较少。

(1)产地企业（不具有自营出口资格的企业或具有自营出口资格的企业）通常（或有时）委托经销商代理出口。即代理经销商获取订单后，与新疆产地企业联系并组织货源，按订单量委托第三方物流运输到代理商所在地（深圳、南宁、云南等口岸），由代理商报关报检出口到东南亚国家。

(2)具有自营出口资格的出口企业，通常通过深圳港出口东南亚，在获得客户订单后，在新疆产地报检，并按订单发货，委托第三方物流运输到深圳港，转关出口。

第三节　新疆水果通过深圳出口东南亚模式

一、香梨出口模式

目前，新疆库尔勒香梨对东南亚国家的出口主要有“东南亚代理商＋新疆产地出口企业”和“东南亚代理商＋深圳总公司＋新疆产地企业”两种模式。

新疆拓普农产品有限公司作为新疆本土企业，经营出口香梨已有多年经验，已在新加坡发展其代理商，为降低出口风险，香梨主要以“东南亚代理商＋新疆产地出口企业”的模式出口，将开拓东南亚市场授予其代理商经销。库尔勒金丰利冷藏有限公司和新疆源兴农业开发有限公司对东南亚国家的香梨出口均为“东南亚代理商＋深圳总公司＋新疆产地企业”的模式。这两家公司分别隶属于深圳市金丰利果品有限公司和深圳市源兴果品有限公司，主要负责产地香梨、哈密瓜、葡萄等农产品的种植、收购及储藏加工等业务，其出口东南亚市场品种、规模、时间、方式等则均由其深圳总公司负责。

二、葡萄出口模式

目前，新疆葡萄出口东南亚的方式主要有："国内出口代理商＋新疆产地（出口）企业"、"东南亚经销商＋国内出口经销商＋新疆出口企业"、"东南亚代理商＋深圳总公司＋新疆产地企业"三种模式。

新疆北疆红提公司规模较大，且出口模式已日渐成熟，葡萄出口东南亚国家模式有"东南亚经销商＋新疆产地企业"和"东南亚经销商＋国内出口经销商＋新疆企业"。霍城县北山坡葡萄专业合作社和呼图壁县惠农农产品保鲜合作社规模较小，葡萄出口东南亚主要以"东南亚经销商＋国内出口代理商＋新疆企业"模式出口。而新疆源兴农业开发有限公司经销葡萄与香梨出口模式相同，即通过深圳总公司出口，其模式为"东南亚代理商＋深圳总公司＋新疆产地企业"。

第四节　新疆水果通过深圳口岸出口东南亚的流通企业

深圳源兴果品公司经销的库尔勒香梨有50%左右出口，其中出口香梨的80%是出口到东南亚国家。公司经销的新疆葡萄有20%左右出口，且也以出口东南亚国家为主。公司经销的哈密瓜和苹果出口均较少，出口分别占不到5%和10%，以供我国香港地区为主。

深圳鑫荣懋公司经销的新疆哈密瓜、红提葡萄主要出口东南亚国家，而经销的库尔勒香梨除以出口东南亚国家为主外，还对美国和加拿大有少量出口。经销的新疆红提葡萄和香梨以出口为主，出口分别占其经销量的60%和50%，哈密瓜出口较少，仅占经销量的20%，

敦成丰农产品公司经销的新疆水果的80%均用于出口，且以出口东南亚国家为主。其中，经销的新疆哈密瓜的出口量占到经销量的90%以上，主要对东南亚国家的泰国出口，占出口的70%左右。经销的新疆红提葡萄出口量占红提葡萄出口总量的50%左右，也主要出口泰国。经销的库尔勒香梨销售也以出口为主，主要出口到东南亚国家和美国。

第八章

新疆特色水果通过广西出口东南亚流通渠道及模式

第一节 新疆水果进入广西市场状况

一、主要批发市场与超市

广西水果批发市场主要有南宁的海吉星国际农产品物流中心、南宁金桥农产品批发市场等一级批发市场，以及各地市县的二级和三级批发市场。超市主要有华联超市、沃尔玛超市、华润万家超市、大润发超市等连锁超市。

1. 广西南宁海吉星国际农产品物流中心

广西南宁海吉星国际农产品物流中心始建于 2008 年，是一家汇集水果、蔬菜、食糖、茧丝、粮油、副食品等多类农产品，集交易、加工、配送、进出口贸易、电子商务、会展服务等多功能为一体的区域性一级批发市场，其目的旨在建成西南地区最具影响力的兼具进出口功能和会展功能的中转型农产品批发市场。

该市场地处广西南宁市江南区，位于南宁市向南连接广西各个沿海港口城市及口岸城市的重要节点位置，已被列为广西重点向南、连接东盟的支柱物流业发展项目。总占地面积 620 亩，计划分三期建设，其中一期已于 2010 年 9 月运行，目前，鲜水果交易区已建设完成，设计容量 1 万吨的冷库已建成 3000 吨，市场内餐饮、住宿等配套设施建设也基本完成。

该批发市场在每个交易档口或门店均设有电子终端交易设备，买卖双方不仅可以进行网上终端交易，还有利于市场管理，进行水果销售信息统计和质量追溯，而且提供的各种统计信息，能为市场内经销商户的经营方向提供参考。

该市场水果交易区以鲜果交易为主，主要有进口水果、南方水果和北方水果等功能分区。进口水果主要来自东南亚、美国、新西兰等国家，南方水果主要是海南、云南以及广西本地的应季水果，而北方水果包括苹果、鲜梨、香梨、葡萄、哈密瓜等温带水果。

市场建成后，鲜水果日均销售量1600～1800吨。2011年6月份以来，批发市场水果销量有明显增加，日均销售量2660吨左右。市场内水果的销售旺季在春节和中秋节前后，日均销售水果可达5660吨。

该市场经销的新疆水果有哈密瓜、葡萄和香梨，其中，哈密瓜的销售量很大，春节和中秋两个节日期间，哈密瓜的销量占本市场水果总销量的3%～4%。更重要的是，市场中专门建设有新疆哈密瓜交易大厅，方便32吨大型平板车直接进出，进行哈密瓜交易。

市场内建有专门的东南亚水果交易区，位于市场进口处的最显眼位置，是该市场最重要的进口水果分区。香蕉、芒果、柑橘、龙眼、火龙果、山竹、榴莲、荔枝等东南亚水果应有尽有，每年从东盟进口水果近20万吨。

2.南宁金桥农产品批发市场

南宁金桥农产品批发市场项目于2006年经广西壮族自治区发改委批准立项，规划占地1474亩，后调整到600多亩。目前在规模上属西南地区面积最大的农产品批发市场，是广西首个大型农产品加工物流园区，也是南宁市首个一站式数字化运作农产品批发市场。市场采取批发市场交易、大宗物流、农产品深加工、城市配送以及农产品网络交易模式相互结合的经营方式，建设目标为致力打造成为南宁首个将净菜集中配送、农产品大宗物流及网上交易等多种流通模式相结合的现代农产品流通平台，将建成立足广西、服务全国、辐射西南、连接东盟的大型农产品综合批发市场。

市场建设项目由五个完整地块和区域构成，其中，一号地块为核心区，建有水果交易区、粮油交易区、干杂交易区、综合展销区、广西土特产交易区、东盟土特产交易区、台湾农产品交易区、综合服务区等八大业态区域。二号地块将建设交易大棚、大型冷库、加工车间、配送车间等，以大宗农产品批发、冷链服务、仓储服务、农产品加工、物流配送、东盟农业商务对接服务等功能定位，与一号地块形成前店后厂、相互支撑的市场格局。三至五号地块规划为大型仓储、冷库、农产品加工、畜禽屠宰、分割、加工等，由于政府规划调整，目前该地规划也在做相应的调整。

市场建设分二期进行，一期占地227亩，累计总投资8亿元，于2011年7月份已完成一期所有基础设施及配套设施建设，完成了包括电子商务网站、商铺及物业管理、结算中心收费管理、停车场管理、物流配送、仓储管理、办公自动化的金桥农产品信息系统的建设，并于2011年7月10日开园试营业。

市场二期323亩建设已于2011年7月29日成功揭牌，于2012年上半年完成建设并投入使用。

金桥农产品批发市场的主要特点：一是充分利用现代网络信息系统，有效整合各种资源，建设有专业的电子商务网站，用于交易信息发布与内部信息管理，将终端消费者同经销商联系在一起，直接交流供求资讯、信息。同时，将实体批发市场复制到网络，建成网上批发市场，将生产、批发、零售以及结算等环节付诸网络，减少交易时间和成本。二是金桥农产品有限公司的大股东为广西五洲交通股份有限公司，具有完整的物流设施和设备，在经销水果中具有能自主经营的物流优势。三是建有东盟农产品展销中心，可以用以举办多种形式的农产品推介会、洽谈会，把展会和市场交易高度集中到展销中心，为进口商和出口商提供"零距离"的对接平台，很大程度上能减少中间流通环节。

市场水果交易区以南方水果为主，由于计划建设的5万吨大型冷库、交易大棚、高标准仓库等尚未建成，北方水果经销商户多在新疆或其他产地建设和租赁冷库存货，北方水果库存及销量均比较小。随着二期建设的完工，市场内销售的北方水果品种和销量将不断增加。目前经销的新疆水果有香梨、葡萄和哈密瓜。

3. 北海水果市场

北海水果市场位于北海市，是广西的一个二级批发市场，是金癸房地产公司投资建造的一座现代化水果交易城，占地27亩，有150多间商铺，配备有大型停车场、冷库和先进的信息网络，各种各样高、中、低档水果琳琅满目，在市场内可以完成与全国各大水果市场的交易，是目前北部湾地区规模最大、功能最齐、交通最便捷的水果交易中心和集散地。

北海水果市场经销的水果种类丰富，除了本地产水果外，还有很多北方水果，特别是西北地区的水果，占据了市场很大一部分店面，经销的北方水果主要有天山雪梨、库尔勒香梨，新疆红提、新疆哈密瓜，山东苹果和雪梨，陕西枣等。

该市场经销的所有新疆水果均从南宁一级批发市场采购，通过汽车运输至该市场，进行批发或零售。

4. 沃尔玛超市

沃尔玛百货有限公司由美国零售业的传奇人物山姆·沃尔顿先生于1962年在阿肯色州成立。经过四十多年的发展，沃尔玛百货有限公司已经成为美国最大的私人雇主和世界上最大的连锁零售企业。沃尔玛于1996年8月在深圳开设了中国第一家沃尔玛购物广场和山姆会员商店。目前已在全国开设了100多家商场，广西有四家，其中，南宁两家，桂林一家，钦州一家。

广西沃尔玛超市水果由深圳鑫荣懋公司配送，每周进货一次，以国产水果为主。其中新疆水果有哈密瓜、葡萄、香梨和红枣。由于新疆水果在广西市场的销量有限，"农超对接"的进货渠道采用较少，只占超市水果采购量的20%左右，80%以上从当地批发市场直接采购。目前超市已在新疆设立或认证了水果基地，包括和田红枣基地，乌鲁木齐和博乐红提基地等。

广西沃尔玛超市果蔬副食品的销量占超市总销量的40%左右，其中，水果占果蔬副食品总量的45%。由于新疆水果在超市的销售才刚起步，故新疆水果的销售量还不大，在超市水果销量中所占比重也小。

5. 华联超市

北京华联集团投资控股有限公司成立于1996年，是目前中国规模最大的大型连锁商业集团之一。已在全国开设120多家门店，包括大型综合超市、精品超市、百货店、普通卖场等。1998年12月6日，在广西南宁开设第一家门店——北京华联广西南宁江南店，现广西已有华联超市分店13家。

超市经营模式致力于果蔬产品从田间直接采购，将农民变成其员工，实现从源头采集到销售的最少环节。2010年10月，在南宁成立配送中心，实行统一配送管理。

超市销售的新疆鲜果有哈密瓜、香梨和葡萄，干果有红枣、葡萄干。香梨、葡萄、红枣、葡萄干等均采用总部配送，即广西各地华联超市首先根据各自销售需求拟定销售计划，由总部按要求进行统一配送，其中一些销量不大的产品或门店则可以直接从当地批发市场进货。南宁该超市经销的新疆葡萄的40%，香梨的40%左右和全部红枣及葡萄干均由总部配送，配送不足的部分，以前从广州批发市场进货，现在主要从南宁海吉星等一级批发市场采购。超市经销的新疆哈密瓜尚未采用总部配送，但已准备于2012年开始配送。

超市经销的水果仍以广西当地水果为主，新疆水果销量小。南宁该超市香梨每年销售量在30吨左右，红枣可达10吨左右，葡萄干在30～40吨。在销售旺季(春节期间)，为促进水果销售，超市常举办水果节，但还没有举办过专门推广和宣传新疆水果的促销活动。

6. 华润万家超市

华润万家有限公司是中国最具规模的零售连锁超市企业之一，是香港规模最大、实力最雄厚的中资企业集团——华润(集团)有限公司旗下一级利润中心，公司发展战略有区域战略、扩张战略、业态战略和品牌伞和独立品牌战略，"太阳花"品牌伞下是由区域购物中心、大卖场生活超市、生鲜超市和便利超市。旗下拥有华润万家、苏果、欢乐颂、中艺、华润堂、Ole'、Blt、Vango、Voi_la!、Leonardo、VivoPlus、Pacific coffee 等多个著名品牌，其中超市业务已连续多年位居中国连锁超市第一位。

目前，华润万家的业务发展区域遍布华东、华南、华北、西北、东北、中原以及香港等 27 个省市区，100 多个重点城市。2010 年实现销售 718 亿元，全国门店总数超 3200 家，员工人数达 18 万。

华润万家超市在全国实行超市直采、生产基地直供的"农超对接"模式，与产地企业建立专供基地。目前，华润万家已在新疆建立四个"农超对接"水果种植基地，分别为红旗坡苹果、香梨、红提基地以及五家渠火焰无核红提基地。新疆水果进入华润万家超市由专门的水果经销企业供货，南宁该超市的鲜、干水果全部由南宁佳品良工贸有限公司供应。

超市销售的新疆水果有哈密瓜、香梨、红提干和绿提干、巴旦木、哈密枣。

7. 大润发超市

大润发(RT-MART)是由台湾润泰集团于 1997 年创立的超市品牌，具体由大润发流通事业股份有限公司负责经营。大润发从 1998 年 7 月份在上海市共和新路开出了第一家门店闸北店后，目前已经在内地设立了华东、华北、东北、华南和华中等 5 个大区，截至 2010 年 12 月 31 日大润发在华内地门店总数达到 143 家。其中，广西地区 2 家，分别位于北海和柳州。

与沃尔玛、家乐福等外资零售企业各下属门店遵循统一的标准不同，为了贴近市场，大润发的经营模式介于美式中央集权体系和欧式以门店为主的模式之间，采取"均权制度"，该集权的由总部集权，该由门店做主的由门店拍板。例如商品价格、集中采购由总部集权，但又保持相对的弹性，如若竞争对手出现低价，各店总有权自己更改价格，快速决策。

该超市销售的新疆水果有哈密瓜、香梨、红枣、葡萄干和巴旦木。其中，哈密瓜有天山蜜瓜、白兰瓜、伽师瓜等。红枣种类和品种丰富，包括永福元系列红枣、和田玉枣、和田天枣、新疆骏枣、大山和若羌枣等，销售旺季在春节和中秋前后。

该超市经销的新疆鲜水果主要从南宁批发市场采购，干果主要通过外地经销商从产地采购、经深圳、上海、山西、等地分级、筛选、加工、包装后，配送至该超市销售。

二、经销品种

在广西市场上经销的新疆特色水果仍以传统鲜水果为主，包括哈密瓜、红提葡萄、库尔勒香梨。其中，哈密瓜有八六王、黄八六、天山蜜瓜、白兰瓜、伽师瓜、金凤凰等，主要是八六王。

同时，广西市场上销售的新疆干果有红枣、葡萄干和巴旦木，没有核桃等其他干果。新疆红枣有哈密大枣、和田玉枣、若羌红枣、阿克苏红枣、且末红枣等多个品牌；葡萄干有红提干和绿提干，有红玫瑰、绿香妃、黑加仑等品牌。

三、销售季节

新疆鲜水果在广西市场上的销售呈现出明显的季节性特征，尚未实现全年销售。其中，香梨除 8 月份外，基本可以实现全年销售，新疆哈密瓜和葡萄销售时间短，具有很强的季节性。哈密瓜的销售季节为 6—10 月，其中 8—9 月为销售旺季；葡萄销售季节为 8—10 月，其 9—10 月为销售旺季，到 10 月底广西市场上新疆葡萄已处于下市阶段。

新疆干果在广西市场上均可实现全年销售，其中春节和中秋期间是销售旺季。

四、经销渠道

新疆特色水果进入广西市场主要通过广西批发市场传统的流通渠道集散，也有一部分通过超市配送，其中批发市场起着主导作用。

1. 鲜果购销渠道

目前新疆鲜水果进入广西市场的渠道正在形成，参与者众多，农户、基地、生产企业、经销商、批发市场、各类零售商、消费者等诸多主体，构成了以批发市场多环节流通为主的流通渠道。

新疆鲜果（香梨、鲜葡萄、哈密瓜）进入广西市场的流通渠道主要有三种：

一是广西南宁批发市场的经销商从新疆产地收购，主要从产地农户、基地和产地企业处采购，再由南宁一级市场批发至广西各地市二级批发市场销售。其中，一些香梨经销商还在产地租用或投资建冷库，储藏香梨，并根据广西市场销量和订单适时运送至南宁市场。而且南宁海吉星批发市场经销商在新疆伊犁霍城有红提基地，与种植大户联合经销。

二是广西超市从当地批发市场直接采购新疆水果。如南宁沃尔玛超市库尔勒香梨的 50%、新疆鲜葡萄的 80%，是从当地批发市场采购进货的；华联超市香梨的 50%～60%、新疆鲜葡萄的 50%以上，也均从当地批发市场采购；北海大润发超市经销的新疆水果则全部从当地批发市场采购。

三是超市总部配送。目前超市模式经销新疆水果在广西比较滞后，超市经销的一半以上的新疆鲜水果均从当地批发市场采购进货。华联超市销售香梨的 40%、新疆鲜葡萄的 40%左右，由总部配送；沃尔玛超市新疆鲜葡萄的

20％、香梨的50％由深圳鑫荣懋公司配送，而且配送量在减少。

此外，南宁金桥农产品批发市场的一些商户还以电子网络（南宁水果网）为媒介，与新疆水果经销企业或经销商户对接，直接从产地采购新疆葡萄进入南宁批发市场。

2. 干果购销渠道

目前新疆干果在广西市场主要通过超市流通渠道销售。同鲜水果相比，广西干果市场体系极不成熟，没有干果批发市场，干果集散中心和市场也尚未形成。消费者消费能力很低，对新疆干果认知也不足。因此，广西市场上新疆干果的购销体系是较为单一的"超市主导型流通模式"。

目前进入广西市场的新疆干果主要由外地水果经销商从新疆产地采购，通过第三方物流，运至深圳、上海、山西、河南、杭州等地进行分级、加工、包装，然后进入广西超市。也有一少部分由新疆产地企业加工，通过外地代理商进入广西超市。

（1）红枣

新疆红枣在广西市场主要通过超市销售，流通渠道有三种：

一是外地经销商在新疆产地采购，委托第三方物流，将红枣运输到上海、深圳、河南、山西、南宁等地，进行初级加工，经过分级、筛选、包装后，再运输到广西各大连锁超市销售。超市中销售的新疆红枣均为袋装，产地基本上标注为新疆，而生产厂商（或加工商）均为外省市加工，这是新疆红枣进入广西市场的主要渠道。如北海大润发超市经销的新疆红枣，加工地（生产或制造厂商）为上海、深圳、河南和山西等地；南宁华润万家超市销售的哈密枣，由南宁佳品良工贸有限公司加工。

二是超市总部配送。即超市总部供应商直接从产地采购，经分级、筛选、包装等初级加工处理后，配送至广西市场超市。南宁华联超市红枣全部由总部配送，并拥有自主红枣品牌"事农雪枣"，有袋装和单果独立包装等产品。沃尔玛超市自主红枣品牌"惠宜"，超市总部在和田设红枣基地收购，在陕西延川县兴盛红枣开发有限责任公司进行筛选、分级、包装，然后配送至广西超市。

三是新疆产地企业生产和收购红枣，并进行分级、筛选、包装后，用自有品牌，然后通过代理商，将产品分销至广西各地超市，这种模式较少。新疆西圣枣业有限公司生产的自主品牌"西圣红枣"，在若羌加工、包装后，由深圳永福元公司作为代理商将其产品销售销售至北海大润发超市。

（2）葡萄干

新疆葡萄干在广西超市以散装销售为主，主要是广西经销商在新疆吐鲁番地区收购，并在产地筛选、分级后，再运输到广西超市。另外，也有少量袋装葡萄干在超市销售，如北海大润发超市销售的袋装新疆葡萄干，由上海大山合集团生产销售。

(3)巴旦木

新疆巴旦木在广西超市销售的较少，主要由外地经销商从产地农户、经销企业或批发市场采购，再通过广西各地超市销售。北海大润发超市经销的新疆巴旦木，加工地和企业在杭州；钦州华润万家经销的新疆巴旦木由南宁佳品良工贸有限公司生产和经销。

五、经销模式

1. 鲜水果流通模式

"批发市场主导型流通模式"即以广西批发市场为核心节点经销新疆特色水果。这种传统的农产品市场流通模式也是目前新疆水果进入广西市场的主要形式。南宁是新疆特色水果进入广西的重要节点和枢纽。南宁作为广西的首府和经济中心，也是广西的物流枢纽，凭借其优越的经济区位、便利的物流通道网络和完善的物流基础设施，依靠广阔的物流腹地和宽裕的物流市场，担负着大宗物流中转和换装功能。目前，新疆特色水果进入广西市场主要依托南宁的农产品批发市场，逐级批发销售，正在形成以批发市场为核心的新疆特色水果在广西的销售体系。即新疆特色水果首先进入南宁金桥农产品批发市场和海吉星农产品国际物流中心等一级批发市场，再分流扩散到广西各地市的二级批发市场，进行批发和零售销售。即一级批发市场的采购商从新疆产地采购、二级批发市场从南宁一级批发市场采购、再在各地销售因此，基于批发市场的供应渠道模式，即批发市场主导型流通渠道，是新疆特色水果进入广西市场的最主要渠道。

新疆鲜水果进入广西市场的流通模式有三种：

(1)新疆水果生产者(农户、基地或生产企业)＋经销商(新疆、广西或其他地区经销商)＋广西批发市场(一级批发、二级批发)＋广西零售终端(零售商、超市、社区便利店等)

(2)新疆水果生产者(农户、基地或生产企业)＋产地批发市场＋经销商(新疆、广西或其他地区经销商)＋广西批发市场(一级批发、二级批发)＋广西零售终端(零售商、超市、社区便利店等)

(3)新疆水果生产者(企业基地或超市认证基地)＋大型连锁超市供应商＋超市总部(深圳、北京等)＋广西超市门店

2. 干果流通模式

"超市配送辅助型流通模式"。"农超对接"作为一种新型的现代商品流通

模式，水果从分散的农户通过供应商直接到达零售终端，流通环节少，渠道短，有利于降低交易成本，控制水果的品质和质量，具有很好的发展前景。目前广西超市如沃尔玛、北京华联、华润万家等大型连锁超市，以及当地区域型超市如北海大润发超市、钦州商业大厦生活超市等，均经销新疆特色水果。这些超市主要从当地(南宁)批发市场采购新疆特色水果，不同于广州、深圳等大城市通过超市总部配送为主的模式，此外，还有一部分由当地水果供应商补货。"农超对接"的新型购销渠道和模式还没有形成，超市对新疆水果的宣传和推介也远没有开展和挖潜，新疆水果的优势和特点在广西还没有通过超市直销的形式发挥和表现出来。

新疆主要干果进入广西市场的流通模式：

新疆干果生产者(农户、基地、企业)＋超市总部采购＋配送至广西超市

新疆干果生产者(农户、企业)＋外地经销商(上海、深圳、河南、山西、南宁等地)分级包装＋广西超市

新疆干果生产者(农户)＋经销商或代理商＋广西超市

六、市场价格

新疆特色水果进入广西市场的渠道尚不完善，水果市场价格发现和形成仍依靠批发市场和连锁超市，其价格呈现出明显的规律，具体表现在：连锁超市的零售价普遍高于批发市场的批发价；二级批发市场的批发价均高于一级批发市场；新疆特色水果批发和零售价整体上要高于其他产区同类水果。

1. 鲜果市场价格

通过对广西市场上不同环节水果销售价格调查，发现库尔勒香梨在批发市场的批发价和大型连锁超市的零售价差距较大，其次是葡萄。哈密瓜批发价和超市零售价差距较小，新疆哈密瓜与海南哈密瓜在超市的零售价差距较大。

新疆香梨在大型连锁超市的零售价与批发市场的批发价差距较大。大型连锁超市的零售价为6.98～8.8元/斤，是批发市场批发价(5.0～7.5元/500g)的1.2～1.4倍。与其他省区的梨相比，库尔勒香梨在超市的销售价均高于其他梨(陕西红香梨、山西贡梨等)。

调查时(2011年10月20日)，新疆葡萄在市场上销售已处于尾声，只在批发市场有少量新疆葡萄销售，价格在5.5～9.0元/500g。其中，红提批发价为7.5～9.0元/500g，比桂林葡萄高出15%～20%。

广西超市销售的新疆哈密瓜品种较多，有天山蜜瓜、伽师瓜、白兰瓜、金凤凰等，零售价在3.80～4.8元/500g不等，高出广西批发市场中新疆哈密瓜批

发价的20%左右。批发市场中新疆哈密瓜的批发价约3.5～4.0元/500g，而海南哈密瓜批发价只有1.5～2.5元/500g，比新疆哈密瓜价格几乎低一半。

(二)干果市场价格

新疆干果在广西市场主要通过超市销售，价格均比较高，且不同品牌的价格差距也较大。

广西市场连锁超市经销的新疆葡萄干以散装为主，价格差距较大，零售价12.0～39.8元/500g不等。其中，绿香妃葡萄干39.8～40元/500g，黑加仑19.8～20元/500g，红玫瑰17.8～18元/500g。袋装葡萄干价格也较高，大山珍品葡萄干零售价9.8～10元/袋(300g)。

同广西超市经销的宁夏、河北、河南等的红枣相比，新疆红枣种类多，价格也高，零售价在每500g几十元到一百多元不等。其中，和田天枣30元/袋(500g)左右，西圣红枣39.8元/218g，新疆骏枣60元/袋(500g)左右，大山合若羌枣70元/袋(500g)左右，永福元系列红枣(若羌和且末枣)的价格在48.8元/袋(400g)～79.8元/袋(600g)之间，楼兰系列红枣价格为84～88元/袋(500g)，和田玉枣在33～98元/500g不等，事农雪枣系列价格为89～129元/袋(500g)。相比其他产区红枣零售价很低，均在10～20元/500g之间，其中，宁夏枣价格在10～20元/袋(300g)之间，河北沧州红枣10～15元/500g，河南黄河滩枣15元/500g左右。

新疆巴旦木在广西超市的零售价在28～48元/500g之间。

第二节　新疆水果通过广西出口东南亚渠道及模式

一、出口的主要国家

广西地处中国与东南亚两大区域的接合区，是联结我国华南地区和中南半岛的纽带。广西是大湄公河次区域合作的中方参与者，为中南半岛国家与中国华南地区开展合作架起了陆地及海上的合作桥梁，直接沟通中国、越南、老挝、泰国等4个国家，并辐射到东南亚的缅甸和柬埔寨。广西隔海与东南亚海上国家相望，沿海港口与菲律宾、文莱、新加坡、马来西亚、印尼相联系。

目前，新疆水果通过广西出口东南亚国家的越南和泰国，对老挝和柬埔寨也有少量出口。

二、出口口岸

1. 口岸发展与建设状况

广西作为中国面向东南亚开放合作的门户，拥有防城港、百色、崇左 3 个边境地级市和 8 个边境县(市、区)与越南广宁、谅山、高平 3 个边境省接壤，共有 25 个口岸。其中，有东兴、友谊关、水口、龙邦 4 个公路一类口岸和凭祥铁路一类口岸，防城港、北海港、钦州港(含果子山港)、江山港、企沙港、石头埠港 6 个沿海一类口岸，梧州、贵港、柳州 3 个内河一类口岸和桂林、南宁、北海 3 个航空一类口岸，还有防城区峒中、宁明县爱店、凭祥市平而、龙州县科甲、大新县硕龙、靖西县岳圩、那坡县平孟等 7 个二类口岸和里火、叫隘等 25 个边民贸易互市点，以及 200 多个非口岸主要通道，口岸资源十分丰富。

广西陆路口岸全部与越南相通，沿边地势比较平坦，公路和铁路沿线经济比较发达，沿海的防城港市、钦州市、北海市与越南的广宁、海防、太平等 10 多个省市隔北部湾相望。因此，国内货物出口越南进而至东南亚，以及东南亚货物经越南进入国内，通过广西最为便利。

2. 凭祥口岸

在广西诸多口岸中，凭祥的地理位置和交通条件最优越，它处于中越国际铁路和国际公路的接口处，可经南凭铁路和 322 国道联结南宁、柳州和桂林等主要城市，辐射广西经济最发达的腹地，还可通达京、沪、穗、汉等国内主要城市。由于其位置优越、交通便利、腹地广阔、经济发达，因此也成为广西最重要的内联外引的物资转运口岸，列为国家一类口岸和国际联动边境站，在广西各口岸中起到桥头堡作用。

凭祥建有三个口岸，即凭祥铁路、友谊关公路两个国家一类口岸和一个平而关(公路兼水路)国家二类口岸。另外，市内还建有弄尧、平而、油隘 3 个边民互市点和浦寨边境贸易区。来自全国 28 个省(市、自治区)的布匹、五金机电、农用机械、陶瓷、食品、水果、日用百货等 150 多种(类)商品通过凭祥出口远销到东南亚各国。同时，东南亚国家的木材、中草药、香蕉、荔枝、螃蟹等农副土特产品和锰、铬等有色矿产品约 60 多种(类)商品，也从凭祥口岸进入到我国各地。

目前，随着凭祥口岸设施建设的日趋完善及通关环境不断优化，从凭祥口岸进出口水果数量不断增加，近年来每年从凭祥口岸进出口东南亚国家水果量达 100 万吨，成为我国与东南亚国家水果进出口贸易最大的口岸。这里四季都有东南亚国家优质水果销往全国各地，水果进口量约占全国进口水果总量的 15%。同时，这里也是广西水果出口东南亚，与东南亚热带水果进行产业及产品间贸易的主要通道。特别是我国西北和华北的温带水果，也从这里出口越南和东南亚，新疆特色水果通过广西进入东南亚也主要依赖凭祥口岸。

浦寨边境贸易区地处凭祥市内，越南对应贸易区为新清，即浦寨—新清边境贸易区，现已实现区内人员自由流动，货物自由进出和货币的自由兑换，是目前中越边境线上规模最大的边民贸易区。每年有大量的温带水果通过浦寨出口越南及东南亚，新疆水果通过广西出口东南亚基本上都要经过浦寨。

三、运输通道

广西通过海、陆、空等多种通道连通东南亚，交通极为便利，但由于海上运输时间长，运输速度慢，途中有遭遇台风、暴晒、船只保鲜设备损坏等风险问题，加上空运费用高昂，铁路轨道不统一（中国为准轨铁路，新、马、泰、老、柬为米轨铁路，越南米轨、准米套轨均有），故目前广西水果进出口均通过公路通道运输。

公路通道以南宁为枢纽连接越南及其他中南半岛国家。连接越南的主要公路干线有 3 条：

南宁—东兴—芒街—下龙湾—河内公路；

南宁—友谊关—谅山—河内公路；

南宁—龙州—水口—驮隆—高平—河内公路。

广西境内的南宁—友谊关、南宁—防城港为高速公路；防城港—东兴为一级公路，崇左—龙州为二级公路，龙州—水口为一级公路。越南境内友谊关—河内—胡志明市的 1 号公路为二级以上的公路；芒街—河内、驮隆—高平—河内为三级以上的公路。另外，通过越南 1 号公路可以与柬埔寨对接，1 号公路还连接越南的 6 号、9 号、12 号等公路与老挝、泰国的公路系统对接。老挝已经有万象—廊开、沙湾拿吉—穆达汉两座大桥与泰国连接。

目前南宁连接曼谷的公路，到越南后有两条线路经老挝到曼谷，分别为：

南宁—河内—荣市—他曲/那空帕侬—曼谷公路；

南宁—河内—东河—老保口岸—沙湾拿吉口岸—穆达汉口岸—孔敬—曼谷公路；

第一条南宁经老挝他曲/泰国那空帕侬口岸到曼谷 1769 千米，不仅越老段公路等级低，路况差，而且老泰段要在湄公河上靠渡船连通，极不便利。

第二条南宁经东西走廊到曼谷 1900 多千米，公路等级较高，设施相对完善。东西走廊指南宁—河内—东河—老保口岸—沙湾拿吉口岸—穆达汉口岸—孔敬—曼谷通道。从南宁到曼谷约 30 小时车程，其中，南宁—友谊关约

179 千米，为高速公路，行车 2.5 小时；友谊关—河内约 170 千米，为一级公路和二级公路，行车 3 小时；河内—东河约 580 千米，为二级公路，行车 11 小时；老保口岸—沙湾拿吉口岸—穆达汉口岸约 240 千米，为二级公路，行车 3 小时；穆达汉—孔敬约 250 千米，为一级公路，行车 3 小时；孔敬—曼谷约 450 千米，为一级公路，行车 5 小时。

目前，该通道是南宁—曼谷最畅通，最便利的公路通道，中国水果通过广西出口东南亚，以及泰国、越南等国家水果进入中国，均通过此陆路通道。

四、出口渠道

新疆水果（香梨、鲜葡萄、哈密瓜）通过广西出口东南亚主要依托广西批发市场出口商或水果出口企业经销。其中，中国—东盟博览会是最主要的对接平台，南宁农产品批发市场是重要的流通环节，如泰国领事就曾亲自带领本国水果进出口商来南宁金桥农产品批发市场举行采购会和展销会。

新疆水果通过广西出口东南亚主要依托凭祥陆路口岸，出口至越南境内均要换装越南车辆。目前，新疆水果通过广西出口东南亚的渠道主要有三种：

一是广西批发市场水果经销商从新疆产地收购，主要从农户、基地和产地企业收购，委托第三方物流或自营物流，将水果运至凭祥浦寨，委托代理商报关报检，办理通关手续后出口。广西海吉星农产品批发市场内的水果出口较多采用这种渠道。目前水果进出口商之间的对接方式主要分两种：一种是东南亚水果进口商到广西批发市场采购；另一种是广西批发市场出口经销商根据东南亚经销商要求，在产地组织货源，直接配送到凭祥口岸出口。

二是新疆水果生产或出口企业按照代理经销商的要求组织货源，委托第三方物流将产品运至代理商所在地——广西凭祥口岸，由代理商报关报检，出口到东南亚国家。目前，新疆水果出口东南亚的报关方式分三种：(1)属地报关，海关监管车辆运输，即新疆水果出口企业在属地报关，采用统一的海关监管运输车辆将水果运至广西口岸转关出口，新疆与广西海关互认查验结果，如果海关封条完好，一般不再查验。(2)属地报关，非海关监管车运输，出口地查验放行。如果企业属信誉较好的 A 类企业，只进行抽检。若非 A 类企业，则查验较为严格。(3)出口地报关，即新疆水果出口企业委托第三方物流，将水果运至广西口岸，委托代理商报关报检或自营报关出口。

三是东南亚水果进口商与新疆水果出口企业直接联系，属地报关或出口地报关，由新疆水果出口企业委托第三方物流运至广西凭祥口岸，出口至东南亚。这一渠道最短，中间环节少。

五、出口模式

目前，新疆水果通过广西出口东南亚的模式仍是传统的“松散型出口模式”。即在水果出口供应链中，上下游各环节之间均为简单的买断关系，上游环节将水果销售至下游环节后即退出该次流通，由下游环节自主经营、自负盈亏，各环节之间关系松散，没有形成利益均沾、风险共担的一体化的利益联盟。

出口模式如下：

(1)东南亚水果进口商＋国内水果出口经销商(广西批发市场出口商及其他出口企业)＋新疆水果供应主体(新疆产地农户、基地或生产企业)

(2)东南亚水果进口商＋新疆水果生产企业或经销商

六、新疆水果出口东南亚流通中存在的问题和障碍

1.生产分散，缺乏核心批发市场集聚

近年来虽然新疆水果种植面积增长速度很快，“三大”基地布局已基本形成，但由于新疆辽阔的地域面积和被沙漠分割的绿洲空间分布，总体而言，种植比较分散，又没有大型产地批发市场，缺乏集聚功能和作用，外地经销商来产地采购受地域分散、空间跨距大的困扰，不仅增加了经销商收购果品的成本，而且也制约了“公司＋基地”以及“农超对接”模式的规模化运作，甚至基地种植标准化和规范化生产也很难全面实施，进而制约了新疆果品质量的提升。

2.远离东南亚消费市场，流通成本较高

新疆距东南亚国家路途遥远，运距太长。从乌鲁木齐到深圳约4728公里，距南宁4868公里，距昆明4126公里，通常从新疆产地汽运到深圳和南宁需要5～6天时间，然后通过深圳水运到东南亚国家需要5～6天，通过广西凭祥、浦寨口岸出口到越南，如果报关或查验通畅，也需要33个小时，而且中间还需要转关、转运，无论是陆路转陆路出口，还是陆路转水路出口，都要通过中间多个环节的搬运、装卸、再包装以及报关或者海关查验等问题，这给水果保鲜、保质提出了很高要求，不仅增加了流通成本，而且损耗和损失也较大。同时，产地农户或企业为了减少损失通常在水果七成熟左右采摘，也降低了水果品质和甜度。此外，在深圳港出口时，需要将水果从汽车搬运到海运集装箱中，从广西出口还要换装越南的运输车辆，甚至有时还需要简单再包装，这既增加中间成本，还会增加损耗。

3.新疆产地企业发展滞后，开拓市场能力不足

新疆本土经营水果出口企业发展滞后，在新疆特色水果营销和出口等方

面能力明显不足，很难开拓市场。目前新疆产地的农产品出口企业基本上都是一些外地企业或经销商的供货商或产品基地，其产品出口也基本上都是依托外地代理商经销，新疆本土企业没有自己去开拓市场。而且，新疆本土企业规模整体偏小，体制也不健全，在质量体系、员工培训、产品溯源、自检自控和加工过程卫生控制等方面与国内大型水果企业存在很大差距，很难与国外经销商建立稳定的贸易往来关系，水果主要以委托代理商的方式出口，致使新疆水果产后市场附加值大部分流向中间环节的流通企业或代理出口商。

4. 东南亚国家进口水果门槛低，市场竞争激烈

目前东南亚国家水果进口检验检疫门槛低，市场竞争激烈，甚至存在恶性竞争。表现在：一方面由于门槛低，世界各国对东南亚出口水果的竞争较激烈；另一方面，中国—东盟自由贸易区的全面建成，以及逐步实施的零关税政策，在给中国水果出口东南亚带来便利的同时，也导致中国水果在东南亚水果市场竞争较激烈，甚至存在国内水果出口商恶性竞争的问题。新疆水果出口东南亚不仅要面对国内其他产区同类产品的竞争，还需面对新疆水果出口经销商间的竞争，这给新疆水果出口东南亚市场带来障碍和困难。

5. 转关查验和异地报检程序复杂

虽然我国海关已于 2006 年 9 月 1 日实施跨关区“属地申报，口岸验放”通关模式，但是，新疆水果出口东南亚仍然存在通关障碍，如存在对非本口岸出具的商检报告在出关地不认可的问题，而且，新疆水果出口东南亚在产地检验后，到达转运口岸出口时，存在重复查验、重复收费现象，相应地增加了新疆水果的出口成本。资料显示，我国海关对出口水果集装箱的查验比例为 30%以上，每个集装箱的查验费，包括开箱费、掏箱费、吊机费、进港费等平均高达 1700 元人民币。商检部门层层把关有助于确保出口水果质量，但减缓了通关速度，延误时间，影响船期，增加了滞箱费、集装箱超期使用费等费用，导致不必要的争端和纠纷。特别是给鲜水果出口带来的时滞性障碍，是影响新疆水果出口东南亚的一个主要原因。

6. 对东南亚水果市场不了解，营销力度不足

新疆水果企业发展滞后，市场开拓能力不足，尤其是因远离东南亚市场，对东南亚国家的水果消费状况、消费者购买能力和消费偏好等均不了解，无法了解和掌握市场供求信息，更不了解进入东南亚市场的销售渠道。同时，新疆水果企业规模小，资金不足，为了降低投资风险，企业很少主动进行水果的推介和宣传，东南亚市场也全部依赖外地（广州、深圳和南宁等地）经销商运作，整体营销力度不足。

7. 新疆水果品牌多且杂，缺乏知名品牌

目前，新疆具有自营出口能力和委托代理出口能力的水果企业均有较多的水果品牌，调研发现：新疆托普农产品有限公司和库尔勒金丰利冷藏公司均拥有不同的香梨品牌，同时，呼图壁县惠农农产品保鲜合作社注册拥有的葡萄品牌有“惠农保鲜”牌和“西树窝子”2 个品牌；新疆伊犁霍城县北山坡葡萄专业合作社注册拥有的葡萄品牌有“建中”、“三宫”和“鑫山”3 个品牌，但总体而言知名品牌和名优品牌很少，消费者对新疆水果的认知主要是停留在“新疆库尔勒香梨”和“新疆葡萄”这一区域大品牌上。

第九章

新疆特色水果开拓东南亚市场的优势与不利因素

第一节　开拓东南亚市场的优势与机遇

一、政策支持

新疆维吾尔自治区党委、自治区人民政府一直高度重视新疆特色水果业发展，特别是进入新世纪以来，出台了一系列加快新疆特色水果业发展的政策，如《关于进一步加快林业发展的意见》(新党发[2004]15 号)、《关于加快特色水果业发展的意见》(新党发[2005]14 号)、《关于进一步提高特色水果业综合生产能力的意见》(新党发[2008]10 号)等，自治区财政每年安排 1000 万元水果业发展专项资金，支持水果业生产发展。2007 年国家 32 号文件也明确指出："大力发展特色水果业，加快建设环塔里木优势水果主产区和吐哈盆地、伊犁河谷、天山北坡特色水果基地。"加速了新疆特色水果生产基地建设和规模扩张，科技支撑能力也不断增强。

2009 年，自治区提出加快农副产品外销平台建设要求，努力打造以北京、上海、广东为中心的三大农产品展销平台。同年 12 月自治区召开"农副产品外销平台建设工作会议"，钱智副主席指出："要把市场平台建设作为首要任务，把培育市场主体作为根本任务，把建设流通体系作为核心任务，把注重品质品牌作为重要保障，把加强市场宣传作为重要手段，把提供信息服务作为必要任务，把外销平台建设工作研究作为基础任务。"自 2010 年起连续三年每年安排 500 万元财政专项资金，用于支持农副产品市场开拓体系建设，并连续三年成功举办"新疆特色水果(广州)交易会"，使新疆特色水果在华南区域市场的影响力和消费者认知度大大提高，也为开拓东南亚市场搭建了一个重要的平台和桥梁。新疆水果业发展获得了历史上最好的政策支持，水果开拓华南市场、挺进港澳和东南亚市场迎来了前所未有的大好机遇。

二、品质优势

新疆地域辽阔，经济发展水平较低，工业不发达，特别是水果主产区没有重大工业污染源，农业及水果业生产发展集中在被沙漠包围的绿洲中，为开展大规模无公害、绿色、有机果品的生产提供了便利条件，水果生产受污染程度较小。同时，由于冬季漫长且寒冷，夏日昼夜温差大，果树病虫害较少，农药施用量相对较少。此外，许多水果产地灌溉用水是无污染的天山雪水。这些都为绿色、有机果品生产创造了绝好的自然环境条件。因此，采用科学的栽培管理手段，生产出大批量品质优良的绿色、有机果品已具备较好的条件和基础，能满足人们对果品质量安全的需求，也有利于应对国际上水果出口贸易的绿色壁垒，从而占领国内主体市场，进一步开创国际市场。

同时，新疆具有发展特色水果得天独厚的自然环境条件，光热资源丰富，气候干旱少雨，日照时间长，积温高，昼夜温差大，无霜期长，水果品质好、口味佳、无污染、营养价值高，深受国内外客商及广大消费者的青睐。

库尔勒香梨香味浓郁、皮薄肉嫩、石细胞少，果核小，味甜多汁，富含多种矿物质、维生素、氨基酸等微量营养成分，营养丰富，品质极佳；吐鲁番无核葡萄含糖量高，皮薄而韧，肉质紧而脆，主要用于制干；马奶子葡萄味甜，鲜食可口；杏甘甜可口，果仁多为甜仁；核桃以其结果早、个大、壳薄、品质优良、丰产性强及抗逆性强等特点驰名中外，含有丰富的脂肪、氨基酸、蛋白质、各种微量元素及碳水化合物等对人体有特殊功效的营养物质；红枣果实个大、肉厚、皮薄，含糖量高，富含锌和维生素，色泽光鲜，无污染，甘甜爽口，宜于鲜食和制干；哈密瓜个大肉厚，质细汁多，甘甜可口，品质优良，营养十分丰富，瓜肉中维生素含量也很高。

三、地理标志产品品牌优势

新疆特殊的自然环境条件，加上丰富多彩的民族文化传统，不仅具有生产多种水果的资源优势和条件，而且也孕育了一大批独具特色的地理标志水果。

截至2010年2月，新疆已有9个地理标志水果经国家质量技术监督局审查通过，并获得专有标志使用权，这些标准体系包括哈密瓜、伽师瓜、吐鲁番葡萄、吐鲁番葡萄干、莎车巴旦木、英吉沙色买提杏、库尔勒香梨、若羌红枣、阿克苏苹果。其中吐鲁番葡萄、吐鲁番葡萄干、库尔勒香梨和哈密瓜列入地理标志产品国家标准体系。“阿克苏大枣”、“阿克苏核桃”等特色水果也在申报中，这将对新疆特色水果开拓市场带来新的机遇。这些地理标志水果在提高果品标准化、促进农民增收、维护果品市场秩序等方面都带来了积极的影响，对开拓东南亚市场也将起到很好的示范带动作用。

四、人文环境优势

中国与东南亚国家有两千多年的文化交流历史，且东南亚一些国家受中国儒佛文化的影响较大，还有一大批不同时代移居东南亚的华侨华人，这些华侨华人将中国文化带到了东南亚，并与当地居民相互融合，长期以来形成了共同或相似的生活习惯和消费习惯。同时，东南亚国家居民对中国有一种自然的亲近感，有利于拉近中国和东南亚各民族的感情，有利于开展与东南亚国家的交流与合作，也为中国新疆与东南亚国家开展水果业合作奠定了良好基础，为深层次开展农产品及水果贸易提供了很好条件。因此，中国与东南亚各国在历史中形成的天然渊源，为新疆特色水果走进东南亚、开展和推进水果贸易与合作，提供了较好的人文环境优势。

五、具有较强的互补性

由于东南亚与中国新疆所处的维度不同，气候差异很大，导致水果品种差异明显。东南亚国家地处热带和亚热带地区，以生产和出口热带亚热带水果为主，新疆处于温带地区，以生产特色温带水果为主，形成了明显的差异与互补。我国是水果生产大国，水果产量占世界水果产量的13%，连续多年居世界之首，出口东南亚以柑橘、苹果、梨等亚热带和温带水果为主，占中国出口东南亚水果总量的90%以上，而且我国是东南亚胡桃、苹果、梨、柑橘、葡萄等的主要供应商，与东南亚各国盛产的香蕉、菠萝、芒果、山竹、龙眼、莲雾、番石榴等热带水果形成很好的互补，客观上使新疆特色水果进入东南亚市场具有较强的互补性。

六、具有较好的市场基础

随着东南亚国家整体经济发展水平的提高，居民生活不断改善，对水果消费需求日趋旺盛。越南、泰国、印度尼西亚、菲律宾等国家水果消费能力较强，消费的水果主要有柑橘类、柠檬、柚子、香蕉、芭蕉等热带水果，以及苹果、菠萝、枣和葡萄等温带水果。受自然条件限制，东南亚国家温带水果除了在个别山区以外基本不能生产，同时东南亚居民对苹果、鲜梨、红枣以及栗子、核桃等温带干鲜水果也有着比较大的消费需求。

目前新疆葡萄、哈密瓜、香梨等鲜果和葡萄干已进入东南亚市场，新疆哈密瓜出口的100%，葡萄出口的近60%，香梨出口的40%以上，都进入东南亚市场。仅2010年1—10月，经阿拉山口检验检疫合格出口到泰国和印度尼西亚的鲜食葡萄已达946.98吨，货值111.42万美元，分别是2009年全年出口量和货值的1倍以上。此外，新疆红枣正积极地开拓东南亚市场。因此，良好的市场基础为新疆与东南亚各国开展水果贸易提供了很好的条件，新疆可在良好的合作关系、消费需求的基础上，利用已经开拓的市场，逐步扩大市场范围，增大在各东南亚国家的市场份额。

七、中国—东盟自由贸易区的建立

2002年11月4日我国与东盟签署《中国—东盟全面经济合作框架协议》及《中国—东盟农业合作谅解备忘录》，并启动组建了中国—东盟自由贸易区(CAFTA)计划，双方农业合作进入正式发展阶段。2004年我国与东盟又签署了《中国—东盟全面经济合作框架协议货物贸易协议》和《中国—东盟全面经济合作框架协议争端解决机制协议》，并于同年1月实施"早期收获"计划，下调农产品关税，要求到2006年约600项农产品的关税降为零，中国—东盟农业合作进入一个蓬勃发展的新时期。2005年7月20日，按照中国—东盟自由贸易区《货物贸易协议》规定的时间表，《中国—东盟全面经济合作框架协议货物贸易协议》正式实施，7000种商品实行低关税或零关税政策，这标志着中国—东盟自由贸易区进入全面实质性运作阶段。2010年1月1日，中国—东盟自由贸易区如期建成，它是世界上人口最多的自由贸易区，也是发展中国家组成的最大的自由贸易区，仅次于北美自由贸易区和欧盟，成为世界第三大自由贸易区，这不仅给东南亚各国经济发展带来机遇，也给我国经济发展带来新的机遇。更重要的是中国—东盟合作将农产品贸易开放作为先导，不断加快区域化合作进程，这将会给我国及新疆特色水果开拓东南亚市场，带来更加便利和巨大的发展机遇。

八、良好的农业合作基础

《中国与东盟全面经济合作框架协议》和《中国与东盟农业合作谅解备忘录》(以下简称"框架协议"和"农业合作谅解备忘录")的签署，标志着中国—东盟农业合作的开端。

2002年11月签订的《合作框架协议》明确在2004—2006年大约有500多种产品关税要逐步减免为零，这一阶段被称为"早期收获"计划，减税范围以农产品为主，主要有畜产品、乳制品、植物产品、植物油、水果和蔬菜。泰国、新加坡、马来西亚、印度尼西亚、菲律宾、文莱等6国，2006年这些产品的关税降为零，越南、老挝、柬埔寨、缅甸到2010年降为零。(在此之前，对这些产品征收的关税为30%。)同年签订的《农业合作谅解备忘录》具体提出了农业合作的领域,并将杂交水稻种植面积、水产养殖、生物工艺、农场产品和机械等方面列为中国与东盟在农业科技方面长期的合作重点。农产品降低或取消关税后,将会产生较大的贸易创造效应。各种非关税壁垒的降低,特别是各种通关程序的协调,标准及认证的统一将大大降低产品出口的成本,进而促进各国优势农产品出口。2008年中国农业部启动了"中国—东盟农业合作中长期规划",推动与东盟农业合作深入发展。

2003年6月18日,中国与泰国签署关于《中泰加速取消果蔬关税协议》,提前实施部分"早期收获"的内容。根据该协议,从2003年10月开始,两国间的蔬菜、水果、坚果产品(共188种产品)的贸易将实行零关税。2004年1月1日,中国在履行"早期收获计划"的同时又对不发达的三个国家的部分农产品给予单方面的特别优惠关税待遇。其中,缅甸110种、老挝202种、柬埔寨297种,主要是农产品(包括畜产品、水产品)。到2005年1月,果蔬"零关税"特别优惠关税待遇扩展至泰国、新加坡、马来西亚、印度尼西亚、菲律宾、文莱等东盟六国,这一零关税措施共涉及194个税目的产品,其对应的最惠国税率约为14.1%。这些措施是双方提前实施"早期收获"计划中的部分内容,双方的农产品贸易自由化进程在加快。

2004年11月9日,中国与东盟签署《货物贸易协议》,对没有列入"早期收获"计划的所有产品(包括《海关税则》第一章至第八章以外的农产品)互相给予优惠关税待遇,产品分正常类和敏感类,按不同时间表进行减税,并从2005年7月20日起对7000个税目产品实施减税。此外,中国还分别与柬埔寨、印度尼西亚、老挝、缅甸、菲律宾、泰国、越南和马来西亚8个国家签订双方农业合作协定和备忘录,加强了双方农业合作政策的制定和农业技术交流。

通过上述一系列合作协议及备忘录的签订可以看出,中国与东盟各国在农业合作中已经打下了良好的基础,为新疆特色水果出口到东盟市场奠定了良好的基础,也为新疆与东盟开展特色水果贸易提供机遇。

九、较强的合作意愿

1997年的金融危机使东南亚经济几乎陷入瘫痪,2008年的美国金融危机也对东南亚经济产生重大冲击。然而,金融危机也带来了新的机遇。首先是增强了东南亚各国对建设中国—东盟自由贸易区重要性的认识;其次是东南亚各国为了应对金融危机,通过减低关税,扩大对外开放领域等措施吸引投资,为新疆特色水果走进东南亚市场提供了机会;三是东南亚各国都清楚地认识到与中国在很多方面都具有互补性,无论是在政治上的合作还是经济上的合作,对双方都有利。因此,东南亚国家也产生了与中国合作的强烈意愿,这为新疆特色水果进入东南亚市场提供了大好机会。

十、东南亚市场的需求潜力较大

东南亚各国是世界上最重要的热带水果产地,居民消费水果也以热带亚热带水果为主,但随着各国经济发展水平的不断提高,消费多样化趋势不断增强,对温带水果的消费需求趋势越来越旺盛。2010 年东南亚人口 5.9 亿,按照 2007 年世界人均苹果消费量 9～10 千克/人・年计算,有 50 万吨以上的消费需求潜力;葡萄按世界人均消费量 3～4 千克/人・年计算,有 18 万吨以上消费需求潜力;枣按世界人均消费量 0.8 千克/人・年计算,有近 5 万吨的消费需求潜力。同时,东南亚又是世界上华人最集中的地方,全区华人华侨 2000 多万人,他们对水果的消费习惯和偏好与中国居民相似,因此,在这个巨大的市场里,在华人华侨的带动下,东南亚国家对温带水果特别是红枣、核桃的消费有着巨大的需求潜力。

此外,中国目前出口东南亚的水果品种比较单一,主要是苹果、梨、柑橘及栗子,占 90%以上,难以满足东南亚市场多样化的需求。新疆特色水果不仅品种多样,产量较大,而且部分水果属地方独有,能够满足东南亚市场消费水果多样化的需求。

第二节　进入东南亚市场的不利因素与障碍

一、区位劣势

新疆地处我国西北腹地,没有出海口,水果出口主要依靠火车和汽车运输,运输及流通成本较高。新疆水果出口到东南亚要经过广东、广西和云南等地,运输成本和运输风险大大增加。同时,由于出口东南亚的水果大多是以鲜食为主,且运输距离远、时间长,会使水果质量受到一定程度的影响,对储藏保鲜技术提出了更高的要求,风险成本和保鲜技术成本也大大提高。虽然新疆水果产地存在一定的价格优势,但综合运输成本、风险成本以及保鲜技术成本仍然较高。因此,由区位劣势引起的水果价格及质量问题,是制约新疆水果进入东南亚的主要因素。

二、物流业发展滞后

目前新疆物流业仍处于起步阶段，缺乏对物流服务的整体认识，服务水平较低，提供专业物流的企业较少，大多只能提供分段物流，无法形成完整的物流供应链。同时，农产品物流各环节的信息化程度较低，绝大多数物流服务企业尚不具备运用现代信息技术处理物流信息的能力。物流信息网络设施不健全，农产品流通信息不畅，市场调节的盲目性大。运输设备和技术滞后，高效专用运输车辆少，比如低温库、冷藏库、立体库等短缺，装卸搬运机械化水平低。

三、东南亚国家经济体制不完善

东南亚各国经济发展水平差别非常大，文莱、新加坡、菲律宾、马来西亚等六个东盟老成员国，经济发展水平相对较高，而越南、缅甸、老挝和柬埔寨等后进入的国家，经济发展水平相对较低。一是各国基本都采取出口导向的发展战略，产业结构相似程度高，相互间竞争压力较大，难以形成统一的大市场。二是东南亚一些国家存在政局不稳、产业配套不完善、政策不连贯、税收制度不规范等问题，在不同程度上影响到与其他国家的贸易往来关系与合作。三是东南亚国家以加工贸易为主，自身生产能力不足，工业体系不完整，经济结构比较脆弱，对日本资本和技术的进口以及对欧美产品的进口依赖性较强，国际能源价格的波动、世界经济的不稳定尤其是欧美、日本等经济政治的不稳定，都会对其经济发展带来严重影响。因此，东南亚各国政局不稳、经济体制不完善，也必将会影响到中国及新疆与其农产品贸易的快速健康发展，也会对新疆特色水果出口东南亚带来不利的影响。

四、存在非关税壁垒

中国水果出口经常会受到发达国家技术壁垒阻碍，近几年来东南亚一些国家也在不断提高水果进口技术壁垒，如泰国从 2005 年 1 月对食品内残留毒物做了新的规定，该规定涉及水果栽培、储藏、运输、发送和销售等过程，要求农业毒物残留必须符合一定标准。这一规定提高了对中国水果出口在生产、运输、销售各环节的技术要求。此外，即使是一些落后的东南亚国家，也制订了技术标准，如越南科学技术部公布进行强制质量检验的进口产品目录，目录所列产品必须在通关时经过检验，得到有关行政主管部门，包括公共卫生部、农业与农村发展部、工业部以及科学技术部许可等。而在检验时有些产品依据的是国家标准，有些产品依据的是主管部门的内部标准，有些产品则两个标准都必须符合。因此，标准的不确定性也大大影响了中国水果出口东南亚。

东南亚国家的卫生与植物卫生措施是对中国水果出口具有重要影响的壁垒。印尼从2004年12月起开始实施有关植物检疫有害生物的法令，涉及水果和蔬菜产品；菲律宾对苹果、葡萄等离岸前处理和入关都有具体的检验检疫规定，如苹果要求以封存的冷藏柜运输，在运输途中不允许打开，原产地颁发的植物卫生证明必须随运，并附有证明水果未染有蛾虫、苹果蛆、圣琼斯介壳虫的澄清文件。在抵达菲律宾港口后，先由其植物检疫官员抽取必要的样品进行实验室观察，检验通过后才能获准通关。对于国外首次出口到菲律宾的某一种水果，其植物检疫部门规定必须进行虫害分析，并要求出口商提供作物的产地、耕作方法、虫害清单、农作物保护措施、包装、出口商名称和冷藏设备、现行的植物卫生证书出具程序，对其他国家出口程序等信息，而且植物检疫部门的虫害风险分析大约需要120天，并且还将对原产地进行考察，在综合分析后才最终决定是否颁发进口许可。2008年5月15日，菲律宾农业部(DA)畜牧局(BAI)发布《关于进出口辐照植物、植物产品及辐照作为植物卫生处理手段的相关法规与规定的BPI检疫管理令草案》，该BPI检疫管理令草案规定使用辐照作为植物卫生处理手段，并拟定生效日期为2008年6月30日。

标签要求也是提高技术壁垒的一种方法。马来西亚规定从2004年3月起罐装水果包装加工食品，必须加贴营养标签。马来西亚是继美国、加拿大、澳大利亚、新西兰和日本后第六个实施强制性营养标签制度的国家。马来西亚《营养标签和声明条例》规定了营养标签的类型和包装上的标注方式。营养标签上必须分别以每100克(毫升)及每餐分量为基础标注热量、碳水化合物、蛋白质和脂肪含量，可直接饮用的饮料还必须标注糖分含量。若标签上对脂肪酸含量或类别进行了标注或声明，还必须紧接着标注脂肪含量中单不饱和脂肪酸、多不饱和脂肪酸、饱和脂肪酸及转化脂肪酸含量。此外，该条例还对禁止在营养标签上出现的声明或暗示做出了规定。

除此以外，东南亚国家对我国水果出口也存在“灰色清关”的问题。如大部分出口至印尼的中国集装箱货物，要通过印尼的清关公司办理通关手续。据国别贸易投资环境报告(2007年)公布的“灰色清关”行情，除了要缴纳关税和10%的增值税外，20尺的集装箱要另交给清关公司400～600美元，40英尺的集装箱要交600～1000美元。而中国水果出口属于薄利多销，单位价值不高，按照集装箱个数缴纳清关费用对其出口造成很大的影响。

从以上分析可以看出，尽管在2006年中国与东南亚国家实行了零关税，但也只是针对部分国家的部分产品，而这些国家在保护本国水果市场的情况下，会制定一些非关税贸易壁垒，如技术壁垒来限制中国水果对其出口。这对

新疆特色水果开拓东南亚市场也是一个很大的挑战。

五、东南亚市场竞争激烈

由于东南亚大部分国家拥有丰富的矿产资源和自然资源，必将成为世界发达国家角逐的核心，同时也将成为政治角逐的焦点。部分发达国家纷纷与东盟建立自由贸易区，目前中国—东盟自由贸易区降税计划已全面启动，韩国—东盟自由贸易区的货物贸易协定已正式签署，印度—东盟自由贸易区谈判正在进行，日本—东盟自由贸易区谈判取得一定进展。同时，东盟成员国与区外国家的双边自由贸易协定也取得较快进展，如新加坡已与新西兰（2000年11月）、日本（2002年1月）、欧洲自由贸易协会（2002年6月）、澳大利亚（2003年2月）、美国（2003年5月）、约旦（2003年6月）、印度（2005年6月）、韩国（2005年8月4日）、巴拿马（2006年3月）正式签订了双边自由贸易协定；泰国已与印度（2003年10月）、澳大利亚（2004年7月）、新西兰（2005年4月）正式签署了双边自由贸易协定；马来西亚已与日本（2005年12月）正式签署了双边自由贸易协定等；新、马、泰与区外一些国家的双边自由贸易协定谈判正在进行，其他东盟成员国的双边自由贸易协定谈判也相继展开。

由此可以看出，面对东南亚这样一个具有发展潜力的大市场，以美国为首的西方国家和包括日本、韩国以及印度等在内的部分亚洲国家，也力图从东南亚各国丰富的矿产资源中分一杯羹。随着这些国家对东南亚自然资源的争夺和控制，必将会波及和蔓延到对水果市场的争夺。而且美国、智利等国家的温带水果在东南亚已有较高的市场份额和竞争力，这些国家的水果有严格的分类标准，先进的技术手段，水果在包装、保鲜、储存和运输中损失较少，在市场中不仅外包装漂亮，而且大小一致，晶莹剔透，卖相很好，竞争优势强，这对新疆特色水果出口东南亚市场形成了激烈的竞争和巨大的挑战。

第十章

东南亚国家水果市场消费需求潜力分析

第一节 影响水果消费的主要因素分析

影响水果消费的因素很多，既有经济和文化方面的因素，也有地理条件等环境方面的因素，还有人口规模及结构等社会因素。其中经济因素是影响水果消费的主要因素，它决定居民的消费能力和消费水平。经济因素主要包括居民收入水平、水果价格、水果替代产品价格等，还有居民消费习惯、消费心理和消费预期等非量化因素。

1. 居民收入

消费者收入决定购买行为，这是购买决策的决定因素，因为只有购买欲望，而没有一定的收入作为购买能力的保证，购买行为是无法实现的。在收入比较低的阶段，人们把大部分收入用于购买生活必需品，维持基本的生活条件，但随着收入的不断提高，人们在满足温饱之后，开始追求有益于健康的食物消费，其中水果消费是增长速度较快的食物消费品之一。

消费者收入越高，对水果消费的能力和要求越高，尤其是对水果质量、消费品种多元化、追求营养保健等高层次的要求越多。从前面分析可以看出，东南亚国家经济发展水平高、居民收入也高的国家（如菲律宾、泰国、文莱），水果消费总量和人均水果消费水平也较高，其中菲律宾人均水果消费水平高于欧盟发达国家。而经济发展落后、居民收入低的国家（如缅甸、老挝、柬埔寨）水果消费总量和人均水果消费水平均则很低。

2. 水果价格

在较长时期内，价格是影响需求和消费的最重要因素之一。一般而言，在同等条件下，低价格自然会争取到较多的消费者。消费者对水果的购买，关心最多的也是价格和质量，其中水果价格是影响消费者购买行为中最关键也是

最直接的因素。在理论上如果给定消费偏好，消费者对商品的需求是相对价格及收入的函数。价格变化对预算约束有双重影响，一是对实际收入的影响，称为收入效应，另一个是对相对价格的影响，称为替代效应。因此，水果价格定位也会直接影响到消费者的消费水平。当然，水果市场价格更多地取决于成本（包括生产成本和流通成本）。新疆水果进入东南亚具有生产成本低的优势，但也存在着流通成本（在市场成熟和规范的前提下，主要是运输成本和存储成本）高的不利影响，这必然会导致进入东南亚市场的水果价格竞争处于不利地位。

3. 替代品价格

如果一种消费品价格变动与另一种消费品价格变动相关，那么需求的变动就是收入和替代的组合影响，需求会由价格高的商品向价格低的商品转变。如果两种或多种商品是相关的，而且它们之间存在价格差异，那么人们会更多地消费价格偏低的商品，即替代效应。如果两种或多种商品是互补的，那么一种商品价格的提高，则其他互补品的消费就会减少，这就是价格对互补品消费需求的效应。因为不同种类的水果之间存在很强的替代性，水果与蔬菜之间也具有一定的替代性，当一些水果的价格较低或蔬菜价格明显低于水果价格时，人们会倾向于消费价格更低的水果或蔬菜。

虽然新疆特色温带水果与东南亚热带亚热带水果存在着明显的差异，但就水果最基本的功效而言，存在着很强的可替代性。因此，东南亚热带亚热带水果的价格也是影响新疆水果市场消费的主要因素。

4. 消费偏好

人们的消费偏好受社会风俗和饮食习惯、城市化进程等因素的影响比较大，水果口味也是影响居民消费的重要因素。不同国家和地域的消费者对果品的消费需求存在差异，如欧洲国家居民喜欢消费偏酸性苹果；日本对果品及加工品消费高而且稳定，主要靠进口满足消费；法国和意大利对果酒的消费需求比较高；我国居民普遍认为加工过的水果在新鲜程度、营养和安全性方面都不如新鲜水果，故对果汁等加工品的消费量远低于鲜果的消费量；东南亚国家居民比较喜欢吃富士苹果。由于东南亚国家是世界华人最多的集聚区，居民消费习惯和口味、信仰与中国具有很多的相似，因此，对水果消费偏好也具有相似性，对新疆特色水果如葡萄、香梨、哈密瓜具有很强的消费欲望和偏好，对红枣、核桃等特色干果的消费也具有相似性和较大的消费潜力。

5. 人口和城市化水平

人口数量的增长会拉动水果需求的增加，人口的年龄构成和性别比例对水果需求也具有影响，不同性别的消费者对水果消费存在着较大差异。东南亚国家5.9亿总人口中华人有2000多万，是一个巨大的水果消费市场。

城市化水平对水果消费产生间接影响，但城市化的提高往往意味着人均收入水平的提高、就业结构的改变以及由此产生的居民消费习惯和消费观念的改善。目前，新疆特色水果出口东南亚国家主要集中在城市化水平较高的几个国家，如新加坡（城市化水平100%）、文莱（78%）、马来西亚（66%）、菲律宾（63%）、印度尼西亚（49%）、泰国（30%），除泰国外城市化水平均高于中国，因此，这些东南亚国家对新疆水果的消费需求呈增长趋势，具有较大的潜力。

6. 其他影响因素

除了收入与价格、城市化水平、市场发育水平、生活方式、职业等均能导致水果消费量的变化外，不同民族、不同肤色、不同文化水平都会对水果消费产生不同的影响。因此，影响水果消费的因素还包括社会文化、地区因素，以及价值观念如居民受教育程度，人口数量增长。此外，水果的营养功能、内在本质特点、外形、颜色等，也会影响水果需求量。因此，新疆水果开拓东南亚市场，不仅要考虑价格、质量，还应深层次挖掘当地民族文化，引导消费。

第二节　预测模型选择

市场预测方法和模型的选择是一个十分重要的问题。目前研究市场预测方法有很多种，分定性预测法和定量预测法。定性预测法包括德尔菲法、市场调查法、对比类推法、集体经验判断法等，定量预测法包括趋势外推法、移动平均法、指数平滑法和回归预测法等。

纵览各种预测方法和模型都有其特点，也有其局限性，如何利用它们各自的优势，提高预测精准度，已成为预测研究的重点。近年来国内学者对预测模型进行了诸多探讨，但对水果市场需求预测的研究不多。左小德、邱俊荣（2000）采用灰色系统关联分析法对广东省蔬菜市场进行了分析，在此基础上对广东省蔬菜市场进行了需求预测。石扬令（2004）根据中国统计年鉴等资料，采用时序预测方法构建我国水果消费量预测模型，对未来消费变化进行了预测。亓雪龙、孙洪雁、陈进展（2010）运用移动平均法和灰色系统理论，研究了1995—2008年山东省水果产量变化趋势，建立了山东省水果产量预测的灰色模型，并对2009年和2010年山东省水果产量进行预测。

为了使预测能客观反映实际变动，更能接近现实需求，本研究选用灰色系统预测和二次指数平滑预测两种方法，分别从两方面进行预测分析。

第三节 灰色系统预测

从前面分析可以看出，水果消费量受居民消费水平、水果价格、水果替代品价格、消费偏好、消费心理、消费预期等诸多因素的影响，其中一些因素是确定的，一些因素是不确定的，如此众多的因素不可能通过几年几个指标就能反映清楚，它们对水果消费状况潜在而复杂的影响更是无法精确计算的。因此，在这种情况下传统的预测方法就失去作用，用灰色预测模型进行水果消费预测较为合适，即把影响水果消费需求看作一个“灰色系统”。

灰色预测法是一种对含有不确定因素的系统进行预测的方法，通过鉴别系统因素之间发展趋势的相异程度，即进行关联分析，并对原始数据进行生成处理来寻找系统变动的规律，生成有较强规律性的数据序列，并通过建立相应的微分方程模型，从而预测事物未来发展趋势的状况。

灰色系统理论在控制、预测、决策等领域有着广泛的应用，其精华是GM(1,1)模型。GM(1,1)模型的优势在于要求样本数据少，原理简单，计算量适中，结果精度较高等特点。但是，同其他所有理论一样，灰色模型也有一定的适用条件：一是适合于中短期预测，灰色模型只能作为中短期预测工具，不能用于长期的预测，否则会产生较大的误差，这是由灰色模型的原理所决定的；二是数据要具有连续性，灰色模型是一种微分拟合，如果原始数据波动不平稳，此时不宜采用灰色模型。因此，鉴于该模型的特点和优势，结合东南亚国家近年来水果消费需求变化以及新疆特色水果出口东南亚状况，我们选择GM(1,1)模型，并运用MATLAB软件，对东南亚市场水果消费需求量进行预测。

一、GM(1,1)模型

GM(1,1)是一阶单变量微分方程动态模型，是灰色预测的基本模型和灰色系统理论的核心，也是目前使用最广泛的灰色预测模型。GM(1,1)灰色预测模型是一阶、单变量的单序列线性动态模型，主要用于对时间序列数据的预测，在中短期预测中具有较高的精度。因此，本研究采用GM(1,1)模型，依据东南亚水果人均消费量的历史数据预测未来年份的消费量。其计算方法如下：

给定原始时间序列 $X^{(0)}=[X^{(0)}(1),X^{(0)}(2),\cdots,X^{(0)}(n)]$

将原始数据作一次累加生成(AGO生成)：

$$X^{(1)}=[X^{(1)}(1),X^{(1)}(2),\cdots,X^{(1)}(n)]$$
$$X^{(1)}(1)=X^{(0)}(1)$$
$$X^{(1)}(2)=X^{(0)}(1)+X^{(0)}(2)$$
$$X^{(1)}(3)=X^{(0)}(2)+X^{(0)}(3)$$
$$X^{(1)}(n)=X^{(0)}(n-1)+X^{(0)}(n)$$

进而有 $Y_N=[X^{(0)}(2),X^{(0)}(3),\cdots,X^{(0)}(N)]$

$$B=\begin{pmatrix} -\frac{1}{2}X^{(1)}(2)=X^{(0)}(1)+X^{(0)}(2) & 1 \\ -\frac{1}{2}X^{(1)}(3)=X^{(0)}(2)+X^{(0)}(3) & 1 \\ \cdots & \cdots \\ -\frac{1}{2}X^{(1)}(n)=X^{(0)}(n-1)+X^{(0)}(n) & 1 \end{pmatrix}$$

并按下式求出参数 α、μ：

$$\begin{pmatrix}\alpha \\ \mu\end{pmatrix}=(B^{\mathrm{T}}B)^{-1}B^{\mathrm{T}}Y_N$$

于是可得 GM(1,1)预测模型：

$$X^{(1)}(k+1)=\left[X^{(1)}(1)-\frac{\mu}{\alpha}\right]\mathrm{e}^{-\alpha k}+\frac{\mu}{\alpha}(k=0,1,2,\cdots,n)$$

其中：α、μ 为待定系数，分别称之为发展系数和灰色作用量，α 的有效区间是(−2,2)。

为了确保所建灰色模型有较高的精度应用于预测实践，一般需要按下述步骤进行检验：

(1)残差检验

求出原始数据和模型预测值之残差 $e(k)$、残差平均值 e_{avg}、相对误差 Δ_k、平均相对误差 Δ_{avg} 和平均精度 P。

(2)后验差检验

求出原始数据方差 s_1^2 与残差方差 s_2^2 的均方差比值 C。

通常 $e(k)$、Δ_k、C 值越小，P 值越大，则模型精度越好。模型等级越小越好，精度一级，表示预测具有较高的精度，四级为不通过(见表 10-1)。

表 10-1　检验指标等级标准

模型级别	小误差概率 P	后验差比值 C
1 级(好)	大于 95%	小于 35%
2 级(合格)	大于 85%	小于 50%

续表

模型级别	小误差概率 P	后验差比值 C
3 级(勉强)	大于 70%	小于 65%
4 级(不合格)	不大于 70%	不小于 65%

二、模型构建

1. 人均水果消费量预测模型

根据 FAO 食品消费平衡表，本研究选用 2001—2007 年东南亚人均水果消费量为样本原始数据，依据上述 GM(1,1)模型运用 MATLAB，求得参数 $\alpha=-0.0345$，$\mu=56.4097$，代入 GM(1,1)模型计算式

$$X^{(1)}(k+1)=\left[X^{(1)}(1)-\frac{\mu}{\alpha}\right]e^{-\alpha k}+\frac{\mu}{\alpha}(k=0,1,2,\cdots,n)$$

得到东南亚人均水果消费量灰色预测模型计算式：

$$X^{(1)}(k+1)=1689.94e^{0.0345k}-1635.06(k=0,1,2,\cdots)$$

2. 各国人均水果消费量预测模型

依据 2001—2007 年东南亚各国水果消费状况，筛选出水果消费总量较高的越南、印尼、泰国、马来西亚和菲律宾五国为样本点，这五国的人口合计占东南亚十国总人口的 87%以上，水果消费量合计占东南亚十国水果消费总量的 93%以上，是东南亚市场的核心。因此，样本点选取和覆盖范围符合模型设定要求，具有显著的代表性。

同样，基于 FAO 食品消费平衡表，采集了 2001—2007 年越南、印尼、泰国、马来西亚和菲律宾五国水果人均消费量，结果发现，在此时段中，泰国、马来西亚和菲律宾三个国家人均水果消费量呈波动变动趋势，而 GM(1,1)模型要求样本原始数据的平稳发展趋势与预测准确率是高度相关的。因此，我们使用移动平均数法对泰国、马来西亚和菲律宾三国的数据进行移动平均优化，得出趋势数据，优化后的数据曲线比原始曲线平滑得多，而其总趋势仍与原始曲线一致。

依据 GM(1,1)模型要求，泰国和菲律宾用一次移动平均法优化后的 2002—2007 年的数据为原始数据，马来西亚用二次移动平均法优化后的 2003—2007 年的数据为原始数据，越南和印尼用 2001—2007 年的实际数据为原始数据，建立各国人均水果消费量灰色预测模型，运用 MATLAB 软件，分别求得这五国水果消费预测模型参数 α、μ，代入 GM(1,1)模型计算式：$X^{(1)}$

$(k+1)=\left[X^{(1)}(1)-\frac{\mu}{\alpha}\right]e^{-\alpha k}+\frac{\mu}{\alpha}(k=0,1,2,\cdots,n)$，得到各国人均水果消费灰色预测模型计算式：

越南　$X^{(1)}(k+1)=2258.107e^{0.0235k}-2209.157(k=0,1,2,\cdots)$

印尼　$X^{(1)}(k+1)=876.1384e^{0.0588k}-785.6684(k=0,1,2,\cdots)$

泰国　$X^{(1)}(k+1)=4683.614e^{0.0181k}-4595.044(k=0,1,2,\cdots)$

马来西亚　$X^{(1)}(k+1)=69190.86e^{0.0008k}-69136(k=0,1,2,\cdots)$

菲律宾　$X^{(1)}(k+1)=5229.615e^{0.0181k}-5136.11(k=0,1,2,\cdots)$

三、模型检验

1. 残差检验

残差大小检验即对模型模拟值和实际值的残差进行逐点检验。依据GM(1,1)模型运用MATLAB软件，经计算得东南亚及东南亚五国人均水果消费量预测模型的残差平均值 e_{avg} 和平均精度 P，模型拟合检验结果见表10-2。

表10-2　东南亚人均水果消费量预测模型拟合及误差计算

	2001年	2002年	2003年	2004年	2005年	2006年	2007年
相对误差	0	0.006	0.0064	−0.167	−0.0045	0.0049	0.0033
残差平均值	0.006						
平均精度	0.994						

残差检验结果显示：东南亚人均水果消费量预测模型误差相对值在−1.67%到0.64%之间，残差平均值为0.6%，平均精度 P 为99.4%，模型拟合效果很好，表明用此模型预测未来东南亚人均水果消费需求的可靠性较好，精度较高（见表10-3）。

同样，由模型拟合结果可以看出东南亚五国均通过残差检验，其中越南人均水果消费量预测模型的误差相对值在−6.36%～4.46%之间，残差平均值为3%，平均精度 P 为97%，模型拟合效果较好；印尼人均水果消费量预测模型的误差相对值在−7.27%～4.27%之间，残差平均值为2.2%，平均精度P为97.8%，模型拟合效果也较好；泰国和菲律宾人均水果消费量预测模型的误差相对值分别在−0.88%～2.479%之间和−1.84%～1.73%之间，残差平均值都为1%，平均精度P为99%，模型拟合效果很好；马来西亚人均水果消费量预测模型的误差相对值分别在−0.41%～0.47%之间，残差平均值为0.3%，平均精度 P 为99.7%，模型拟合效果很好。

表 10-3 东南亚五国人均水果消费量预测模型拟合及误差计算

		越　南	印　尼	泰　国	菲律宾	马来西亚
相对误差	2001	0	0			
	2002	0.0434	0.0427	0	0	
	2003	0.0095	0.005	−0.016	−0.0159	0
	2004	−0.0404	−0.0727	0.0062	0.0103	0.0032
	2005	−0.0636	0.0052	0.0247	0.0065	−0.0041
	2006	0.0065	−0.0048	−0.0063	0.0173	−0.0013
	2007	0.0446	0.0234	−0.0088	−0.0184	0.0047
残差平均值		0.03	0.022	0.01	0.01	0.003
平均精度 P		0.97	0.978	0.99	0.99	0.997

2. 后验差检验

依据 GM(1,1)模型运用 MATLAB 软件，得到东南亚及东南亚五国的后验差比值 C 如表 10-4 所示。

表 10-4 后验差比值

	东南亚	越　南	印　尼	泰　国	马来西亚	菲律宾
小概率误差 p	1	1	1	1	1	1
后验差比值 C	0.0846	0.4571	0.1707	0.4881	0.5273	0.368

模型后验差检验结果显示：东南亚人均水果消费量预测模型的后验差比值为 8.46%，小于 35%，模型为一级好。

东南亚五国人均水果消费量检验结果差比较大。印尼人均水果消费预测模型后验差比值为 17.07%，小于 35%，模型精度为一级；越南人均水果消费预测模型的后验差比值为 45.71%，模型精度为二级；菲律宾人均水果消费预测模型的后验差比值后验差为 36.8%，模型精度为二级；泰国人均水果消费预测模型的后验差比值为 48.8%，模型精度为二级；马来西亚人均水果消费预测模型的后验差比值为 52.7%，模型精度为三级，其原因可能是马来西亚人均水果消费量在 2001—2007 年间波动较大。

通过以上检验，相对误差、小误差概率、后验残差都在允许范围之内，因此，我们可以用灰色预测模型进行东南亚及五国人均水果消费量预测。

四、人均水果消费量预测

1. 平均人均水果消费量预测

运用模型计算式测算得到2011—2015年东南亚居民人均水果消费预测结果如表10-5所示。

表10-5　东南亚人均水果消费量预测　(单位:千克/人·年)

	2011年	2012年	2013年	2014年	2015年
东南亚	80.87	83.71	86.65	89.69	92.84

测算结果显示:2011年东南亚国家居民人均水果消费可达80.87千克/人·年,比2007年增加10.57千克/人·年,到2015年将达到92.84千克/人·年,是2007年的1.69倍。

2. 各国人均水果消费量预测

根据前面求出的模型计算式测算得到2011—2015年东南亚五国居民人均水果消费预测结果如表10-6所示。

表10-6　东南亚五国人均水果消费量预测　(单位:千克/人·年)

	2011年	2012年	2013年	2014年	2015年
越　南	66.34	67.92	69.53	71.19	72.88
印　尼	85.06	90.21	95.68	101.47	107.62
泰　国	100.68	102.52	104.39	106.30	108.24
马来西亚	55.77	55.82	55.86	55.91	55.95
菲律宾	112.42	114.47	116.56	118.69	120.86

测算结果显示:菲律宾人均水果消费量最高,2011年达到112.42千克/人·年,到2015年将达120.86千克/人·年,远高于东南亚人均水果消费水平。

泰国人均水果消费较高,从2011年的100.68千克/人·年增加到2015年的108.24千克/人·年,高于东南亚人均水果消费水平,差距呈缩小趋势。

印度尼西亚人均水果消费量增长速度较快。2011年达到85.06千克/人·年,是2007年的1.28倍,到2015年将达107.62千克/人·年,高于东南亚人均水果消费水平。

越南人均水果消费量相对较低,2011年达66.34千克/人·年,到2015

年提高到 72.88 千克/人·年，低于东南亚人均水果消费水平，且差距呈扩大趋势。

马来西亚人均水果消费量较低，基本保持低水平缓慢增长态势。2011 年人均水果消费量 55.77 千克/人·年，2015 年将达 55.95 千克/人·年，增长缓慢，与东南亚人均水果消费水平的差距也越来越大。

五、水果消费需求总量预测

基于东南亚人均水果消费量灰色模型的预测结果，依据 FAO 对东南亚及东南亚五国的人口预测，测算得到 2011—2015 年东南亚及东南亚五国水果消费总量预测结果。

1. 东南亚水果消费需求量预测

FAO 对东南亚人口发展预测结果显示：东南亚十国 2011 年人口总规模将达到 6.00026 亿，2015 年将达到 6.25988 亿。

其中：印度尼西亚是东南亚第一大人口国家，2011 年印尼总人口将达到 2.42326 亿，2015 年将达到 2.5188 亿；菲律宾将是东南亚第二个人口过亿的国家，2011 年菲律宾总人口 0.94852 亿，2015 年将过亿，达到 1.01421 亿；越南是东南亚第三大人口国家，2011 年越南总人口将达到 0.88792 亿，2015 年将达到 0.92443 亿；泰国 2011 年总人口将达到 0.69519 亿，2015 年将达到 0.70876 亿；马来西亚 2011 年总人口将达到 0.28859 亿，2015 年将达到 0.30714 亿（见表 10-7）。

表 10-7　东南亚人口发展预测　（单位：亿人）

	2011 年	2012 年	2013 年	2014 年	2015 年
东南亚	6.00026	6.06616	6.13168	6.19633	6.25988
越　南	0.88792	0.8973	0.90657	0.91563	0.92443
印　尼	2.42326	2.44769	2.47188	2.49563	2.5188
泰　国	0.69519	0.69892	0.70243	0.70571	0.70876
马来西亚	0.28859	0.29322	0.29787	0.30252	0.30714
菲律宾	0.94852	0.96471	0.98113	0.99765	1.01421

资料来源：FAO 网站。

按照前面我们预测的东南亚人均水果消费量计算，东南亚国家水果消费总量 2011 年将达到 4852.41 万吨，比 2007 年增加 887.5 万吨；2015 年将达到 5811.67 万吨，在 2011—2015 年东南亚水果消费总量以年均 239.82 万吨的速度增长，消费需求增速明显，市场前景广阔(见表 10-8)。

表 10-8　东南亚水果消费需求总量预测　（单位:万吨）

	2011 年	2012 年	2013 年	2014 年	2015 年
东南亚	4852.41	5077.98	5313.10	5557.49	5811.67

2. 东南亚各国水果消费总量预测

同样，我们按照前面东南亚各国人口发展预测和人均水果消费需求量进行预测，结果显示，2011—2015 年间，测算的印度尼西亚、菲律宾、泰国、越南、马来西亚五个东南亚国家，水果消费需求总量也均有不同程度的增长。

其中印尼水果消费需求总量高且增长速度最快，是东南亚国家中水果消费需求量最大的国家，消费需求量将从 2011 年的 2061.22 万吨增加到 2015 年的 2710.63 万吨，年增长量 162.35 万吨，2015 年将比 2007 年增加 1221.63 万吨，表明印度尼西亚水果市场发展空间巨大。

其次为菲律宾，人均水果消费能力较强，水果消费需求总量居东南亚国家第二，2011—2015 年将以每年增加 39.86 万吨的速度发展，到 2015 年水果消费总量将达到 1225.75 万吨，比 2007 年增加 243.99 万吨。可以预见，未来五年菲律宾水果市场有很好的发展空间。

泰国水果消费需求量将从 2011 年 699.92 万吨增加到 2015 年 767.16 万吨，年增长 16.81 万吨，表明泰国水果消费市场仍有较大的发展潜力。

越南水果消费需求量在 2011—2015 年从 589.05 万吨将增加到 673.72 万吨，年增长量 21.17 万吨，说明越南水果消费市场也具有一定的潜力。

马来西亚水果消费需求量相对不高，远低于其他四国，且与其他四国的差距越来越大。2011—2015 年以 2.725 万吨的速度缓慢增加，2015 年水果消费需求总量将达 171.86 万吨，比 2007 年增长 19.42 万吨。预测结果表明马来西亚水果消费市场潜力不大，但仍有发展空间(见表 10-9)。

表 10-9　东南亚五国水果消费量预测　（单位:万吨）

	2011 年	2012 年	2013 年	2014 年	2015 年
越　南	589.05	609.43	630.36	651.80	673.72
印　尼	2061.25	2208.12	2365.00	2532.33	2710.63
泰　国	699.92	716.52	733.28	750.16	767.16
马来西亚	160.96	163.67	166.40	169.14	171.86
菲律宾	1066.30	1104.30	1143.61	1184.11	1225.75

第四节　二次指数平滑预测

一、二次指数平滑法

1. 指数平滑法

指数平滑法是时间序列预测法中的一种基本预测方法，可用于中短期经济发展趋势预测。它是在移动平均法基础上发展起来的一种时间序列分析预测法，通过计算指数平滑值，配合一定的时间序列预测模型对现象的未来进行预测。其原理是：给最新的观察值以最大权重，给予其他预测(或实际值)以递减的权重，任一期的指数平滑值都是本期实际观察值与前一期指数平滑值的加权平均。所以使用该预测模型得到的预测值既能反映最新的信息，又能反映历史资料的信息。

指数平滑最显著的特点是利用全部历史数据和相关信息。遵循“厚近薄远”的规则加权、修匀数据，使得数据模型具有抵御和减弱异常数据影响的功能，并使时间序列包含的历史规律显著地体现出来。

指数平滑三种预测方法中，预测曲线拟合程度的好坏与预测结果的准确度有关，而预测曲线的拟合程度与设定的参数值有直接的关系。

2. 二次指数平滑模型

根据平滑次数不同，指数平滑法分为一次指数平滑法、二次指数平滑法和三次指数平滑法等。一次指数平滑法适合于具有平稳性特性时间序列的预测，也称为平稳性预测。二次指数平滑法适合于具有趋势性特性时间序列的预测，也称为趋势性预测。三次指数平滑法适合于具有趋势和季节性或周期性特性时间序列的预测，也称为季节性或周期性预测。

二次指数平滑法和两次移动平均法相同，当数据呈线性趋势变动时，可以采用二次指数平滑法进行预测。二次指数平滑数计算公式为：

$$\begin{cases} S_0^{(2)}=S_0^{(1)}=x_1 \quad (t=0\text{ 时}) \\ S_t^{(2)}=\alpha S_t^{(1)}+(1-\alpha)S_{t-1}^{(2)} \quad (t\neq 0\text{ 时}) \end{cases}$$

式中：$S_0^{(2)}$ 为二次指数平滑值的初始值；$S_t^{(2)}$ 为第 t 期二次指数平滑值；α 为加权系数；$S_t^{(1)}$ 为第 t 期一次平滑值；$S_{t-1}^{(2)}$ 为第 $t-1$ 期二次指数平滑值。

二次指数平滑法并不直接以二次指数平滑值做预测，而是利用对具有线性趋势的数据做平滑计算产生的滞后偏差，求出平滑系数，用线性模型进行预测。其预测公式为：

$$X_{t+T}=a_t+b_tT$$

式中：X_{t+T}为第 t＋T 期的预测值；a_t、b_t 为平滑系数；T 为由目前周期 t 到需要预测周期的周期个数；t 为目前的周期数。

二次指数平滑系数公式为：

$$\begin{cases} a_t=2S_t^{(1)}-S_t^{(2)} \\ b_t=\dfrac{\alpha}{1-\alpha[S_t^{(1)}-S_t^{(2)}]} \end{cases}$$

二、模型构建

从近年来东南亚人均水果消费量来看，2001—2007 年东南亚人均水果消费量均呈明显较平稳的线性变化增长趋势，其中消费量较大的五个国家的人均水果消费量也基本上呈一定的线性变化趋势，因此，本研究选用二次指数平滑法对东南亚整体及东南亚五国人均水果消费量进行预测，预测期为 2011—2015 年（见图 10-1）。

1. 东南亚人均水果消费量预测模型

鉴于数据的可获得性和一致性，根据 FAO 食品消费平衡表，我们选取东南亚 2001—2007 年人均水果消费量为样本数据，运用 Eviews 软件进行预测。求出参数 $a_t=70.29$，$b_t=2.25$，代入预测公式：$X_{t+T}=a_t+b_tT$，得到东南亚水果人均消费量预测模型：

$$X_{t+T}=70.29+2.25T(T=1,2,\cdots,n)$$

2. 东南亚各国人均水果消费量预测模型

基于 FAO 食品消费平衡表，采集了 2001—2007 年东南亚的越南、印尼、泰国、马来西亚和菲律宾五国水果人均消费量，运用 Eviews 软件进行预测。分别求出各国水果人均消费量预测模型的参数，代入预测公式：$X_{t+T}=a_t+b_tT$，得到各国水果人均消费量预测模型：

越南　$X_{t+T}=58.21-0.63T(T=1,2,\cdots,n)$

泰国　$X_{t+T}=91.57+0.703T(T=1,2,\cdots,n)$

印尼　$X_{t+T}=66.40+3.15T(T=1,2,\cdots,n)$

马来西亚　$X_{t+T}=55.22+0.036T(T=1,2,\cdots,n)$

菲律宾　$X_{t+T}=104.25+3.46T(T=1,2,\cdots,n)$

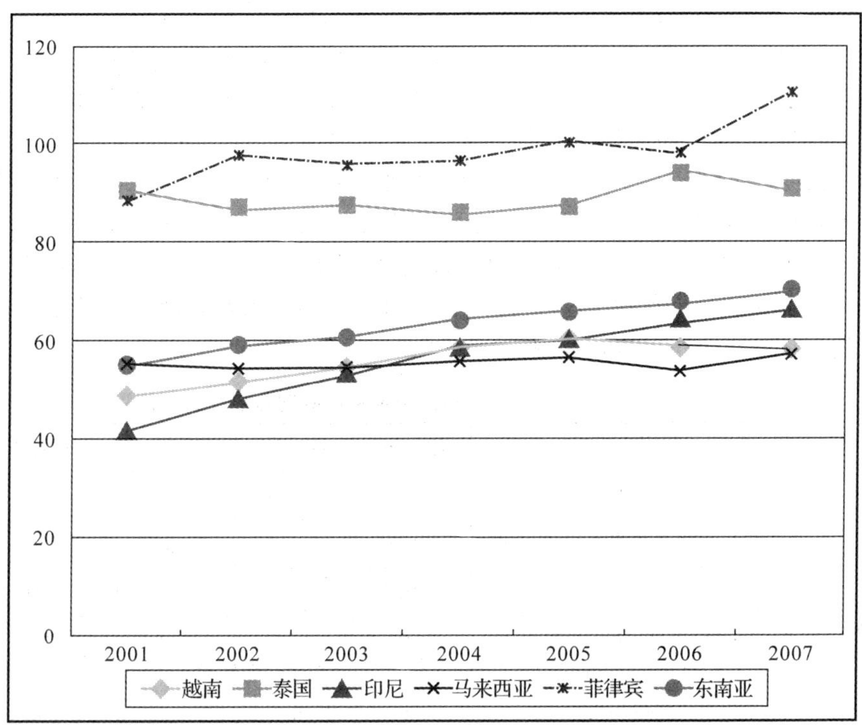

图 10-1　东南亚及五国人均水果消费量趋势图

三、模型检验

依据二次指数平滑预测模型，运用 Eviews 软件得到样本数据的预测值，计算求出东南亚人均水果消费量预测模型的误差相对值和残差平均值，误差相对值越低，残差平均值越小，模型的拟合效果越好（见表 10-10）。

表 10-10　东南亚人均水果消费量预测模型拟合及误差计算

	2001 年	2002 年	2003 年	2004 年	2005 年	2006 年	2007 年
相对误差	0.006	−0.018	0.017	−0.004	0.022	0.016	−0.001
残差平均值	0.012						

由模型拟合结果可以看出，东南亚人均水果消费量预测模型误差相对值在−1.8%～2.2%之间，残差平均值为 1.2%，模型拟合效果很好，完全可以用该模型进行预测分析。

同样，模型拟合结果也显示，东南亚五国人均水果预测模型均通过残差检验，其中菲律宾人均水果消费量预测模型的误差相对值在－3.8%～2.8%之间，残差平均值为1.8%，模型拟合效果最好；越南人均水果消费量预测模型的误差相对值在－1.5%～8.1%之间，残差平均值为2.1%，模型拟合效果较好；印尼人均水果消费量预测模型的误差相对值在－1.9%～9.3%之间，残差平均值为2.5%，模型拟合效果也较好；马来西亚人均水果消费量预测模型的误差相对值分别在－5.8%～4%之间，残差平均值为2.7%，模型拟合效果较好。泰国人均水果消费量预测模型的误差相对值－9.4%～2.8%之间，残差平均值都为3%，模型拟合效果较好。东南亚五国人均水果消费需求也均可以用以上相应的模型进行预测（见表10-11）。

表10-11　东南亚五国人均水果消费量预测模型拟合及误差计算

		越　南	印　尼	泰　国	菲律宾	马来西亚
相对误差	2001年	－0.005	0.006	－0.010	－0.006	0.031
	2002年	0.013	－0.019	0.028	0.004	－0.042
	2003年	－0.004	0.025	－0.017	0.012	－0.001
	2004年	－0.015	－0.013	－0.004	－0.009	0.015
	2005年	0.019	0.093	－0.030	－0.028	－0.002
	2006年	0.081	0.006	－0.094	0.028	0.040
	2007年	－0.014	0.013	0.024	－0.038	－0.058
残差平均值		0.021	0.025	0.030	0.018	0.027

四、人均水果消费量预测

1.东南亚人均水果消费量预测

运用模型计算式测算得到2011—2015年东南亚居民人均水果消费预测结果见表10-12。

测算结果显示：2011年东南亚国家居民人均水果消费量可达79.30千克/人·年，比2007年增加9千克/人·年，到2015年将达到88.31千克/人·年。

表10-12　东南亚人均水果消费量预测　（单位：千克/人·年）

	2011年	2012年	2013年	2014年	2015年
东南亚	79.30	81.55	83.80	86.06	88.31

2. 东南亚五国人均水果消费量预测

根据前面求出的模型计算式测算得到2011—2015年东南亚五国居民人均水果消费预测结果见表10-13。测算结果显示:菲律宾人均水果消费量最高,2011年将达到112.56千克/人·年,到2015年增加到120.86千克/人·年,远高于东南亚整体人均水果消费水平。

表10-13 东南亚五国人均水果消费量预测 (单位:千克/人·年)

	2011年	2012年	2013年	2014年	2015年
越南	55.71	55.09	54.46	53.83	53.21
泰国	94.38	95.08	95.78	96.49	97.19
印尼	79.01	82.17	85.32	88.47	91.62
马来西亚	55.36	55.40	55.43	55.47	55.50
菲律宾	112.56	114.63	116.71	118.78	120.86

泰国人均水果消费比较高,从2011年的94.38千克/人·年增加到2015年的97.19千克/人·年,高于东南亚人均水果消费水平,但差距呈缩小趋势。

印尼人均水果消费增长速度较快,从2011年的79.01千克/人·年增加到2015年的91.62千克/人·年,以年均3千克/人·年的速度增长,消费水平高于东南亚人均水果消费水平,且差距呈扩大趋势。

马来西亚人均水果消费量相对不高,且与东南亚人均水果消费水平的差距越来越大,但呈缓慢上升趋势,到2015年达55.5千克/人·年。

越南人均水果消费量呈下降趋势,从55.71千克/人·年下降到53.21千克/人·年,远低于东南亚整体人均水果消费水平。

五、水果消费需求总量预测

基于东南亚人均水果消费量二次指数平滑法的预测结果,依据FAO对东南亚及东南亚五国的人口预测,测算得到2011—2015年东南亚及东南亚五国水果消费总量预测结果。

1. 东南亚水果消费总量预测

测算结果显示:东南亚国家水果消费总量2011年达到4758.2万吨,2015年将达到5528.04万吨,在2011—2015年东南亚水果消费总量以年均192.46万吨的速度增长,拥有很好的市场发展空间(见表10-14)。

表 10-14　东南亚水果消费总量预测　（单位：万吨）

	2011 年	2012 年	2013 年	2014 年	2015 年
东南亚	4758.2	4947.086	5138.622	5332.36	5528.04

2. 东南亚五国水果消费总量预测

预测结果显示：印度尼西亚水果消费需求量最大，增长速度也最快。2011 年水果消费量将达到 1914.70 万吨，2015 年将达到 2307.82 万吨。市场潜力较大。

菲律宾水果消费能力比较强，在 2011—2015 年水果消费需求总量以 39.54 万吨的速度增长，到 2015 年水果消费总量将达到 1225.78 万吨，可以预见，未来五年菲律宾水果市场有很好的发展空间。

泰国水果消费总量从 2011 年 656.11 万吨增加到 2015 年 688.84 万吨，年增长 8.18 万吨。表明泰国水果消费市场仍有较大的发展潜力。

马来西亚水果消费量相对不高，远低于其他四国，且与其他四国的差距越来越大，在 2011—2015 年以 2.68 万吨的速度缓慢增长，到 2015 年水果消费总量将达 170.48 万吨，表明马来西亚的水果消费市场潜力不大但仍有发展空间。

越南水果消费总量以 0.7 万吨的速度缓慢下降，从 2011 年的 494.29 万吨减少到 2015 年的 491.88 万吨（见表 10-15）。

表 10-15　东南亚五国水果消费总量预测　（单位：万吨）

	2011 年	2012 年	2013 年	2014 年	2015 年
越　南	494.68	494.29	493.72	492.93	491.88
印　尼	1914.70	2011.17	2108.97	2207.91	2307.82
泰　国	656.11	664.54	672.81	680.92	688.84
马来西亚	159.77	162.43	165.12	167.80	170.48
菲律宾	1067.62	1105.87	1145.06	1185.05	1225.78

第五节 东南亚国家主要温带水果消费潜力

一、人均温带水果消费量预测

基于FAO统计资料显示，东南亚国家居民消费的主要温带水果有苹果和葡萄，2001—2007年对这些水果消费均呈现出一定的线性增长变化趋势，因此，本研究采用二次指数平滑法对2011—2015年东南亚苹果和葡萄消费量进行预测。

1. 模型构建

根据FAO食品消费平衡表，选取东南亚2001—2007年人均苹果消费量和人均葡萄消费量为样本数据，运用Eviews软件进行预测。分别求出参数 a_t 和 b_t，代入预测公式：$X_{t+T}=a_t+b_tT$，得到

苹果人均消费量预测模型：$X_{t+T}=0.88+0.06T(T=1,2,\cdots,n)$。

葡萄人均消费量预测模型：$X_{t+T}=0.403+0.025T(T=1,2,\cdots,n)$。

2. 模型检验

依据二次指数平滑预测模型，运用Eviews软件得到样本数据的预测值，分别计算求出东南亚苹果和葡萄人均消费量预测模型的误差相对值和残差平均值（见表10-16）。

表10-16 东南亚人均苹果和葡萄消费量预测模型拟合及误差计算

	相对误差							相对误差均数
	2001	2002	2003	2004	2005	2006	2007	
苹果	−0.009	−0.007	0.042	−0.024	−0.054	0.137	0.105	0.054
葡萄	−0.020	0.029	0.011	−0.027	0.096	0.007	0.018	0.030

模型检验结果显示：东南亚人均苹果消费量预测模型误差相对值在−5.4%～13.7%之间，残差平均值为5.4%，模型拟合效果较好。东南亚人均葡萄消费量预测模型误差相对值在−2.7%～9.6%之间，残差平均值为3%，模型拟合效果很好。因此，以上模型通过检验，模拟效果较好，我们可以用二次指数平滑模型，对东南亚苹果、葡萄等温带水果消费需求进行预测。

3. 模型预测结果

根据预测模型，计算得到2011—2015年东南亚人均苹果和葡萄消费量。

测算结果显示:东南亚人均苹果消费量不高,但呈上升趋势。2011—2015 年人均苹果消费量从 1.12 千克/人·年增加到 1.35 千克/人·年。东南亚人均葡萄消费量比较少,2011 年可达到 0.5 千克/人·年,高于 2007 年,2015 年将达到 0.61 千克/人·年(见表 10-17)。

表 10-17　东南亚人均苹果和葡萄消费量预测（单位:千克/人·年）

	2011 年	2012 年	2013 年	2014 年	2015 年
苹　果	1.12	1.18	1.23	1.29	1.35
葡　萄	0.50	0.53	0.55	0.58	0.61

二、主要温带水果消费总量预测

同样,根据 FAO 对东南亚人口总量预测,按照我们上述测算的东南亚人均苹果和葡萄消费量,预测其消费需求总量,结果显示:

东南亚苹果消费总量 2011 年为 66.989 万吨,以年均 4.41 万吨的速度增长,2015 年将达到 84.635 万吨,说明东南亚苹果市场需求在增加,具有较大的市场前景。

东南亚葡萄消费量相对不高,但也呈增长趋势。2011 年为 30.262 万吨,并以每年 1.91 万吨的速度增长,到 2015 年葡萄消费总量将达 37.9 万吨,表明东南亚葡萄消费需求有一定的市场发展空间(见表 10-18)。

表 10-18　东南亚苹果和葡萄消费需求总量预测　　（单位:万吨）

	2011 年	2012 年	2013 年	2014 年	2015 年
苹　果	66.989	71.298	75.679	80.126	84.635
葡　萄	30.262	32.128	34.025	35.950	37.901

三、主要温带水果消费潜力预测

1. 人均消费潜力

从前面的分析我们可以看出,东南亚国家人均水果消费量较高,高于世界平均水平,更高于中国包括新疆,一些国家(菲律宾)还高于欧盟发达国家。但从消费的水果种类上看,主要以热带亚热带水果消费为主,对温带水果的消费很少。然而,随着东南亚国家经济发展,居民生活水平的提高,消费能力和需求多样化不断提高,对水果差异化消费(尤其是对温带水果的消费)的需求也逐步增加。因此,我们按照世界人均温带水果消费水平来衡量东南亚国家温带水果消费需求,预测其消费需求潜力。

FAO的资料显示,2007年世界人均苹果、葡萄和枣消费量分别为9.13千克/人·年、3.88千克/人·年和0.78千克/人·年。我们以这一标准(还没有考虑这些水果未来消费的增加量)为基数,按2001—2007年东南亚人均水果消费年均增长率4.21%,测算2011—2015年东南亚主要温带水果人均消费需求潜力,结果显示:

按照2007年世界人均苹果、葡萄和枣消费标准,2011年东南亚苹果人均消费量应该达到10.77千克/人·年,到2015年将提高到12.70千克/人·年。

东南亚人均葡萄消费量2011年应该达到4.58千克/人·年,2015年将增加到5.40千克/人·年。

东南亚人均枣消费量较少,呈缓慢增长趋势,2011年应该达到0.92千克/人·年,到2015年将增加1.08千克/人·年(见表10-19)。

表10-19 东南亚主要温带水果人均消费潜力预测

(单位:千克/人·年)

	2011年	2012年	2013年	2014年	2015年
苹 果	10.77	11.22	11.69	12.19	12.70
葡 萄	4.58	4.77	4.97	5.18	5.40
枣	0.92	0.96	1.00	1.04	1.08

注:以2007年世界平均消费水平为标准。

与世界平均消费水平差距的测算结果显示:如果以2007年世界人均消费水平计算,未来东南亚人均苹果消费与世界平均消费水平的差距仍比较大,且呈增长趋势,东南亚与世界人均苹果消费差距将从2011年的9.65千克/人·年增加到2015年的11.35千克/人·年。相对而言,东南亚人均葡萄消费与世界平均消费水平的差距较小,从2011年的4.08千克/人·年缓慢增长到2015年的4.79千克/人·年。

预测结果表明,东南亚主要温带水果人均消费水平还比较低,与世界平均消费水平的差距较大,远不能满足日益增长的水果消费需求,要达到2007年世界人均平均消费水平,还有很大的市场提升空间(见表10-20)。

表 10-20　东南亚与世界主要温带水果人均消费差距

（单位：千克/人・年）

	2011 年	2012 年	2013 年	2014 年	2015 年
苹　果	9.65	10.04	10.46	10.90	11.35
葡　萄	4.08	4.24	4.42	4.60	4.79

2. 消费总需求潜力

基于上述东南亚主要温带水果人均消费量与世界平均消费水平差距的潜力预测，依据FAO提供的东南亚2011—2015年总人口预测，测算东南亚主要温带水果消费总需求潜力。结果显示：

以2007年世界人均苹果、葡萄和枣消费量为标准，按照上面计算的东南亚主要温带水果人均消费需求及变动预测，2011年东南亚苹果消费总量应该在578.87万吨，并以年均32.88万吨的速度增加，2015年将增长到710.39万吨。

东南亚葡萄消费潜力也呈增长趋势，2011年应该达到244.56万吨，到2015年将增加到299.63万吨，年均增长13.77万吨。

东南亚枣消费需求潜力增长相对较慢，2011年应该达到55.20万吨，到2015年将增长到67.61万吨，年均增长3.10万吨(见表10-21)。

表 10-21　东南亚主要温带水果消费需求潜力　（单位：万吨）

	2011 年	2012 年	2013 年	2014 年	2015 年
苹　果	578.87	609.08	641.56	675.11	710.39
葡　萄	244.56	257.11	270.97	284.93	299.63
枣	55.20	58.24	61.32	64.44	67.61

要达到世界平均消费水平的差距预测结果显示：如果达到2007年世界人均苹果消费量水平，东南亚苹果消费总量的市场潜力还很大，2011年东南亚苹果消费总量差距为511.88万吨，到2015年将增加到625.76万吨，即东南亚苹果消费量还有600多万吨的市场需求潜力。

如果达到2007年世界人均葡萄消费量水平，2011—2015年东南亚葡萄消费总量的市场潜力也较大，并呈增加趋势，从214.30万吨增加到261.72万吨，即到2015年东南亚葡萄消费还有260万吨以上的需求潜力。

综上所述，按照2007年世界人均苹果和葡萄消费标准，东南亚苹果和葡萄的消费总量还有很大的市场发展空间，市场前景广阔(见表10-22)。

表 10-22　东南亚与世界主要温带水果消费需求差距　（单位：万吨）

	2011 年	2012 年	2013 年	2014 年	2015 年
苹　果	511.88	537.78	565.88	594.98	625.76
葡　萄	214.30	224.98	236.95	248.98	261.72

第六节　预测结果分析

一、人均水果消费

前面两种模型预测的结果显示：未来几年东南亚人均水果消费需求量将呈持续上升趋势。2011 年东南亚人均水果消费量在 80 千克/人·年左右，到 2015 年将增加到 88～93 千克/人·年之间（见表 10-23）。

表 10-23　东南亚人均水果消费量预测区间　（单位：千克/人·年）

	2011 年	2012 年	2013 年	2014 年	2015 年
东南亚	79.3～80.9	81.6～83.7	83.8～86.7	86.1～89.7	88.3～92.8

同样，两种模型测算的东南亚五国人均水果消费结果显示：未来四年这五国人均水果消费量均呈增加态势，但增加的程度各不相同（见表 10-24）。

表 10-24　东南亚五国人均水果消费量预测区间

（单位：千克/人·年）

	2011 年	2012 年	2013 年	2014 年	2015 年
越　南	55.7～66.3	55.1～67.9	54.5～69.5	53.8～71.2	53.2～72.9
印　尼	79.0～85.1	82.2～90.2	85.3～95.7	88.5～101.5	91.6～107.6
泰　国	94.4～100.7	95.1～102.5	95.8～104.4	96.5～106.3	97.2～108.2
马来西亚	55.4～55.8	55.4～55.8	55.4～55.9	55.5～55.9	55.5～56
菲律宾	112.3～112.6	114.4～114.6	116.5～116.7	118.6～118.8	120.8～120.9

菲律宾人均水果消费量最高，2011 年在 112 千克/人·年左右，2015 年将增加到 120 千克/人·年左右，远高于东南亚人均水果消费水平。

泰国人均水果消费 2011 年在 94～100 千克/人·年之间，2015 年在 97～108 千克/人·年之间，高于东南亚人均水果消费水平。

印度尼西亚人均水果消费2011年在79～85千克/人·年之间，2015年将增加到91～107千克/人·年之间，高于东南亚人均水果消费水平。

越南人均水果消费量2011年在56～66千克/人·年之间，2015年将增加到53～73千克/人·年之间，低于东南亚人均水果消费水平。

马来西亚人均水果消费量将保持在55千克/人·年左右。

二、水果消费需求总量

在以上东南亚人均水果消费需求预测的基础上，按照FAO对东南亚人口发展预测，计算得出东南亚水果消费需求总量预测结果。可以看出，东南亚水果消费总量呈不断上升趋势，2011年消费需求总量在4700万～4850万吨之间，2015年将增加到5500万～5800万吨(见表10-25)。

表10-25　东南亚水果消费需求总量预测区间　(单位:万吨)

	2011年	2012年	2013年	2014年	2015年
东南亚	4758.2～4852.41	4947.09～5077.98	5138.62～5313.1	5332.3～5557.49	5528.04～5811.67

表10-26　东南亚五国水果消费需求总量预测区间　(单位:万吨)

	2011年	2012年	2013年	2014年	2015年
越　南	494.68～589.05	494.29～609.43	493.72～630.36	492.93～651.8	491.88～673.72
印度尼西亚	1914.7～2061.25	2011.17～2208.12	2108.97～2365	2207.91～2532.33	2307.82～2710.63
泰　国	656.11～699.92	664.54～716.52	672.81～733.28	680.92～750.16	688.84～767.16
马来西亚	159.77～160.96	162.43～163.67	165.12～166.4	167.8～169.14	170.48～171.86
菲律宾	1066.3～1067.62	1104.3～1105.87	1143.61～1145.06	1184.11～1185.05	1225.75～1225.78

同样，未来四年，东南亚五国水果消费需求总量也持续上升，但增加程度不同。东南亚水果消费需求量最高的是印尼，且增长速度最快。2011年水果消费需求量在1900万吨～2000万吨之间，2015年将增加到2300万～2700万吨；菲律宾2011年水果消费需求量在1000万吨左右，2015年将增加到1200万吨；泰国2011年水果消费需求量在650万～700万吨，2015年将增加到690万～770万吨；越南2011年水果消费需求量在490万～590万吨之间，2015年将达到490万～670万吨；马来西亚2011年水果消费需求量在160万

吨左右，2015 年将达到 170 万吨左右（见表 10-26）。

三、主要温带水果消费需求量

根据近年来东南亚人均苹果和葡萄消费需求变化趋势预测，结果显示：2011 年东南亚人均苹果消费量 1.12 千克/人·年，人均葡萄消费量 0.50 千克/人·年；到 2015 年东南亚人均苹果消费量增加到 1.35 千克/人·年，葡萄人均消费量增加到 0.61 千克/人·年。

根据 FAO 对东南亚人口发展预测，结合以上人均消费需求预测，得到东南亚苹果和葡萄消费需求总量预测结果：2011 年东南亚苹果消费需求总量 67 万吨，葡萄消费需求总量 30 万吨；2015 年东南亚苹果消费需求总量将达到 85 万吨，葡萄消费需求总量将达到 38 万吨。

四、主要温带水果消费需求潜力

我们以 2007 年世界人均温带水果消费水平为基准，根据近年来东南亚国家人均水果消费增长速度，测算得到东南亚温带水果消费需求潜力。如果东南亚人均消费温带水果达到 2007 年的世界平均水平，则 2011 年东南亚苹果消费需求总量应该达到 588 万吨，葡萄消费需求总量应该达到 245 万吨，枣的消费需求总量应该达到 55 万吨。2015 年东南亚苹果消费需求总量将达到 710 万吨，葡萄消费需求总量将达到 300 万吨，枣的消费需求总量为 67 万吨。

因此，可以看出，东南亚温带水果消费市场潜力巨大，与世界平均水平相比东南亚主要温带水果消费总量仍有很大的市场提升空间。

第十一章

新疆特色水果开拓东南亚市场外销平台建设思路

第一节 华南市场(南宁分中心)外销平台建设思路

一、"南宁分中心"建设的基本原则

1. 以市场为导向,国内国际市场并重的原则

"南宁分中心"外销平台建设要牢固树立"以市场为导向,国内国际市场并重"的原则,即以南宁批发市场为核心,辐射和覆盖广西区域;以南宁外销平台为纽带,联结广西及东南亚国家水果经销商,开拓东南亚市场;以中国—东盟博览会为契机,深入东南亚市场。同时,"以市场为导向"不仅要瞄准现实需求,还要分析潜在需求,立足多样化、优质化的市场需求,重点宣传和推出市场占有率高、市场前景广阔的新疆特色水果。此外,通过平台及时掌握市场动态,获取市场信息,分析市场供求关系,预测市场前景,为水果企业和经销商顺利进入广西和东南亚提供服务。

2. 政府搭台、企业唱戏、市场运作的原则

政府搭台、企业唱戏,即政府搭台创建平台,企业为主推介和洽谈合作项目,共同推进华南广西和东南亚市场开拓。首先,政府在整体宣传推介和平台搭建等方面要先行一步,在南宁积极做好新疆特色水果宣传、推介、展销等一系列市场开拓工作,发挥政策引导、平台建设、环境营造、信息提供的作用,协调和整合社会各方面的资源和力量,为企业开拓市场和后续经营铺路护航。同时,鼓励疆内外涉果企业在不断提升产品品质的基础上,抓住机遇,积极利用政府提供的平台,与外地、国外企业或经销商合作,不断延伸市场链条,拓展外销空间,最终逐步走向由市场调节的生产、供给、流通、消费的新疆特色水果

业健康发展的良性循环发展之路。

3. 互利互赢，共同发展的原则

在南宁外销平台的建设过程中，要坚持互利互赢、共同发展的原则，共同推进华南区域（广州区域、广西次区域）外销平台建设。鼓励国内各地的加工、流通、销售企业经营新疆特色水果，促进国内企业利用新疆外销平台了解信息、建立合作，或者直接与产地对接，促进新疆特色水果从生产到销售的全过程竞争，借助外力提高新疆特色水果市场的竞争力，使产地企业、国内经销商或企业、东南亚经销商或企业，在经营新疆水果利益链中实现共赢，达到特色水果扩大市场并长期稳定销售的平台建设目标。

4. 加强研究，稳步推进的原则

由于新疆水果进入华南和东南亚不仅存在自然风险、运输贮藏保鲜等风险，还存在不可预计的市场风险。一是广西壮族自治区经济社会发展水平明显低于北京、上海、广州和深圳等，居民消费能力和消费水平差异也较大，对新疆特色水果的认知和消费还需要引导。二是部分东南亚国家属于欠发达国家，消费能力有限，一些新兴发展中的东南亚国家居民的消费习惯的转变也需要一定时间。三是目前新疆水果进入东南亚的外销流通渠道还需不断加强和完善。为了规避市场风险和自然风险，增强新疆优质特色水果在外销市场的竞争力，就必须加强市场调查和研究，研究不同企业服务的市场层次和目标客户群等问题。稳步推进"南宁分中心"展销会和外销平台建设的规模和速度，逐步适应广西和东南亚国家市场需要，以防力度和措施不当，给企业和经销商带来损失。因此，"新疆特色水果华南市场（南宁分中心）外销平台建设"需稳步谨慎推进。

二、"南宁分中心"建设思路

以华南广西及东南亚市场需求为导向，以目标市场城镇居民消费者为中心，按照"政府搭台、企业唱戏、市场运作、各方支持"的思路，积极探索华南市场（南宁分中心）新型销售平台建设模式，巩固和扩展以哈密瓜、葡萄、香梨等为主的鲜水果市场，开辟和打造以红枣、核桃、巴旦木等为主的干果市场。整合华南市场及进入东南亚现有的销售渠道系统，建立以批发市场为核心、以龙头企业和经销大户带动为主体、以营销策略组合为重点的新型果品营销系统。采取整体推介、展示展销、交易洽谈、产销对接等方式，促销宣传，打造品牌，提高广西及东南亚消费者对新疆水果的认知。形成并巩固新疆特色水果以"广州中心为主、南宁分中心为辅，交相辉映，覆盖华南"的外销平台，形成"面向港澳地区和东南亚，海陆畅通，相辅相成”的南部大区域市场流通体系和市场格局。抓住机遇，探索新疆在东南亚主要国家重点城市水果外销平台建设模式，逐步推进“新疆特色水果东南亚展销中心”建设。

第二节　华南市场(南宁分中心)外销平台建设定位

一、“南宁分中心”建设定位

华南市场(南宁分中心)外销平台建设是继新疆特色农产品及特色水果在我国北京、上海、广州三大外销平台建设和发展的基础上，为进一步推进新疆特色水果全面覆盖华南、开拓东南亚国际市场而在广西南宁市建设的以特色水果为主的二级外销平台。南宁是广西壮族自治区的首府，是广西政治经济文化的中心，也是中国—东盟博览会的举办地，东南亚的柬埔寨、越南、泰国、老挝、缅甸等国家已先后在南宁设立领事馆，因此，广西南宁是新疆特色水果开拓东南亚市场平台建设的最佳地区。其平台建设定位为：以南宁为核心覆盖广西、面向东南亚的新疆特色水果华南市场(南宁分中心)外销平台。

二、“南宁分中心”功能

华南市场(南宁分中心)外销平台的功能包括两个方面：一是承担新疆特色水果开拓广西市场的功能；二是承担新疆特色水果开拓东南亚市场的功能。

1. 辐射和覆盖广西市场

广西壮族自治区是华南地区的重要组成部分，地域面积 23 万多平方公里，2010 年年底总人口 5100 万人，共有 14 个地级市及 37 个市辖区、7 个县级市、68 个县。2010 年人均 GDP 为 20645 元，城镇化率 40.6%，农村居民人均纯收入 4543 元，城镇居民人均可支配收入 17064 元。虽然行政地域隶属华南地区，但其市场分布格局，特别是新疆水果进入华南地区的市场分布，与广东省广州和深圳两大城市的联系并不紧密，处于相对独立的一个完整的市场体系。

南宁是广西壮族自治区的首府城市和经济中心，目前新疆特色水果进入广西均通过南宁集散，故“南宁分中心”承担着新疆特色水果开拓和覆盖广西市场的重要功能，起着联结广西各地市的中心枢纽的作用，具有面向广西区域宣传、推介新疆特色水果、提高新疆特色水果在广西市场的认知度和美誉度的功能，也具有面向广西 14 个地级市的二级或三级经销商进行合作交流、商贸洽谈和物流集散平台的功能，还具有新疆企业在广西建立新疆特色水果经销网点、办事机构以及物流集散平台的功能。

2. 开拓东南亚市场

这是该平台建设的最主要的目标和功能，也是在国内具有突出特色和面向国际市场的外销平台，具有国内其他二级城市所不具有的优势和特征。“南宁分中心”具有不同于国内其他省区二级展销平台的功能，是中国面向东南亚国家市场的桥头堡和重要陆路通道，也是中国温带水果进入东南亚的一个主要途径，承担着新疆特色水果开拓东南亚市场的重要功能，具有联结新疆特色水果进入东南亚市场的纽带作用。因此，“南宁分中心”外销平台建设是继广州外销平台建设，新疆特色水果通过华南开拓国际市场、挺进东南亚的重要一步和必经环节。

“南宁分中心”承担新疆特色水果开拓东南亚市场的功能和作用包括：面向广西东南亚水果出口商和东南亚国家水果进口商，宣传推介新疆特色水果；为双方或多方水果经销商交流合作、商贸洽谈提供平台；为新疆特色水果满足出口需要加工和贸易提供物流条件；具有推动东南亚、广西、新疆三地多方互利共赢的合作发展，引导新疆特色水果生产、加工、贸易企业组织参与东南亚市场开拓，并逐步推动新疆在东南亚国家的经济发达地区的中心城市开展特色水果外销平台建设的功能和作用。

第三节　华南市场（南宁分中心）建设地点与时间

一、“南宁分中心”建设地点

依托广西南宁市农产品批发市场先进的设施、通畅的物流、成熟的销售渠道等基础条件，建立“新疆特色水果华南市场（南宁分中心）”，具体地点可以考虑建在南宁海吉星农产品国际物流中心或者南宁金桥农产品批发市场。两个市场内部均设有东南亚水果交易中心（或展示中心和交易区），具有已经建设好的平台设施和条件。

南宁海吉星农产品国际物流中心是由深圳市农产品股份有限公司投资建设的，项目规划用地约 700 亩，总投资约 15 亿元。深圳市农产品股份有限公司先后在 21 个中心城市投资经营管理了 32 家大型农产品综合批发市场和大宗农产品网上交易市场，其南宁市场建设的主要目的是立足南宁、流通广西、面向东南亚市场。南宁海吉星农产品国际物流中心第一期水果批发市场已于

2011年6月建成并投入使用，该水果批发市场水电设施和其他服务设施齐全，分为东盟水果区、北方水果区、本地水果区等市场分区，市场内有专门为新疆哈密瓜交易设置的专区。该市场内部管理设施和手段较为先进，各交易档口均设置有电子地磅和触摸显示屏，可以了解和统计、掌握市场内每个经营户的交易品种、数量、价格等信息，便于管理和协调。同时，该市场销售渠道成熟，每天约有来自全国各地和东南亚国家的1000多吨水果在这里进行批发交易，销售额1000多万元。更重要的是，该市场具有较好的会展条件，2011年国家农业部在东盟博览会期间举办的中国"四西一市"(广西、陕西、山西、江西和烟台市)的优质水果推介活动现场之一就设在该市场进行。所以，南宁海吉星农产品国际物流中心基本具备"新疆特色水果华南市场(南宁分中心)外销平台建设"的条件。

南宁金桥农产品批发市场由流通企业广西五洲交通股份有限公司、农产品物流企业南宁威宁资产经营有限责任公司共同出资组建，目前是广西首个大型农产品加工物流园区，也是南宁市首个一站式数字化运作农产品批发市场。该市场集批发交易、大宗物流、农产品深加工、城市配送以及农产品网络交易模式互相结合为一体的经营方式。市场建设项目由五个区域构成，其中：一号区为核心区，建有水果交易区、粮油交易区、干杂交易区、综合展销区、广西土特产交易区、东盟土特产交易区、台湾农产品交易区、综合服务区等八大业态区域；二号区将建设交易大棚、冷库、加工车间、配送车间等，以大宗农产品批发、冷链服务、仓储服务、农产品加工、物流配送、东盟农业商务对接服务等功能定位；三至五号区规划为大型仓储、冷库、农产品加工、畜禽屠宰、分割、加工等。市场建设分二期进行，一期占地227亩，总投资8亿元，于2011年7月份已完成并进入试运行，已建成电子商务网站、商铺及物业管理、结算中心收费管理、停车场管理、物流配送、仓储管理、办公自动化等配套服务设施齐全的金桥农产品市场。其主要特点：一是电子商务网站建设已经完成，用于交易信息发布与内部信息管理；二是借助于广西五洲交通股份有限公司这个大股东的优势，具有物流设施、设备及技术的优势；三是市场内建有东盟农产品展销中心，可以用以举办多种形式的农产品推介、洽谈会。因此，该市场也基本具备"新疆特色水果华南市场(南宁分中心)外销平台建设"的条件和要求。

二、"南宁分中心"活动举办时间

根据广西与东南亚国家贸易往来的经验和习惯，建议"新疆特色水果华南市场(南宁分中心)外销平台建设"的推介展销活动在中国—东盟博览会前期或期间开展，即从2012年10月开始。因为中国东盟博览会召开之际，全国及

广西特别是东南亚国家客商会集中在南宁寻求商业机会，在此盛会之前或是期间开展新疆特色水果推介展销等系列活动，既有利于开拓和深入推进广西市场，更有利于开拓东南亚市场。

同时，建议搭乘农业部在中国—东盟博览会期间举办的中国优质水果推介活动的平台，推动新疆特色水果开拓广西和东南亚市场。2011 年中国—东盟博览会期间，陕西、山西、江西、广西等四省区和烟台市联合在广西南宁举办的优质水果推介会，集中展示效果较好，"四西一市"果品企业与东南亚国家采购商签订了 4 亿元的水果进出口协议。该活动计划在 2011—2013 年连续举办三年。而新疆已落后于陕西、山西、江西等温带水果产区抢占广西和东南亚市场，因此，"新疆特色水果华南市场（南宁分中心）外销平台建设"要抓住时机，积极争取利用这个国家级展示平台的契机，加快向广西和东南亚国家宣传推介新疆特色水果。

第四节　华南市场（南宁分中心）建设步骤

"新疆特色水果华南市场（南宁分中心）外销平台建设"已时不我待，中国—东盟博览会、南宁新兴批发市场建设及一批水果出口经销商发展以及农业部 2011 年为西部省区（四西以市）面向东南亚温带水果的推介，均为新疆特色水果开拓东南亚市场提供了平台、契机和借鉴，也迫切要求新疆抢抓机遇、争取更大更多市场份额。因此，我们提出华南市场（南宁分中心）外销平台建设的"三部曲"。

首先，"南宁分中心"选址和进驻。2012 年初开始到 2012 年 6 月前选定和落实南宁展示展销中心地址，并引导和组织疆内水果企业进驻展示展销中心，疆内企业和经销商在南宁市开设销售网点。

其次，初步建立"新疆特色水果华南市场（南宁分中心）外销平台"。2012 年 10 月前基本落实新疆特色水果南宁展示展销中心。2012 年 7 月至 10 月，筹备参加中国—东盟博览会等一系列宣传、推介、展销和商贸洽谈活动，参加博览会期间中国优质水果推介和商贸洽谈、南宁展示展销中心外销启动活动、南宁市大型商超推介展销活动。

第三，巩固"南宁分中心"外销平台、推进东南亚国家外销平台建设。2013 年起以华南广州和南宁外销平台为基础，走出国门、面向东南亚，开展宣传、推介活动，在东南亚经济发达的国家和地区中心城市建立外销平台，例如新加坡、泰国曼谷、马来西亚吉隆坡、越南胡志明市、河内等，循序渐进地开展一系列宣传和推广活动，争取在2015年中国—东盟自由贸易全面零关税前，建成覆盖东南亚主要经济发达地区中心城市的新疆特色水果外销平台。

第五节　华南市场(南宁分中心)建设目标

通过华南市场(南宁分中心)外销平台建设将达到以下目标：

(1)提高新疆特色水果在广西和东南亚国家的销售量和产值。目前新疆特色水果在广西和东南亚国家的销售量分别约为10万吨和3.7万吨，目标是到2015年要达到30万吨和20万吨，产值相应增加3～4倍。

(2)扩大新疆特色水果在广西和东南亚国家的销售品种。目前新疆在广西和东南亚国家市场的销售品种主要是哈密瓜、葡萄和香梨，目标是到2015年，要把新疆特色水果红枣、核桃、香梨、杏、巴旦木、开心果、沙棘、石榴、枸杞、苹果十大优势特色经济林品种全部推向华南和东南亚市场。

(3)增强新疆水果企业开拓市场能力，提高市场竞争力。目前新疆水果企业基本上均为外地企业或经销商的供应商，处在水果外销链的最底端，企业竞争力很低，利润微薄，开拓广西和东南亚市场能力不足。通过"南宁分中心"外销平台建设，力争到2015年新疆在广西开设特色水果销售网点50家，在东南亚国家开设外销平台5个、销售网点100家，加强完善新疆特色水果在华南市场的销售网络和销售体系，扩大新疆特色水果华南市场份额，加快开拓东南亚市场的步伐，提高市场竞争力。

(4)探索新疆温带水果与东南亚热带水果互补贸易和合作的模式与机制。一方面通过东南亚国家外销平台建设，展示推介销售新疆特色水果；另一方面通过东南亚国家外销平台，积极引导国内企业投资东南亚农产品食品加工、销售行业，同时引进东南亚国家农产品食品经营企业，参与新疆特色水果产业发展。在互利互赢、共同发展的原则下，发挥"南宁分中心"外销平台信息交流作用，积极探索与东南亚国家发展相契合的合作模式。

第六节　华南市场(南宁分中心)外销平台建设风险分析

一、市场风险

广西虽然有5000万人口的消费市场，但广西也属于较落后的西部地区，经济发展水平较低，消费水平明显低于广州和深圳，对新疆特色水果高档产品消费能力不足。同时，目前广西经销新疆特色水果的商户数量少，且通过批发市场集散，没有大的农产品企业经销新疆水果，农超对接没有形成。此外，新疆地方政府和企业以及广西经销商或超市等，对新疆特色水果的宣传和推介力度不足，广西大部分消费者和一些经销商对新疆特色水果的认知度很低。

特别是目前新疆政府和企业还没有走进东南亚，还没有开展有效的宣传和推介，东南亚消费者对新疆特色水果的认知度和消费还很低。这些均可能会影响到新疆在广西南宁开展特色水果展销中心和外销平台建设的效果。

二、交通运输及通关风险

新疆远离主体消费市场，地处西北腹地，鲜水果运至华南市场运输距离远、时间长，对储藏保鲜技术提出了更高的要求，会使产品质量受到一定程度的影响。虽然这些水果在产地具有价格优势，但综合运输成本、风险成本以及保鲜技术成本仍然较高，风险成本和保鲜技术成本也大大提高。

新疆没有出海口，水果出口东南亚要经过广东、广西和云南等地，通过陆路—陆路或陆路—水路运输，不能直接出口，要经过属地报关、异地查验，或者异地报关等，中间环节多，运输及流通成本较高，运输风险大大增加。而且，中国与东盟海运对接发展不平衡，陆路交通合作不顺畅，陆路口岸没有绿色通道，陆路运输车不能直通直达。因此，由区位劣势导致的水果价格及质量问题，是制约新疆水果进入华南及开拓东南亚市场的主要因素。此外，可能还有运输途中遭遇台风、暴晒、运输车船保鲜设备损坏等风险。

三、非关税贸易壁垒风险

目前，虽然东南亚国家进口门槛低、限制少，成为新疆特色水果向其出口的便利和机会，但东南亚国家也在不断提高水果进口技术壁垒。如印尼从2004 年 12 月起开始实施有关植物检疫有害生物的法令，涉及水果和蔬菜产品；泰国从 2005 年 1 月对食品内残留毒物做了新的规定，涉及水果栽培、储藏、运输、发送和销售过程，要求农业毒物残留必须符合一定标准。并且要求在食品进口登记中提供关于食品生产工艺及组成部分的详细信息；菲律宾对苹果、葡萄等离岸前处理和入关都有具体的检验检疫规定，要求进口商必须获得相关部门的进口许可方能进口；马来西亚规定从 2004 年 3 月起罐装水果包装加工食品，必须加贴营养标签。

此外，东南亚国家对进口我国水果也存在“灰色清关”问题。如大部分出口至印尼的中国集装箱货物，要通过印尼的清关公司办理通关手续，除了要缴纳关税和10%的增值税外,20英尺的集装箱要另交给清关公司400～600美元,40尺的集装箱要交600～1000美元。从广西凭祥口岸出口越南的新疆水果,除缴13%的增值税外,还有2000元左右的收费。因此,虽然"早期收获"计划和"中国—东盟自有贸易区"的建成,逐步实现零关税,但仍存在非关税贸易壁垒限制,这对新疆特色水果开拓东南亚市场也是一个很大的挑战。

四、市场竞争风险

目前新疆进入华南市场的水果主要有葡萄、香梨、哈密瓜,存在着市场上与国内其他产区这些温带水果的竞争,由于地理标志产品品牌保护不足,新疆优势特色水果竞争力不是很强。同时,由于东南亚市场门槛低,不仅存在新疆与国内其他产区同类温带水果产区的竞争,而且还存在着新疆水果经销商之间的恶性竞争,这些均对新疆特色水果出口东南亚市场形成了激烈的竞争和巨大的挑战。此外,还要面对世界温带水果出口国家的激烈竞争,美国、智利是对东南亚出口温带水果的主要国家之一,在东南亚已有较高的市场份额和竞争力,这些国家的水果有严格的分类标准,先进的技术手段,水果在包装、保鲜、储存和运输中损失较少,在市场中不仅外包装漂亮,而且大小一致,晶莹剔透,卖相很好,竞争优势强。

第七节　华南市场(南宁分中心)外销平台建设保障措施

一、提高认识,重视东南亚市场

由于新疆温带水果与东南亚热带水果存在很强的互补性和差异性,目前东南亚国家是新疆特色鲜水果出口的主要目标市场,新疆鲜葡萄出口的近60%,香梨出口的40%,哈密瓜出口的100%,均在东南亚市场,而且鲜果销售渠道也基本成熟。加上东南亚国家5亿多人口对温带水果需求的巨大市场,以及"中国—东盟自由贸易区"建成提供的一系列政策优惠,均为新疆特色水果出口东南亚市场提供了前所未有的大好机会。因此,必须高度重视开拓东南亚市场,从政府、涉果企业和果农都应充分认识到开拓华南市场及进入东南亚市场的重要性。

首先自治区政府要高度重视,认真分析和总结新疆农产品出口东南亚市场的份额、特征及趋势,重视东南亚市场在新疆发展外向型农业中的地位和重要性,特别是特色水果与东南亚市场的互补性优势以及目前出口贸易的状况

及趋势。因此，在目前自治区政府大力推动新疆农副产品外销平台建设的大好形势下，要进一步深入分析研究新疆农产品外销市场的差异，理性定位和看待不同区域市场的特征和前景，提高东南亚市场重视程度，加大对新疆特色水果出口东南亚市场的开拓和维护投入，尽快建立“南宁分中心”外销平台，加强对华南和东南亚市场的调控能力。同时，自治区水果主产区的政府要制定本地特色水果长期稳定外销的长远目标，扶持和打造面对华南及东南亚市场的企业，给予政策、资金、税收等优惠和便利。其次涉果企业（特别是产地涉果企业）要积极利用已经建设起来的广州外销平台，展示优势产品，积极联络华南市场水果经销企业和商户以及东南亚客商，寻找合作商机，拓展外销渠道。

二、成立专门领导小组，提供组织保障

根据新疆农副产品外销平台建设的经验，强有力的组织保障是外销平台建设的重要基础，因此，新疆特色水果华南市场（南宁分中心）的建设也必须有具体的组织、领导和落实机构，建议成立新疆农产品华南地区市场开拓领导小组，由自治区政府统一部署领导，涉农相关厅局参加，领导小组办公室设在自治区林业厅，组建新疆特色水果华南市场（广州）外销平台管理委员会，华南市场（南宁分中心）外销平台作为华南市场（广州）外销平台的延伸，由自治区林业厅统一部署和具体负责建设，广州中心管理委员会具体实施。

“南宁分中心”的建设，建议由自治区农副产品外销平台建设领导小组协调，发挥新疆驻广州（华南区）办事处的优势和作用，加强与广西及南宁各级政府的沟通联系，引导企业、经销商逐步在该区域的大、中城市建立集散分销渠道和营销网络，辐射广西主要城市的中高端市场。

“南宁分中心”平台建设领导小组目前的前期任务包括：设立新疆特色优质农产品南宁展销专区，举办新疆特色优质水果展销会，推动新疆广西特色优质水果农超对接，为广西及东南亚国家客商与新疆产地企业建立联系提供平台，面向广西及东南亚国家宣传新疆优质特色水果。

三、设立专项资金，加强资金保障

资金保障是新疆农副产品外销平台建设的命脉，同其他三大外销平台建设一样，“南宁分中心”的建设也需要大量的专项资金投入保障，没有资金支持和保障，外销平台建设和活动都会受到限制。因此，建议自治区政府像支持其他外销平台建设一样，设立专项资金，由自治区财政负担，用于支持和扶持华南市场（南宁分中心）的建设，投入资金主要用于平台建设的前期考察、协调以及启动、展会、推介、布展、企业摊位补贴等。按照以往经验估算 2012 年“南宁

分中心”平台建设启动资金约需 100 万，主要用于南宁展示展销中心的开支，办展会、推介会和参加中国东盟博览会的开支，以及开拓东南亚市场的前期研究和平台建设支出。具体使用预算：启动经费 40 万，用于南宁分中心办公场地和展示中心场地的租赁、设备购买和维持日常工作；展会经费 20 万，用于参加东盟博览会经费；推介经费 20 万，用于在南宁推介宣传的费用；企业展位补助经费 20 万，为鼓励产地企业利用南宁平台，给予的参展、布展补贴。

四、制定特殊政策，加大政策扶持

为扩大和稳定新疆特色水果外销外运，首先要进一步完善和落实鲜活农产品运输“绿色通道”政策，降低流通成本，促进新疆鲜水果出疆出口流通。把新疆特色水果全部纳入《鲜活农产品品种目录》，对整车合法装载运输鲜果的车辆免收车辆通行费，引导鲜果运输车辆尤其是冷藏车优先快速通过。同时，督促和监督外销沿途各省区鲜活农产品运输“绿色通道”政策工作机制，由自治区人民政府负责组织落实并及时协调解决“绿色通道”政策执行中的问题。其次，积极协调与联系深圳、南宁等出口地区的海关、检疫检验部门，推动属地报关、出口地查验放行的大通关机制运行，特别是落实中国—东盟自贸区通关中相应配套政策，减少新疆水果出口东南亚通关中的各种收费，缩短查验时间，促进实现通关便利化。第三，优化自治区政策环境，在税收、信贷、用地等方面对从事新疆特色水果生产、加工、流通和销售的企业给予优惠，对生产经营收入进行适当税收减免，设立地方特色中小企业发展专项资金和信贷贴息等方式鼓励加工、流通企业发展。不仅要鼓励本地企业发展壮大，而且还要积极引进外商投资和经营，在税收和金融优惠政策方面同等待遇。

五、建立风险规避预警机制，减少和降低风险

由于新疆特色水果进入华南及东南亚市场不可避免地存在运输途中风险、通关风险、华南地区及东南亚市场风险。因此，应加强对华南市场及东南亚主要国家重点城市的调查研究，分析研究这些地区消费者对新疆特色水果的消费需求、消费偏好、消费潜力及空间，多途径了解和掌握东南亚各国农产品贸易政策、技术标准、关税壁垒等现状和趋势，及时指导涉果企业组织生产和调整销售，同时，出口企业也要提前做好各种风险预测，建立风险规避预警机制，提高企业风险防御能力，尽量减少和降低风险。

第八节　加快新疆特色水果开拓东南亚市场的对策建议

一、加强协调，建立出口东南亚的“绿色通道”

由于新疆地处西北边缘，远离东南亚市场，水果出口东南亚需要从广州深圳、广西南宁、云南昆明等口岸转运。目前仅从乌鲁木齐运输到深圳、南宁就需要5～6天时间，从深圳港口出口东南亚还需5～6天时间，从南宁凭祥陆路口岸出口也需要33小时，途中装卸、搬运、冷藏以及报关、查验等，中间环节多，运输时间长，不仅流通成本高，而且还影响了鲜水果在销地市场的品质。因此，为便利新疆水果出口东南亚市场，应设定从产地到出口地各环节途经的“绿色”运输通道，保证新疆鲜水果运输渠道畅通，尽可能地缩短转运和路途时间。政府要积极做好产地与出口地检验检疫部门相互认可、便于通行的协调工作和保障，积极与转运出口港和口岸建立协作关系，签订相关协议，落实国家给予良好农产品出口企业优惠和支持政策，简化检验检疫手续，加快通关放行。

二、加快标准化进程，加强出口基地建设

由于美国和加拿大水果进口标准较高，新疆水果出口企业必须在产地拥有符合这些国家进口标准的注册果园，且必须在产地报检，而且美、加政府农业部动植物检验检疫局每年都会派专员到香梨产地考察和审核注册果园。美、加对进口水果品质要求较高，如香梨必须要经过“挑选”、“气吹”、“清洗”、“晾干”和“包装”五道工序的初级加工才能出口。而东南亚市场水果进口标准较低，目前对进口新疆水果种植果园和包装处理均没有具体要求，出口果园备案基地建设也远不如美加果园基地，但是，东南亚国家对进口农产品质量和安全要求也在不断提高，为确保水果顺利出口东南亚，2007年8月我国质检总局要求对输往东南亚等国家的出口水果果园、包装厂全面实施注册登记制度，规定自2007年11月1日起不得接受来自非注册果园和包装厂的水果出口报检。因此，为加快和扩大新疆水果出口东南亚市场，必须推行标准化生产，建立和完善出口水果追溯体系，对有害生物防治、农药使用、收获、日常管理等情况进行详细记录，只有实现标准化生产，才能应对东南亚市场进入要求变化和便利出口，获取高端市场附加值。

把加大对水果出口种植基地的建设和管理力度，扩大出口备案基地规模，

实行严格的基地备案管理制度，作为一项常抓不懈的重点任务。在主产区大力推行水果安全示范区建设，发挥龙头企业带动作用，推进“公司＋基地＋标准化＋品牌＋市场”管理模式，大力推行 GLOBLEGAP、绿色、有机等认证。做好生产环节的规范农用化学品使用管理，加强有毒有害物质控制，检验检疫部门应加大对果品农残检测力度。将质量追溯系统与“农残三检模式”(即采收前检验二次、装箱销售前抽检一次)有机结合，做到“源头能控制、过程可追溯、质量有保证”，从源头保证水果质量。

三、鼓励合作或合资经营，带动新疆水果企业走出去

由于新疆本地水果经销企业规模偏小，在开拓市场、出口营销等方面能力不足，并且对东南亚国家贸易政策以及居民水果消费能力和消费偏好不甚了解。因此，鼓励新疆水果企业积极探寻与国内大型水果企业合作，采用合资和联合经营的方式将企业做大做强，充分利用国内大型水果企业对东南亚国家的出口经验以及成熟的营销渠道和推广方式，扩大新疆特色水果在东南亚国家的认知度和知名度，进而提升对东南亚国家的出口能力。政府应采取得力措施，吸引疆外大型水果经营企业，带动新疆水果企业闯市场，目前深圳市源兴果品有限公司和深圳市金丰利果品有限公司已经在新疆投资成立了分公司，其“深圳总公司＋新疆子公司＋基地”的模式，已成为新疆特色水果进入华南超市以及开拓东南亚市场的最有效方式。

四、充分利用展会平台，加大推广和宣传力度

目前新疆特色水果进入东南亚市场还没有政府主导的宣传和推介活动，也没有新疆本地企业在东南亚举办营销活动，主要是依赖外地企业经销商宣传和出口，东南亚消费者和经销商的认知度较低。中国进出口商品交易—“广交会”已举办 50 多年，每年春秋两季在广州召开；中国—东盟博览会已举办八届，每年秋季在南宁举办，这两大博览会每年都会吸引大量的东南亚客商。因此，政府应积极组织、鼓励和支持企业参加，特别是要增强参与中国—东盟博览会的意识，抓住与东南亚客商交流合作的机会，充分利用好展会平台，展示、推广和宣传新疆特色水果，吸引东南亚客商的关注和重视，进而获取东南亚客户订单，与东南亚客户建立密切的合作关系，使新疆水果通过多方向、多渠道进入东南亚市场。让更多的东南亚客户和消费者了解新疆优质水果，进而提升新疆水果品牌的知名度。

五、实施品牌化和差异化战略，树立良好产品形象

目前新疆特色水果在华南地区（广州、深圳、广西等）经销的种类不多，但品牌繁多，尤其是近两年逐渐进入市场的新疆红枣，品牌、品名繁杂多样，大多数均为外地加工企业生产，还有一些冒牌新疆红枣，消费者很难分辨。当今社会商品竞争已进入品牌竞争时代，为提升新疆特色水果的竞争力，新疆水果开拓市场迫切需要走品牌化战略，实施区域大品牌战略，对新疆特色水果统一宣传、统一设计、统一参展，树立新疆特色水果特色鲜明、新鲜绿色营养的良好形象，并积极地通过参加展会和电子商务网站宣传推广，增强和提升消费者对新疆水果品牌的认知度和知名度。企业应该注重实行产品差别化营销策略，走同一品牌产品的系列化组合销售模式，使用差异化包装、试尝试品等促销手段，突出地域特色和文化特色，千方百计用简单易行的方式提高新疆特色水果在消费者中的识别率，帮助消费者把新疆特色水果的高档产品与大众产品、新疆地产与异地产的水果区分开。此外，企业还应该增强对品牌的保护意识，防止品牌被冒用和侵权。

六、培育壮大龙头企业，推行“企业＋农户”模式

要培养和壮大新疆特色水果外贸企业，改革新疆特色水果出口体制，建立推动水果出口的多种所有制性质并存、出口功能强大、层次多级的生产经营组织体系，提高特色水果对东南亚出口的组织化程度。重点培育一批特色水果对东南亚出口加工、流通、贮藏、保鲜和运输的龙头企业，扶持一批水果运销大户、水果运销合作组织、外向型水果运销龙头企业、水果出口代理商、水果运销行业协会，使之成为运销能力强、出口规模大、信用程度高、国际竞争力强、低于市场风险能力强、市场开拓能力和综合效益好，能够提供大量优质满足东南亚国家需要的运销主体。

要推行“企业＋农户”模式。目前，无论是新疆本地水果企业还是外地经销新疆水果的企业，基本上多以与产地农户或农村合作组织建立收购关系，这种松散的方式合作，合作不紧密，合作关系不稳定，不仅容易发生单方违约、不履行合同等问题，而且更重要的是农户水果种植规范化和标准化问题得不到有效落实和控制。因此，企业尤其是经销水果龙头企业应进一步加强与产地农户合作，除签订种植和收购协议外，还应定期给予农户种植、管理和采摘等方面的指导和培训，形成以“企业主导＋农户标准化生产”的模式，推广和普及标准化生产。此外，企业也应充分利用农村合作组织力量，形成以“企业主＋农村合作组织＋农户”的生产模式，有效组织和推动水果的市场化。

七、设立专项基金，提高贮藏保鲜技术和能力

新疆远离主体消费市场，运输距离长，导致出口水果在销地品质不佳、运输损耗偏大等问题，目前仅有库尔勒香梨可以实现周年（8月份除外）销售，其他水果保鲜能力不足，销售周期非常短，尤其是新疆葡萄与美国红提的保鲜程度相差甚远。因此，建议政府设立新疆水果保鲜研究专项基金，鼓励科研院所和大学进行水果贮藏保鲜技术研发，鼓励企业参与保鲜技术研发，进而将水果保鲜技术成果尽快推广运用到水果种植及运输当中。增加投入，建设和大力支持产地水果储藏保鲜设施建设和物流设施建设，整体提升新疆水果储藏保鲜和运输保鲜能力。

八、进一步落实各项政策，加大力度支持出口企业

首先，自治区政府应该从宏观上落实水果企业用地优惠措施及金融机构资金支持条款，吸引大型水果出口企业进驻新疆；其次，各地政府应出台优惠条款细则，对进驻主产区的大型水果企业，给予用地和储藏保鲜建设用地的优惠政策，并依据企业投资规模收取差额的土地出让金；第三，各地金融机构应加大金融服务支持力度，给予在新疆投资建厂的水果企业低息贷款，在贷款期限、续贷和项目宽限期等方面给予适当宽限，加大对水果企业出口信贷支持力度，解决疆内出口企业融资难问题，降低出口成本，增强新疆水果出口竞争力。

第十二章

附录：东南亚国家农产品贸易政策与市场准入

第一节 东南亚国家区域经济合作

一、东南亚国家联盟

东南亚国家联盟（Association of Southeast Asian Nations-ASEAN），简称东盟，于 1961 年 7 月 31 日，由马来西亚、菲律宾和泰国在曼谷成立。1967 年 8 月 8 日，印度尼西亚、泰国、新加坡、菲律宾、马来西亚五国在曼谷举行会议，发表《东南亚国家联盟成立宣言》即《曼谷宣言》，宣告“东南亚国家联盟”成立，其宗旨是“为增强东南亚国家繁荣与和平，本着平等和伙伴关系的精神，通过共同努力，加速地区经济增长、社会进步和文化发展，促进对共同有利的事业的积极合作与互助”。后文莱于 1984 年、越南于 1995 年、老挝和缅甸于 1997 年、柬埔寨于 1999 年先后加入该组织，使东盟由成立时的 5 个成员国扩大到 10 个成员国。2006 年 7 月，东帝汶提出申请加入东盟，成为候选国，另巴布亚新几内亚为东盟观察员国。

东盟的作用一是维护本地区和平与安全。二是发展经济合作。1992 年通过《加强东盟经济合作框架协议》，决定建立东南亚自由贸易区（AFTA）。在经济上东盟各国适当分工，加强互补，防止本地区内的恶性竞争，避免给本地区外的发达国家以分割利用之机。三是加速地区一体化。2003 年 10 月，东盟十国领导人签署了一份旨在 2020 年成立类似于欧盟的“东盟共同体”宣言，包括“东盟安全共同体”、“东盟经济共同体”和“东盟社会与文化共同体”；四是积极推动东亚合作。

东盟十国总面积 444 万平方公里，是一个具有相当影响力的区域性组织。经过多年发展，目前形成了由首脑会议、外长会议、常务委员会、经济部长会议、其他部长会议、秘书处、专门委员会以及民间和半官方机构等组成的一套机制和区域经济合作关系。首脑会议是东盟最高决策机构，会议每年举行两次，负责就重大问题和发展方向做出决策，主席由成员国轮流担任。外长会议每年轮流在成员国举行，负责制定东盟基本政策，并解释政策、协调活动、审查下级部门提案和决议。常务委员会主要讨论东盟外交政策，落实具体合作项目。秘书处为东盟的行政总部，设在印度尼西亚首都雅加达，是常设机构。

东盟与对话伙伴国会议成立于 1999 年，是作为与“对话伙伴国”讨论政治、安全问题以及东盟与对话国合作的一个论坛。它由东盟的 10 个成员国和 10 个对话伙伴国组成。10 个对话伙伴国分别是澳大利亚、加拿大、中国、日本、欧盟、印度、新西兰、俄罗斯、韩国和美国。中国于 1996 年成为东盟全面对话伙伴国。

东盟地区论坛成立于 1994 年，旨在维护本地区安全，建立相互信任机制，促进本地区各国之间的安全对话与合作。1996 年雅加达会议指出，东盟地区论坛的范围将覆盖整个东亚、东北亚、东南亚以及大洋洲。目前东盟地区论坛由东盟的 10 个成员国和 13 个地区论坛国家及组织(中国、朝鲜、韩国、日本、蒙古、印度、巴布亚新几内亚、俄罗斯、澳大利亚、新西兰、加拿大、美国和欧盟)组成。1994 年 7 月，中国作为东盟磋商伙伴国参加了首届东盟地区论坛会议。

“10＋3”合作机制指东盟十国和中国、日本、韩国三国首脑间的非正式会晤。东盟十国和中、日、韩三国领导人出席，在东盟首脑会议结束后举行。在“10＋3”合作进程中，外交、财政、经济、农林、旅游和劳动等 6 个部长级会议机制已经建立，有力地推动了相关领域的合作。

与“10＋3”合作机制并行的是三个“10＋1”合作机制，即东盟与中国、东盟与日本、东盟与韩国合作机制。2003 年 10 月又增加了东盟与印度“10＋1”领导人会议。

二、东盟自由贸易区

为了促进区域内贸易的发展，1977 年 2 月，在新加坡召开的东盟经济部长特别会议上东盟成员国签署《特惠贸易安排协定》(PTA)。1992 年 1 月，在新加坡进行的第四届东南亚联盟首脑会议上正式提出建立东盟自由贸易区(ASEAN Free Trade Area AFTA)，贸易合作机制以同年签署的《共同有效优惠关税协》(CEPT)为依据。自由贸易区最初确定的目标是从 1993 年 1 月 1 日起，在 15 年之内即 2008 年之前建成东盟自由贸易区，将区域内关税降到

5%以下。迄今为止东南亚国家中，除老挝尚未加入WTO外，其余国家均已加入WTO，因此，WTO规则是除老挝以外的东南亚国家在从事国际贸易活动中所必须遵守的法律。同时东南亚各国之间在从事贸易活动时需遵守东盟自由贸易区法。

在经济全球化背景下，通过多年的东盟自由贸易区的实践，增强东盟地区作为单一生产单位的竞争优势；通过减少成员国之间的关税和非关税壁垒，期待创造出更大的经济效益、生产率和竞争力；加强东盟区域一体化和促进区内贸易与投资。相关措施如下：

1. 关税措施

实施《共同有效优惠关税协定》，自1993年1月1日起计划在15年内逐步将关税全面降低至0%～5%，允许成员国对某些特殊商品加速实施关税减免进程，要求当关税率降至20%时，对出口货物的数量限制也应取消，具体调整进程见表12-1。

减税计划分两种方式实施：

一是快速减税，即产品税率在20%以上，应在10年内降为0～5%，于2003年1月1日前完成，对关税为20%或低于20%的产品最迟到2000年1月1日降到0～5%。快速减税包含15项产品，即植物油、药品、肥料、皮革、纸与纸浆、珠宝、水泥、化学品、药材、纺织品、铜电线、电子产品、木制和藤条家具、陶瓷及玻璃制品、橡胶制品、塑料。

二是正常减税，即产品税率超过20%的，分为两个阶段实施，首先在前5～8年(2001年1月1日前)降至20%。再依照经同意的进度在7年内降至0～5%(2008年1月1日前)。产品税率在20%及其以下者，在10年内降至0～5%(2003年1月1日前)。

2. 非关税壁垒

在关于非关税壁垒的消除方面，CEPT要求自1993年起各成员国逐步完全消除彼此间的贸易数额限制和非关税壁垒(含进口许可证制度)，原东盟6国于2010年1月1日前、越南于2013年1月1日前、老挝和缅甸于2015年1月1日前、柬埔寨于2017年1月1日前取消所有敏感和高度敏感产品的非关税壁垒和数量限制。为使区内成员国较非成员国家有更多的贸易优惠，制定了CEPT的原产地规则，其中规定一成员国自另一成员国直接进口东盟国家产自制率不低于40%的产品，经出口国家主管机关核发产地证明者，可享有优惠关税。

表 12-1　东盟关税调整概览

	东盟 6 国		越　南		老挝、缅甸		柬埔寨	
	0～5%关税目标	零关税	0～5%关税目标	零关税	0～5%关税目标	零关税	0～5%关税目标	零关税
CEPT 原计划(1992 年 1 月)	2008 年							
第 26 届东盟经济部长会议(1994 年 9 月)	2003 年							
第 6 届东盟国家首脑会议(1998 年 12 月)	2002 年	2010 年	2003 年	2015 年	2005 年	2015 年		
第 13 次东盟委员会会议(1999 年 9 月)		2015 年		2018 年		2018 年		2018 年
东盟首脑第 3 次非正式会议(1999 年 11 月)		2010 年		2015		2015 年		2015 年
2001 年 1 月	2003 年		2006 年		2008 年		2015 年	
第 16 次东盟委员会会议(2002 年 9 月)		2003 年实现 60%	2003 年实现 80%		2005 年实现 80%		2007 年实现 80%	
《CEPT 消减进口关税修改协定》(2003 年)		2010 年		2015 年(允许部分敏感产品到 2018 年以前		2015 年(允许部分敏感产品到 2018 年以前		2015 年(允许部分敏感产品到 2018 年以前

1998 年 12 月 16 日东盟成员国签署了关于相互认证的框架协议(MARS)，协议规定如果一个成员国的某种产品符合东盟的统一标准，那么该产品在进入任何一个成员国市场时都不必再做同样的检查。建立各种产品领域的相互认证机制，从而为加快地区内双边和多边的相互认证提供法律依据。为了解决东盟各国对产品应符合的标准、规则不一，有关当局批准程序不同的问题，东盟成员共同组成东盟标准与素质协商委员会(ACCSQ)，负责消除包括标准、素质测试及技术条规在内的非关税贸易壁垒。

3. 海关合作措施

设立海关绿色通道以加快商品通关速度，具体措施包括：东盟自由贸易区统一实行 WTO 估价协议，统一海关估价方法，减少东盟国家间的交易成本；简化和统一关税定名；简化和统一海关程序。此外，1996 年各成员国已取消了海关附加费。

1997 年签订《东盟海关协议》，为东盟在海关领域的进一步合作制定了法律框架。此外，东盟会员国间签有《运输便捷化协议》，促进简化区域内物品的通关手续，包括免除海关检查等。

三、中国—东盟自由贸易区

2000 年 11 月，时任中国国务院总理朱镕基在新加坡举行的第四次中国—东盟领导人会议上首次提出建立中国—东盟自由贸易区(CAFTA)的构想，并建议在中国—东盟经济贸易合作联合委员会框架下成立中国—东盟经济合作专家组，就中国与东盟建立自由贸易关系的可行性进行研究。2001 年 3 月，中国—东盟经济合作专家组正式成立，专家组建议中国和东盟用 10 年时间建立自由贸易区。同年 11 月，在第五次中国—东盟领导人会议上中国和东盟达成共识并正式宣布共建中国—东盟自由贸易区。2004 年 11 月 29 日中国与东盟在寮国首都永珍签署《中国—东盟全面经济合作框架协议货物贸易协议》，推进成立自由贸易协议区。2010 年 1 月 1 日，中国—东盟自由贸易区正式建成。这是一个拥有 19 亿人口、国内生产总值接近 6 万亿美元、贸易总额达 4.5 万亿美元、由发展中国家组成的自由贸易区。

中国—东盟自由贸易区的目标是增进各缔约国之间的经济、贸易和投资合作，促进其自由化，创造透明、自由、便利的投资机制，缩小各缔约方发展水平的差距。具体措施包括：(1)逐步取消所有货物贸易的关税和非关税壁垒(见表 12-2)；(2)逐步实现涵盖众多部门的服务贸易自由化；(3)建立开放和竞争的投资机制和有效的贸易与投资的便利化措施；(4)给各缔约方提供灵活性，解决各自的敏感领域问题，并对东盟新成员国提供特殊和差别待遇；(5)经各缔约方相互同意，扩大经济合作领域；(6)建立适当的机制以有效地执行该协议。

表 12-2 中国—东盟自由贸易区关税调整情况概览

起始时间	关税税率	覆盖关税条目	参与国家
2000 年	对所有东盟成员国 0～5%	85%CEPT 条目	原东盟 6 国
2002 年 1 月	对所有东盟成员国 0～5%	全部 CEPT 条目	原东盟 6 国
2003 年 7 月	WTO 最惠国关税税率	全部	中国与东盟 10 国
2003 年 10 月	中国与泰国果蔬关税降至 0	中泰水果蔬菜	中国、泰国
2004 年 1 月	农产品关税开始下调	农产品	中国与东盟 10 国
2005 年 1 月	对所有成员开始消减关税	全部	中国与东盟 10 国
2006 年	农产品关税降至 0	农产品	中国与东盟 10 国
2010 年	对所有东盟成员国 0	全部减税产品	原东盟 6 国
2010 年	关税降至 0	全部产品(部分敏感产品除外)	中国与原东盟 6 国
2015 年	对所有东盟成员国 0	全部产品(部分敏感产品除外)	东盟新成员国
2015 年	对中国—东盟自由贸易区成员国关税降至 0	全部产品(部分敏感产品除外)	东盟新成员国
2018 年	对东盟自由贸易区和中国—东盟自由贸易区所有成员国 0	剩余部分敏感产品	东盟新成员国

在货物贸易方面，中国—东盟自由贸易区将降税产品分为三类：一是正常产品。中国和东盟 6 国从 2005 年 1 月 1 日至 2010 年，新成员国至 2015 年可以采用更高的起始税率，与其他成员国实施的时间也可分阶段。二是敏感类产品。其税率在建成自由贸易区以前适用最惠国税率，但其数量应设定一个上限。三是“早期收获”产品。涉及活动物、肉及食用杂碎、鱼、乳品、其他动物产品、活树、食用蔬菜、食用水果及坚果 8 类农产品，双方同意最迟从 2004 年 1 月 1 日起在 3 年内将税率降至 0～5%，东盟新成员国可推迟 3～4 年，对此只有柬埔寨和越南提出了特殊要求。

“早期收获”是在贸易便利化、公共卫生健康、知识产权和对最不发达国家实行两免(免关税免配额)待遇等方面先达成一致。目前，中国已与东盟、巴基斯坦均签订了“早期收获”计划。2002 年中国与东盟制订了“早期收获计划”，

使之成为中国—东盟自由贸易区建设的组成部分,决定从 2004 年 1 月 1 日起对多种产品实行降税,到 2006 年将这些产品的关税降为零。实施“早期收获”主要是《海关税则》第一章至第八章的农产品,还包括少量其他章节的产品,包括活动物、肉及食用杂碎、鱼、乳品、其他动物产品、活树、食用蔬菜、食用水果及坚果,对部分国家还有椰子油、棕榈油、植物油等也列入早期收获。在“早期收获计划”中,中国与泰国先行了一步,于 2003 年 10 月 1 日开放实施。根据中国东盟自由贸易区早期收获实施时间框架,中国和东盟六国(马来西亚、新加坡、印度尼西亚、菲律宾、泰国、文莱)关税消减和取消时间表是针对最惠国关税税率高于 15%的所有产品,2004 年 1 月降到 10%,2005 年 1 月降到 5%,2006 年 1 月降到 0%。最惠国关税税率在 5%～15%之间的所有产品,2004 年 1 月降到 5%,2005 年 1 月降到 0%。最惠国关税税率低于 5%的所有产品,2004 年 1 月降到 0%。对于东盟新成员国(越南、老挝、缅甸、柬埔寨),最惠国关税税率高于 30%(含)的所有产品,2004 年 1 月降到 20%,以后每年降低 5 个百分点,2009 年降到零税率(柬埔寨 2010 年降到零)。最惠国关税税率在 15%(含)～30%(不含)之间的所有产品,越南 2004 年 1 月降到 10%,2006 年 1 月降到 5%,2008 年降到零税率。其他新东盟国家 2006 年降到 10%,2008 年降到 5%。最惠国关税税率低于 15%的所有产品,越南 2004 年 1 月降到 5%,2006 年 1 月降到零税率,其他新东盟国家 2006 年降到 5%,2008 年后降到零税率。

第二节　马来西亚农产品贸易政策

一、对外贸易法规

马来西亚海关现行执法的依据是《海关法》,也是马来西亚海关各项法规、条例的基础。马来西亚《海关法》颁布于 1967 年 11 月 2 日,1987 年修订,目前使用的是 1995 年 10 月 27 日发行的第 10 版。马来西亚最新的《关税法令》于 1996 年 1 月 1 日起施行,该法令主要是对税则目录的使用说明以及归类总规则,共有 7 个条目,其中第 4 条为归类总规则。与我国现行税则中归类总规则略有不同的是:马来西亚归类总规则第 7 款,内容为如果产生归类争议,应由署长定度。

其他涉及关税的马来西亚现行主要法规有:《关税(豁免)法令》、《1994(东盟国家原产货物)(共同有效优惠关税)关税(CEPT)》、《(棕榈油分级加工产品)关税(豁免)法令》、《1995(棕榈油分级加工产品)关税(暂时豁免)法令》、《1993反补贴和反倾销税法》、《1994反补贴和反倾销税条例》,还包括《海关进口管制条例》、《海关出口管制条例》、《海关估价规定》、《植物检疫法》、《保护植物新品种法》、《2006年保障措施法》、《外汇管理法令》等对外贸易法律。

此外,目前马来西亚正和其他国家一起通过各种框架,如东盟自由贸易区(AFTA)、亚太经合组织(APEC)、不结盟运动国家(NAM)以及伊斯兰国家组织(OIC)共同合作以加强和扩大地区贸易和国际贸易。

二、农产品贸易管理制度

马来西亚外经贸管理由国际贸易和工业部(简称贸工部)负责,对外贸易发展局负责外贸出口,工业发展局负责对外国直接投资于马来西亚制造业的审批和管理。

1.农产品进出口管理

(1)农产品进口管理

1998年马来西亚海关规定了四类不同级别的限制进口。第一类是14种禁止进口品,包括含有冰片、附子成分的中成药,45种植物药以及13种动物及矿物质药;第二类是需要许可证的进口产品,主要涉及卫生、检验检疫、安全、环境保护等领域,包括禽类和牛肉(还必须符合清真认证)、蛋、大米、糖、水泥熟料、烟花、录音录像带、爆炸物、木材、安全头盔、钻石、碾米机、彩色复印机、一些电信设备、武器、军火以及糖精;第三类是临时进口限制品,包括牛奶、咖啡、谷类粉、部分电线电缆以及部分钢铁产品;第四类是符合一定特别条件后方可进口的产品,包括动物、动物产品、植物及植物产品、香烟、土壤、动物肥料、防弹背心、电子设备、安全带及仿制武器等。

同时,对进口食品要求应注明制造商、包装者、制造产权所有者或是所有代理商的名称和地址以及马来西亚进口商名称和地址,食品原产地国家。仅仅在包装上出现制造商的商标、包装商、进口商或销售商的电信地址、邮政地址或者公司名称都是不完整的。

(2)农产品出口管理

马来西亚规定大部分商品可以自由出口至任何国家,只有少数产品需要事先获得出口许可证,以保证双边纺织品协议或有关环境和资源保护的国际协议与公约得到遵守。相关的管理事项在《海关(禁止出口)令1988》内进行了列举。并规定了对三类商品的出口管理措施:第一类为绝对禁止出口,包括禁止出口海龟蛋和藤条;第二类为需要出口许可证方可出口;第三类为需要视情况出口。第二和第三类商品大多数为初级产品,涉及牲畜及其产品、谷类。

2.检验检疫的相关规定

马来西亚标准局(SIRIM)是国家标准和质量组织及最主要的认证机构,推出各类马来西亚产品和服务标准,还为外国和国际标准提供多种认证。SIRIM QAS INTERNATIONAL SDN BHD 是 SIRIM 的全资子公司,作为马来西亚主要的认证、检验、检测机构,它提供全套符合国际标准和指导原则的认证、检验和测试服务,此外还为公司进行 ISO14001 认证。马来西亚建立并加强了国家食品控制体系,即检验检疫系统食品法典专家委员会标准(Codex)。执行严格的动物、植物检疫和环境法规,并采用与全球食品安全要求一致的"关键控制点风险分析"(HACCP)认证。还开发了清真食品(Halal)认证体系。这些认证体系由马来西亚的卫生部、农业部、兽医服务局以及伊斯兰事务部(JAKIM)协同执行。

马来西亚要求所有肉类、加工肉制品、禽、蛋和蛋制品进口必须获得兽医服务局颁发的进口许可证。所有牛、羊、家禽的屠宰场及加工设备必须获得穆斯林发展部的检验和批准。

根据马来西亚 2005 年 7 月 1 日起开始执行的《营养标签及标识规定》,进口食物要进行营养标识,包括标明维生素、矿物质、胆固醇、食物纤维及脂肪酸的含量,但是在对营养说明时,禁止采用医疗用语。该规定涉及的产品包括:本地生产和进口的精制谷物食品;各种类型的面包;各类甜食面点;各种奶类及奶粉制品以及各种类型的软饮料包括植物性饮料、豆奶和大豆饮料等 50 多种普通消费食品。

自 2009 年 4 月起,在马来西亚市场上销售的果蔬产品(包括进口果蔬)都将实行分级、包装和标签标准制度,标准的内容包括产品的清洁程度以及产品追踪。新标准出台后,马来西亚市场上销售的龙眼将清楚地标明产地,鱼、虾类农产品需标明捕鱼地点、捕鱼船只以及是否用过抗生素等。

2009 年 10 月 13 日马来西亚拟采用国际植物卫生措施标准 No. 15(2009 年修订版):国际贸易中木质包装材料法规。本法规的引入将降低进口非植物卫生检验目标货物中由松木及非松木原木制成的木制包装材料(如托盘、垫脚料,板条箱,填塞块,筒、箱、托板、挡板、滑橇等)传入/扩散检疫性有害生物的风险。

于 2010 年 1 月 1 日起对要求向马来西亚出口肉及动物源性产品的屠宰场及加工厂执行收取检验费。对接受有关合格审核、复审及不合格验证检验的各企业将予以收费。

马来西亚政府规定农产品的进口必须依据马来西亚《1976 年植物检疫法》及《1981 年植物检疫规定》,向马来西亚农业部下属的植物检疫处申请进口植物检疫许可证。检疫处在各主要入境口岸均设有办事处,提供24小时服务。一般来说,进口检疫许可需逐批货物单独申请,每证有效期3个月;符合条件的申请需一星期时间获得批准,许可证会列明货物的入境检疫要求,供货出口国对货物进行检验检疫参考,货物入境时必须出示进口许可并满足上述检疫要求。我国产品农药残余较少,一般凭中国商检的植物检疫单即可放行。

3.关税管理

马来西亚的关税编码是在《关于商品名称及编码协调制度的国际公约》(HS)和《标准国际贸易归类》(SITC)的基础上建立的。有两大归类系统,一类用于东盟内部贸易,税则号为6位数字;另一类用于与其他国家贸易。马来西亚皇室海关和税收部(Royal Customs and Excise Department)是财政部下属的机构,负责间接税(进出口关税、消费税、销售税、服务税、交通税等)的有效征收,同时控制或禁止商品进出口。

(1)进口关税

由于进口的包括蔬菜和水果在内的农产品多为马来西亚国内无法生产或产量不足的产品,故对该类产品的进口采取零关税或低关税政策,但需要向农业部或相关部门申请进口许可证。在蔬菜方面,除对部分加工后的酱菜或干菜(如香菇)征收5%～7%的进口税外,其他均不征收进口税。在水果方面,除干果/果仁类进口免税外,大部分要征收5%至20%或以从量税形式计收的少量进口税,如对于进口菠萝,每吨必须缴纳827马币的进口税,而对于进口的西瓜,除按5%的税率征收进口税外,还须按每吨661.4马币征收进口税。另外,对于水果和部分蔬菜及加工品在缴纳进口税的基础上,还须缴纳5%的销售税。

2009年马来西亚进口简单平均的最惠国适用税率总计8.4%、农产品16.7%、非农产品5.6%。从2003年9月开始,凡是申请在沙巴、沙捞越及马来半岛“东部走廊”投资创业可以获得“先锋者身份”,在5年免税期内享受法定收入100%的免税待遇,凡进口在国内无生产的原材料、零部件,无论其产品供应国内或国外市场,均可全额免征进口税。

(2)出口关税

马来西亚的出口产品一般不征收出口税,为遵守某些规定和保护国内供给的除外。征收出口税的应税产品包括原油、原木、锯材和棕榈油等资源性商品。

(3)出口退税政策

依照马来西亚《国产税法》的规定,若制造商出口成品,则该制造商可申请退还其制造产品所用的零部件或包装材料已缴纳的国产税。一切用于制造外

销产品所采用的原材料、零配件、包装材料,在经海关核准后均可全额退还其已缴纳的进口税。

4. 许可证制度

许可管理项下产品清单在《海关(禁止进口)令 1988》内进行列举,如武器、爆炸物、机动车辆、彩色复印机、糖、大米和面粉实行进口许可制度。

未加工或初加工的玉米、稻米和谷物类大宗农产品的进口须向农业部申请进口许可证,进口税率为零关税;对于深加工的大宗农产品,如面粉、炒制品等须向有关部门申请进口许可证,如玉米面粉的进口许可证须向国家稻米和旱稻委员会申请,去壳的或初加工的玉米或稻米面粉的进口许可证须向农业部申请,小麦面粉和其他的谷物类面粉的进口许可证须向贸工部申请。在蔬菜方面,除为运输和临时储存目的而予以初加工的洋葱(含大葱)、黄瓜及蘑菇等蔬菜免于申领进口许可证外,其余的蔬菜及加工制成品须向马来西亚农业部或马来西亚联邦农业营销局申请进口许可证。在水果方面,除某些菠萝及黑草莓等特定水果及加工品须向马来西亚菠萝产业局申请进口许可证外,其他水果及制成品均须向马农业部申请进口许可证。

三、贸易壁垒

1. 关税及关税管理措施

在全部进口产品中,马来西亚有 19 种(涉及 73 项税目)受到关税配额的管理,这些产品包括猪、家禽、乳制品、蛋品、卷心菜、可可豆、糖以及烟草等。超过配额量的进口将被征收较高的从价或从量税,最高从价税达 160%。在马来西亚进口商品海关总税目中,约有 27%的税目下的产品受到非自动进口许可管理,主要涉及动物与植物产品、木材、机械、车辆及相关运输设备等。

马来西亚对外国渔船实行捕捞许可证管理,且限制较多。外国渔场在马来西亚渔业水域内作业须缴纳一定的许可证费。外国渔船在领取马来西亚颁发许可证时,渔业局长可在许可证上附加限制条件,如要求雇用马来西亚人以及向马来西亚转让合适的渔业技术、接受马来西亚派出的观察员,并向马来西亚政府提供派出观察员的费用等。

2. 技术性贸易壁垒

马来西亚是继美国、加拿大、澳大利亚、新西兰和日本之后第六个实施强制性营养标签制度的国家,规定从 2004 年 3 月起罐装水果和罐装蔬菜预包装加工食品,必须加贴营养标签。其《营养标签和声明条例》规定了营养标签的类型和包装上的标注方式,营养标签上必须分别以每 100 克(毫升)及每餐份量为基础标注热量、碳水化合物、蛋白质和脂肪含量，可直接饮用的饮料还必须标注糖分含量，若标签上对脂肪酸含量或类别进行了标注或声明，还必须紧接着标注脂肪含量中单不饱和脂肪酸、多不饱和脂肪酸、饱和脂肪酸及转化脂肪酸含量。该条例还对禁止在营养标签上出现的声明或暗示做出了规定。

3. 卫生与植物卫生措施

马来西亚 1962 年颁布的《动物条例》第八章规定，进口禽畜产品需经其农业部下属的兽医局或国家检疫局检疫检验，获得进口准证后才能办理其他进口手续。2004 年 2 月，发布公告禁止从日本、韩国和中国等 9 个国家或单独关税区进口家养及野生禽鸟、蛋、肉及其他产品（羽毛和肥料等）。2004 年 8 月，对进口用于人类消费的牛、猪、绵羊、山羊、家禽的畜体、肉和可食用内脏及其产品，以及鱼类和渔业产品中的禁用药物及药物残留进行监控。进口上述产品必须随附出口国主管机构出具的卫生证书，证明无以下禁用药物及药物残留：牛、猪、绵羊、山羊的畜体、肉和可食用内脏及其产品内的 p 收缩剂；家禽的畜体、肉和可食用内脏及其产品，鱼类及渔业产品内的硝基呋喃和氯霉素。

第三节 印度尼西亚农产品贸易政策

一、对外贸易法规

1973 年颁布的《海关法》是印度尼西亚关税制度的基本法律；进口管理主要通过《1934 年贸易法》来规范；印尼工贸部 1998 年第 558/MPP/Kep/12/1998 号部长令和贸易部 2007 年第 01/M-DAG/PER/1/2007 号法令是其产品出口管理的基本制度。2007 年 4 月 26 日，印度尼西亚颁布第 25 号《投资法》，取代 1967 年《外国投资法》和 1968 年的《国内投资法》，成为一部统一规范国内外投资的法律。根据此法律，国内外投资者可自由投资任何营业部门，只有在交通、采矿、传播和武器装备等 4 个领域，因关系国家稳定和机密而有所保留，对外资设限。此外，外资只能在与交通有关的公司和项目中持有最高达 45%的股权，在传播领域方面则不能拥有超过 20%的股权。印尼的对外贸易法律还包括《监管银行和非银行金融机构的外汇交易流量法》、《航海法》、《海事渔业部有关进口活鱼形式运输载体要求的指令草案》、《建立世界贸易组织法》、《产业法》、《1996 年关于反倾销税和反补贴税的政府条例》、《农业部有关进出口植物源性新鲜食品食品安全控制的指令草案》等。

二、农产品贸易管理制度

印尼贸易部(原印尼工业与贸易部)是印尼贸易主管部门的职能包括制定外贸政策,参与外贸法规的制定,划分进出口产品管理类别,进口许可证的申请管理,指定进口商和分派配额等。

1. 农产品进出口管理

(1)农产品进口管理

印尼将进口商分为6类,即一级综合进口商、二级综合进口商、指定进口商、生产进口商、进口/生产厂商和私家代理商。一般来说,进口商均需依照相应标准,在印尼工业与贸易部注册并领取营业执照。进口牲畜、宠物、工业用皮革等在内的畜产品,必须取得印尼农业部颁发的进口许可证和经印尼穆斯林大会认可的出口国伊斯兰教组织出具的"清真"证明。

2008年9月3日,印尼工业部长表示,因国内白糖供应过剩,政府将停止白糖进口,工业部已向政府提议停发粗糖和精制糖的进口许可。

2008年10月31日,印尼贸易部部长签署了第44/M-DAG/PER/10/2008号条例,规定自2008年12月15日至2010年12月31日,出口到印度尼西亚的电器、鞋、儿童玩具、饮料、食品及服装等六项消费产品须由已合法注册的进口商进口,并在指定的5个港口或者其境内的所有国际机场进口。

自2010年5月21日起,印尼商务部已把草药、化妆品和节能灯泡列在进口特种产品清单内。到目前为止,已有41种产品被列在该清单内。根据规定,这些产品只能通过印尼国内5个码头进口,即棉兰的勿佬湾、雅加达的丹绒普禄、三宝垄的丹绒额玛斯、泗水的丹绒贝拉克及锡江的苏加诺哈塔码头。其中,巴布亚的查雅布拉码头为只能进口食品和饮料的码头。

印尼自2008年3月起,禁止从中国进口四类食品,即牛奶、奶制品、鸡蛋粉和碳酸铵产品

2010年10月11日,印尼贸易部颁布2010年第39号部长条例,规定从2011年1月1日起国内生产商可以从国外自由进口制成品,但它同时要求企业进口的制成品必须与该企业所生产的产品相关。

(2)农产品出口管理

根据原印尼工贸部于1998年12月4日公布的部长令和贸易部2007年1月22日公布的第2007号法令,企业及个人出口货物必须持有商业企业注册号/商业企业准字或由技术部根据有关法律签发的商业许可,以及企业注册证。出口货物分为四类:受管制的出口货物、受监视的出口货物、严禁出口的货物和免检出口货物。受管制的出口货物包括咖啡、藤、林业产品、钻石和棒

状铅。受监视的出口货物包括奶牛与水牛、鳄鱼皮(蓝湿皮)、野生动植物、拿破仑幼鱼、拿破仑鱼、棕榈仁、石油与天然气、纯金/银、钢/铁废料(特指源自巴淡岛的)、不锈钢、铜、黄铜和铝废料。严禁出口的货物包括幼鱼与金龙鱼等,未加工藤以及原料来自天然森林未加工藤的半成品,圆木头,列车铁轨或木轨以及锯木,天然砂、海砂,水泥土、上层土(包括表面土),白铅矿石及其化合物、粉,含有砷、金属或其化合物以及主要含有白铅的残留物,宝石(除钻石),未加工符合质量标准的橡胶,原皮,受国家保护野生动植物,铁制品废料(源自巴淡岛的除外)和古董。除以上受管制、监视和严禁的出口货物外,其余均属免检的出口货物。印尼主要采取"出口指导"和"出口控制"两种出口限制形式。出口指导产品须符合印尼的出口审批要求,这类出口指导产品涉及活牛、活鱼、棕榈果仁、含铅铝的铁矿石、石油、尿素化肥、鳄鱼皮、未受保护的野生动植物、未加工的金银品、各种金属材料的废品等产品。

2008 年 4 月 15 日,印尼贸易部颁布新的规定,规定要求只有当国家库存超过 300 万吨,且市场价格低于政府指导价时,才允许中级米出口。

印尼禁止出口活鱼产品、低质橡胶、橡胶原材料、未加工的鳄鱼皮、废铁品(除原产于 Batam 半岛的之外)、圆木和木片、受《濒临野生动植物国际贸易公约》(Convention on International Trade in Endangered Species of Wild Flora and Fauna,CITES)保护的野生动物和自然植物、尿素。

2009 年 3 月,印尼贸易部决定修改 2005 年颁布的《原藤出口条例》,以便更明确地管制国内藤制品工业的原料供应。修改后的条例将明确国内原藤生产商向国内藤制品工业供应原料的义务,并将确保原藤出口商只能向本地手工业者原藤库存中心的终点站获取原藤。同时,每家企业的原藤出口量,不再根据其本地供应量的 30%计算。每项出口申请必须通过政府与工业协会的共同小组讨论。

2009 年 1 月 5 日,印尼贸易部颁布 2009 年第 1 号条例(1/M㊞DAG/PER/1/2009)。该条例规定,基于天然资源的出口产品,包括已加工或者未加工但不属于成品的初级产品,其中咖啡、棕榈原油(CPO、可可、橡胶产品、锡条,以及矿物必须使用信用证(L/C)出口。其中,矿物产品包括煤炭、锰矿砂、铜矿砂、镍矿砂、铝矿砂、铁矿砂、锆石矿砂、方铅矿,以及锌矿砂。该条例还规定,出口商在出口时,必须把信用证号记在出口申报单中,将来信用证付款必须通过国内外汇银行支付和分配。该条例已于 2009 年 3 月 5 日生效。

2010 年 2 月 11 日,出于对甲型 H1N1 流感疫情的考虑,印尼解除了生猪、猪肉及相关产品的出口禁令。2010 年 6 月 29 日,政府决定取消价值 100 万美元以上的可可、橡胶、咖啡、棕榈油和矿产出口必须使用信用证的规定,该

规定自 2010 年 7 月 1 日开始正式实行。

2.关税管理

印尼政府通过财政部每年以部长令的方式发布一揽子“放松工业和经济管制”计划,其中包括对进口关税税率的调整。进口产品关税分为一般关税和优惠关税两种。关税制度的执行机构是财政部下属的关税总局。

印尼现有 10 多个保税区,产品由关境外进入保税区,无须缴纳关税或其他出口税;由印尼或印尼以外地区输往保税区的商品或原料,免征其在印尼国内的货物税、增值税、关税及其他税收;凡经印尼政府核准在保税区内设立的企业,可享受进口关税、进口货物税、扣缴税及国内货物税等各项税收的减免优惠。

印尼对进口产品的关税分 4 类征收:第一类产品为国内必要的进口产品,包括稻米、面粉、某些钢铁制品、某些化纤产品、棉花、药材、农业机械设备等;第二类商品为一些工业产品必需的零部件和材料;第三类产品为国内市场需求不大或国内相关企业需要进口保护的产品,此类产品的进口关税较一、二类产品要高;第四类产品为奢侈品、某些消费品,以及国内可以生产,应加以进口保护的产品,此类进口产品所征收的关税最高。

2004 年 1 月,印尼政府出台新的关税减让表,此表将关税分为非东盟关税和东盟关税,东盟关税为非东盟关税的一半。印尼对超过 99%的进口产品征收从价税,但对大米和糖类等进口产品征收从量税。

根据 WTO 的统计,印尼 2009 年简单平均约束关税继续维持在 37.1%,简单平均最惠国适用关税税率为 6.8%,其中农产品为 8.4%,非农产品为 6.6%,基本与 2008 年持平。印尼对汽车、钢铁以及部分化学产品不征收关税,并将大多数的关税约束在 40%左右。根据印尼《2009—2012 年协定关税表》,到 2012 年年底,印尼将对绝大多数的中国进口产品实行零关税

2007 年 1 月 30 日,印尼海洋与渔业部长宣布,为吸引投资商在印尼发展渔产加工业,印尼政府计划豁免国内渔产加工业产品的出口税。自 2007 年 6 月 15 日起,印尼对油棕产品开始适用新的出口税。其中,棕榈原油的出口税从 1.5%提高至 6%;油棕果和油棕原子核的出口税从 3%提高至 10%;原三油精、脱臭棕榈油和食用油的出口税从 0.3%提高至 6.5%;原硬脂精、精炼硬脂精、棕榈仁油以及精炼棕榈仁油的出口税从 0.5%提高至 6.5%。

2008 年 1 月 21 日,印尼财政部长签署 2008 年第一号条令,宣布自 1 月 21 日起,正式取消 10%的进口大豆关税。而在此前,印尼政府已取消了进口大豆的增值税。

2009 年 6 月 19 日,为了支持印尼国内牛奶工业发展,印尼财政部决定对

6 种全脂奶粉和 1 种脱脂奶产品恢复征收 5%进口税。

为了促进进口，印尼财政部规定，自 2009 年 10 月至 12 月，将下调食糖进口关税，其中白糖进口关税从 790 印尼盾/公斤下调至 400 印尼盾/公斤，原糖的进口关税也将从 550 印尼盾/公斤下调至 150 印尼盾/公斤。

作为全球最大的棕榈油生产国，印尼根据每月鹿特丹毛棕榈油平均价格作为确定下个月毛棕榈油出口关税的基准。根据政府规定，毛棕榈油价 700 美元/吨为出口关税起征点，低于该价格政府将不征收出口关税。如果毛棕榈油价格在 701 至 750 美元/吨，那么出口关税为 1.5%；如果价格在 751 至 800 美元/吨，税率为 3%；如果价格在 801 至 850 美元/吨，税率为 4.5%；如果价格在 851 至 900 美元/吨，税率为 6%；如果价格在 901 至 950 美元/吨，税率为 7.5%；如果价格在 951 至 1000 美元/吨，税率为 10%；如果价格在 1001 至 1050 美元/吨，税率为 12.5%；如果价格在 1051 至 1100 美元/吨，税率为 15%；如果价格在 1101 至 1150 美元/吨，税率为 17.5%；如果价格在 1151 至 1200 美元/吨，税率为 20%；如果价格在 1201 至 1250 美元/吨，税率为 22.5%。如果价格在 1251 美元/吨，税率在 25%。截止到 2009 年 12 月份，印尼对棕榈油出口继续征收零关税。

3. 许可证制度

印尼政府通过配额和许可证两种形式实施自动许可和非自动许可管理。2010 年 1 月 20 日，开始实施新的进口许可制度，将现有的许可证分为两种，即一般进口许可证和制造商进口许可证。一般进口许可证主要是针对为第三方进口的进口商，制造商进口许可证主要是针对进口供自己使用或者在生产过程中使用的进口商。

根据印尼贸易部统计，截至 2009 年 11 月底，从对外贸易局进口单位发出的 74 种许可证，其中 33 种已通过一站式处理。目前，已能通过该一站式服务制度处理的许可证包括大米、白糖、大豆、玉米的进口商特别许可证编号。对玉米、大米、大豆、固体状的蔗糖、甜菜糖或经化学加工后的糖实行特别进口许可管理，经营以上产品的进口商需申请特殊进口商身份证明，否则货物将被扣留在港口。还规定肉类和家禽类产品需获得印尼政府颁发的“进口介绍信”后方能进口。

印尼贸易部宣布从 2009 年 12 月底开始实施办理出口许可证的全国单一窗口(NSW)服务制度，目前，已有 4 个港口和 8 个机构已经加入该服务制度，港口包括丹绒不碌、丹绒艾玛斯、勿佬湾港和苏加诺哈达机场。

三、贸易壁垒

1.关税及关税管理措施

印尼存在关税高峰,如酒类进口关税高达170%;无任何添加剂或色素的糖类中,蔗糖为每公斤550印尼盾,甜菜糖为每公斤700印尼盾;有添加剂或色素的白糖每公斤700印尼盾;带糠的大米每公斤430印尼盾。2008年,对大部分商品征收40%的约束关税。农产品方面,超过1300个产品的约束关税税率超过40%,例如,新鲜土豆的约束关税税率为50%,而土豆的简单平均最惠国适用关税税率仅为25%。当地农产品相关利益方不断游说政府提高部分敏感农产品的关税税率,并超过WTO约束关税水平,例如糖、大豆及玉米,2009年印尼提高了包括化学品和奶制品在内的部分产品的适用关税税率。

2.进口限制

2004年6月,贸易部禁止在收获季节(通常从每年7月到年底)进口食盐。自2004年12月起,海洋渔业部停止进口包括原产于中国、泰国、印度、越南、巴西和厄瓜多尔等6国的虾类产品,理由是上述6国出口的虾类产品被美国裁定为倾销。根据印尼工贸部颁布的《糖进口制度法令》,仅允许经认可的爪哇的生产企业进口糖,当市场上糖价低于3100印尼盾/公斤时,禁止进口糖。

2006年7月,海洋渔业部和贸易部决定继续禁止白虾产品进口。2006年,为了防止果蝇进入印尼,印尼《关于新鲜水果和蔬菜进入印尼的技术要求和植物卫生措施的第2006号农业决定》规定,印尼边境的7个入境处可以对进口产品实施卫生检疫措施。

除了2008年4月政府宣布国家物流总局(GULOG)作为全国唯一的进口商允许进口大米之外,禁止进口大米,特别是在收获季节之后。私人企业可以以购买种子和特殊大米为由进口大米,但是必须获得由印尼农业部签发的特殊进口商资格证。

2009年2月,政府决定将限制进口消费品生产原料,尤其是限制进口印尼能生产的原料。此外,印尼政府规定消费品进口商必须在印尼国内开设工厂,生产他们的进口产品。根据上述规定,今后将只有品牌独家代理商和在印尼国内经营工厂的商家才能进口产品到该国。政府给进口商设定在印尼开设工厂的期限为6个月至2年。2009年3月17日,印尼食品药物监督局发布公告,禁止从中国进口牛奶、奶制品、鸡蛋粉和碳酸铵产品。这份发给制造商、进口商和分销商的公告内容包括:禁止从中国进口牛奶、奶制品、碳酸铵制品和鸡蛋粉等产品及以这些产品为原料的产品,此类产品将不能得到食品安全机构的安全评估。从中国以外的国家进口上述产品或者以上述产品为原料的产品,必须由出口国政府开具"产品原料来源说明书"。凡是从中国进口的上述产品,将不能进行产品注册。

根据2010年6月23日印尼政府禁止冷冻和非冷冻的小虾和普通虾的进口,而不属于此类的虾,无论是完整或是虾肉的进口,仅可通过下列海港进入:棉兰勿佬湾海港、雅加达丹绒不碌海港、三宝垄丹绒玛斯海港、泗水丹绒佩拉海港和锡江苏加诺哈达海港;或是通过下列机场进入:棉兰波罗尼亚机场、雅加达苏加诺哈达机场、泗水尤安达机场和锡江苏丹哈沙奴汀机场。根据规定,禁止进口的虾类必须再出口至原产国或在印尼当地被销毁,而再出口或销毁费用应由进口商承担。2010年8月23日,根据印尼全国饮料进口商与批发商联合会(APIDMI)统计,自从印尼政府于4个月前向私企发出进口烈酒许可证,4个月以来,已有25货柜进口烈酒包括各类牌子啤酒、葡萄酒和威士忌被迫滞留在丹绒普禄港口,因为还须等待药品与食品监督局(BPOM)对外国商标进行核准。据了解,自从印尼政府向私企发放进口烈酒许可证后,药品与食品监督局就制定了《外国饮料商标条例》,要求进口商必须接受饮料成分分析,由于每个饮料厂都有各自的秘方,并且药品与食品监督局要求提供进口商提供饮料的组成成分的规定在外国是没有先例的,此举无疑给进口商和出口企业造成了巨大的负担。另外,由于货物要滞留在港口接受检验,进口商不得不支付额外的仓库租费。

3.技术性贸易壁垒

2008年年底,印尼食品与药品监督局规定,进口包括食品、饮料、保健品以及化妆品在内的商品必须进行产品注册,没有注册的上述产品将会被强制销毁。印尼政府要求印尼食品药物监督局对每批进口的加工食品、食品原材料以及其他与食品相关的添加剂进行审批。规定所有进口的消费品在外包装加贴特定标签,用印尼文注明原产国、生产商和进口商。2008年10月16日,印尼贸易部对外贸易司宣布,为了确保产品质量和控制进口,将对国产和进口饮料和食品实施"强制国家标准(SNI)"。此前国家标准的实施为自愿性质,仅对特定产品如面粉、食用盐和包装饮用水实行"强制国家标准"。

四、检验检疫相关规定

当需要对进口商品进行装船前检验时,印尼的相关部门会向出口国的检验代理人提供咨询性文件(包括进口许可证及其他特别文件),凭借这些文件,

检验代理人将同卖方联系，安排出口商品检验。此时卖方必须提供价格表、产品性能说明书、正式发票副本以及检验代理人所必需的其他文件。卖方还应提供装货清单和提单等相关单据的副本。在检验完毕且要求的进口单据完备的情况下，进口检验代理人将出具检验结果报告。

2007 年 7 月 24 日，印尼药食局称从中国进口的 39 种糖果、果脯和干果中，查验出 7 种含有甲醛，对上述产品查封并销毁，发布“关于进口自中国含有甲醛食品”的公共警告。

2008 年 2 月 28 日，政府授权农业部签发了《印度尼西亚以新鲜球茎形式进口活植物产品的植物检疫要求和措施》。文件规定所有出口到印尼境内的球茎植物必须有原产国质检部门出具的检验检疫证书，并列出了病虫害名单，在证书中标注无名单中所列病虫害。如货物已受病虫侵害，出口前必须经过熏蒸。无检验检疫部门证明且没有经过熏蒸的货品，不得进入印尼境内。要求进口食品必须向印尼药品和食品控制局申请注册号进行注册，申请时食品企业要对食品成分和加工工艺要详细，这有可能会泄露其商业机密。动植物及其制品的进口检疫程序不符合 SPS 协定的区域化原则，对有害生物非疫区的分布往往以行政区划进行界定，而非以科学证据来区分出口国的不同地区。2008 年 6 月 5 日，印尼农业部正式致函中方，表示该检疫措施不适用于大蒜，中国出口至印尼的大蒜仍可按照以往程序通关进入印尼境内。

2009 年 1 月开始对向中国出口的印尼产水产品实施注册制度，有关质检、检疫问题由两国的相关部门按照商定办法实施。

2009 年 1 月 9 日，农业部牲畜总司颁布《海外动物畜体、肉与内脏的进口与分销监控指令草案》。该指令主要涉及的产品包括畜体、肉与内脏的种类（反刍类动物、猪、家禽肉、腌肉、加工肉），指令分别对上述产品的进口要求、进口程序、动物检疫措施、销售监控等作了规定。其中进口要求包括：进口商、原产地国家和地区、包装、标签及装船等方面。

2009 年 2 月，农业部签署了《有关印尼进口木质包装材料的木质包装要求及植物检疫措施的指令草案》。本指令规定了以下印尼进口木质包装材料的某些要求，包括：通过指定入境点进口；向执行检疫措施的指定入境检疫点的检疫官通报；进口的木质材料无植物检疫性有害生物；进口的木质材料必须去皮且不含土壤；进口的木质材料必须经过处理并印有标记。该指令已于 2009 年 9 月生效。

2009 年 10 月，贸易部规定印尼政府将要求所有畜牧业产品的生产或进口，均须获得兽医的卫生证明和清真证书。政府为了加强对肉类进口的监督，规定进口商除必须持有清真证书，进口前还须持有贸易部长颁发的进口许可证。此前，进口商只需获得农业部长或药品食品监督局主任的推荐书即可。

2009年10月21日，以不符合检验检疫标准为由退回41个货柜的中国白蒜。印尼蒜葱进口商协会称，此次中国大蒜被退回的主要原因是企业出口蒜产品的熏蒸证书不符合规定。近期印尼农业部又再度调整大蒜熏蒸剂标准，致使中国大蒜未达到标准。

2009年10月26日，农业部颁布了《有关印尼可可豆的强制性国家标准》，该法规要求可可豆生产、处理、进出口的农业企业必须遵行有关可可豆的强制性国家标准，并应具有根据相关规定使用具有国家强制性标准标志的产品证书。2010年1月16日，对可可粉强制性国家标准进行了修订，主要包括：(1)涉及产品的海关HS编码为18050000。(2)该标准主要适用于：a. 包装或散装可可粉；b. 混合可可粉；c. 再包装可可粉。(3)生产、进口或混合可可粉的公司应：a. 根据可可粉要求执行或获得使用SNI可可粉标志的产品认证；b. 按照具体法律要求在每个可可粉产品包装上放置SNI标志。(4)监督上述可可粉产品质量符合SNI可可粉标准基于PPSP(商品或服务工厂监督标准)审核。

第四节　菲律宾农产品贸易政策

一、对外贸易法规

菲律宾管理进出口贸易相关法律主要是《海关法》，于1957年实施，后在1978年、1991年、2001年先后修订。2001年修订的《1991年海关法》是菲律宾关税管理的主要法律依据，该法对菲律宾管理进出口货物海关估价、税费征收及海关监管等方面做出了规定。菲律宾有关进口管理的规定分散在1963年《食品医药法》、1998年《渔业法》、2003年《烟草法》等专门针对产品的法律法规中。2000年《出口发展法》是菲律宾管理出口贸易的主要法律。贸易救济法规包括《1999年反倾销法》、《1998年反补贴法》和《2000年保障措施法》，以及上述法律的实施细则和条例等。菲律宾进出口贸易的相关法律基本保持稳定，对外贸易法律还包括有《保障措施法》、《综合投资法典》、《外国投资法典》、《价格法》等。

二、农产品贸易管理制度

除菲贸工部之外，主管菲律宾进出口贸易的机构还包括食品药品局、农业

部等行政管理部门。在反倾销程序中,贸工部下设的进口服务署负责工业产品的反倾销调查,农业部负责农产品的反倾销调查,这两个机构主要负责受理申请,做出初步调查并决定是否实施临时措施。关税委员会负责正式调查并向上述两机构之一提交是否征收反倾销税的最终报告。财政部下设的关税局负责执行并征收反倾销税。

1.进出口管理

(1)进口管理

菲律宾将进口商品分为三类:自由进口产品、限制进口产品和禁止进口产品。绝大多数商品为自由进口产品,限制进口产品必须经过政府机构如农业部、食品药品局核实发放的进口许可证才能进口。禁止进口产品主要包括损害公共健康、国家安全、国际承诺和当地工业发展的商品。限制进口产品包括无水醋酸,大米,氰化钠,氟利昂及其他臭氧消耗物质,盘尼西林及其派生物,精炼汽油产品,煤及其派生物,制造炸药的各种化学品,育种用洋葱、大蒜、土豆、包菜,含农业化学物质的杀虫剂,摩托车及其配件,二手卡车及汽车轮胎等,二手摩托车,自社会主义及其他计划经济国家进口的产品,军舰,放射性物质,超过 5000 比索的已不再发行的菲律宾货币,本地产量充分的农产品。

(2)出口管理

菲律宾对出口产品实施鼓励政策,大部分产品可自由出口,但对少数产品实行出口管制,分为禁止出口和限制出口两大类。禁止出口的产品主要包括苎麻种子及幼苗、部分野生动物及活鱼等。限制出口的产品主要包括矿产、水泥、石油及石油产品、军火及部分植物原材料等。出口限制产品必须事先获得菲律宾农业部、环境和自然资源部等国家主管单位的许可。

依据菲律宾《综合投资法典》、《出口发展法》和其他法规的规定,对符合条件的出口导向型企业和出口产品规定了优惠政策。优惠政策包括简化出口手续并免征出口附加税,进口商品再出口可享受增值税退税、外汇辅助以及使用出口加工区的低成本设施,免税进口生产出口商品所需原料,保留 100%的出口外汇所得,给予出口融资,出口信用担保等。此外,出口加工区、保税仓库和各种类型的工业园区内的出口加工企业,还可享受原材料、关税等方面的鼓励措施等。

菲律宾有 4 个出口加工区:巴丹(Bataan)出口加工区、马克坦(Macton)出口加工区、甲米地出口加工区和碧瑶(Baguio)出口加工区。在上述 4 个出口加工区,投资者可享受到一系列的优惠待遇,包括首批入区企业免征所得税 6 年,其他企业免征所得税 4 年;对区企业进口的机器设备、原材料以及企业运行必需的商品免征关税;免除区内企业的进出口税及各种费用;区内企业不受当地政府法规的约束;免除向外国企业汇回利润征收的15%的税收;机器、设备、原料等免征进口关税;加速固定资产折旧;优先配给外汇等等。

2.关税管理

菲律宾财政部下设的关税局负责防止走私等不法行为,管制从事国际贸易的轮船和航空器,执行关税法,管制进出口货物,实施没收扣押等措施。

菲律宾已经取消了大部分进口产品的关税配额限制,一般配额内关税为30%~50%,配额外关税为35%~65%。根据乌拉圭回合谈判结果,菲律宾有义务在2005年6月以前取消大米等农产品的关税配额,但为保护国内农民利益,菲律宾向WTO通报并与中国、美国等主要贸易伙伴达成谅解,将大米的配额管理延长至2012年。根据2005年4月27日中国和菲律宾政府就WTO框架下菲律宾大米"特殊待遇"延长问题达成的双边协议,中方同意菲方将大米特殊待遇延长7年,菲方则同意增加大米的进口配额,其中为中国设定2.5万吨/年的国别配额,并将大米的进口关税从目前的50%降低到40%。除大米外,菲律宾实施配额管理的还包括大米、玉米、鸡、鸭等多种农产品。

菲律宾对大部分产品征收从价关税,税率范围为0~65%,但对酒精饮料、烟花爆竹、烟草制品、手表、矿物燃料、卡通、糖精、扑克等产品征收从量关税。2009年菲律宾最惠国简单平均税率为6.3%,其中农产品最惠国关税简单平均税率9.8%,非农产品最惠国关税简单平均税率为5.8%。菲律宾宣布自2006年1月1日起,对纳入"早期收获"方案的中国蔬菜和水果等214类产品实施零税率。2008年11月,将小麦及饲料小麦的关税分别由3%和7%调整为零关税。2009年6月,将小麦进口零关税延长6个月,同时对饲料小麦附加7%的进口税。2010年2月,颁布第863号行政令表示,由于小麦进口零关税有利于降低面粉生产成本、稳定面包价格。2009年12月28日,关税委员会发布第850号行政令,削减大部分产品关税,实现了2010年1月1日起将自东盟进口的绝大多数产品关税削减为零的承诺,该行政令涉及所有关税税目的17%约1500种产品,包括:汽车及其配件、部分水果、蔬菜、咖啡豆、烟草、白酒、加工肉、化学品、汽油、钢铁和胶合板等,根据该行政令,玉米、谷物、木薯、禽肉和猪肉等敏感产品的关税将降至5%。2010年6月,关税委员会分别发布第892号和第894号行政令,糖类关税将由2010年的38%逐年下降至2015年的5%,大米关税将由2010年的40%逐年下降至2015年的35%。

三、贸易壁垒

1.关税及关税管理措施

2010年菲律宾关税高峰产品包括化学废品、汽车、摩托车、部分汽车配

件。受关税配额管理的产品包括大米、砂糖、禽肉、猪肉、土豆、咖啡及其提取物、肉类及杂碎、香肠、腊肉、卷心菜、胡萝卜、木薯、甜土豆、动物饲料（猫粮和狗粮除外）。此外，菲律宾还对关税配额产品中的玉米和猪肉实施最小准入量制度（MAV），控制这些产品的进口量。其中部分配额产品关税也很高，其中糖类配额内关税为50%，配额外关税为65%；玉米配额内关税为35%，配额外关税为50%；大米配额内关税为40%，配额外关税为50%；肉配额内关税为30%，配额外关税为40%；禽类配额内关税为35%，配额外关税为40%。2004年12月，菲律宾总统签署提高烟草、酒类产品消费税的法令，该法令对进口和国产烈性酒采用不同的消费税税率。

2.进口限制

菲律宾对汽车、拖拉机、柴油机、汽油机、摩托车、耐用消费品、新闻出版和印刷设备、水泥、与健康和公共安全有关的产品、新鲜水果和蔬菜、活牲畜、肉及肉类制品等实施进口限制，进口商必须获得相关部门的进口许可方能进口。允许进口新鲜和冷冻的鱼类及制品，但必须在菲律宾农业部取得进口许可证。只有在菲律宾必须进口以保证国内食品供应并且进口不会对国内产业造成严重损害或损害威胁的情况下，才能发放进口许可证。此外颁发的进口许可证往往有效期短，发证后仅60天有效，进口货物到港时许可证往往已过期。

2006年，菲律宾以维护国内农民的利益为由，命令植物工业局停止发放洋葱进口许可证。2007年取消27万吨的玉米进口计划。2008年农业部再次延迟了猪肉等农产品的进口许可证。

四、检验检疫相关规定

2010年4月，菲律宾货物检验公司认可委员会宣布，从2010年4月1日及以后到港的散装货物或者杂货均接受装船前检验，进口的散装货物或杂货必须由认可的检验机构在发航港进行检验，包括货物的质量、数量和核价。然而早在2000年5月29日，政府便曾宣布将逐渐取消货物装船前检验。对不同的进口农产品，有着不同的装运前检疫要求，其中，对进口苹果、柑橘等水果类的装运前要求为：货物须从原产地以封存的冷藏柜运输，在运输途中不允许开箱；原产地签发的植物卫生证明须随货物同行；在随同的出口文件中须注明封存号；证明水果未染有幼果蛾、苹果蛆、圣琼斯介壳虫的附加澄清文件。同时，在随行的植物卫生证明的附加澄清文件中须注明进口许可证编号。

对进口洋葱、大蒜等蔬菜类的装运前要求为：将大蒜以1.5克/立方米浓度的磷化氢气体在28摄氏度下熏蒸72小时。该处理过程须在随运的植物卫生文件中注明。对进口杂交水稻种子的进关前要求为：在签发进口许可和实际进口之前，出口商要联系检验检疫部门制订检疫工作安排。菲律宾植物检疫官员须在原产地进行澄清工作，如在杂交水稻生长的合适的阶段，在生长田间进行虫害观察和评估；监督中国种子健康部门进行日常的种子健康试验；监督以下用以杀死（清除）已发现目标害虫的必要措施（以磷化铝熏剂熏蒸稻种、货垫、船舱和集装箱；热水处理稻种以杀灭白顶线虫；施用杀菌剂和杀虫剂；次氯酸钠处理以杀灭水稻黑穗病）。种子须经清检，不含杂草和其他掺杂物，须由国家种子健康部门签发健康证明。上述工作须在中国国家植物检疫部门的紧密协调下进行。中国国家植物检疫部门签发的植物卫生证书和中国国家种子健康机构出具的杂草分析证书须与货物随运。货物一经抵达菲律宾，还须经菲律宾植物检疫检查，如果发现异常，对该批货物仍将采取适当的处理措施。

2010 年 3 月 11 日，卫生部和食品药物管理局发布通报《紫芋酱加工处理推荐操作规程草案(RCP)》。该通报为紫芋酱加工商规定了一套操作规程，以使其产品符合紫芋酱标准。本规程还为生产、储存和处理紫芋酱，保持从原料和成分接收到分销的安全质量提供指南。《菲律宾国家标准(PNS)草案——熏鱼》为供人直接消费及/或继续加工的冷热熏鱼规定了国家标准。

对于热带果酒 2010 年 7 月 13 日，菲律宾卫生部和食品药物管理局发布通报《菲律宾热带果酒国家标准草案》及《热带果酒加工和处理条例法最终草案》。前者对以一种或多种热带水果果汁为原料，用酒精发酵酿制成的果酒规定了标准。后者则旨在为符合用任何适当容器包装的热带果酒标准提供指南。

农业部对肉类、禽类产品进口实施动物进口检疫许可(VQC)。菲律宾第 26 号行政命令要求，官方认可的进口商在进口肉类和禽类之前，必须取得动物进口检疫证明。动物进口检疫证明的有效期为 60 天，不得延长。还规定动物进口检疫证明只能使用一次，当实际进口量超过了动物检疫证明所允许的进口量时，进口商必须另外申请动物检疫证明，并且会对进口商处以罚款。这一规定使官方发放检疫证明时拥有更大的自由裁量权。2007 年以甲醛超标为由，连续对中国出口的糖果、牛奶、午餐肉等 12 种商品实施禁售。

第五节　泰国农产品贸易政策

一、对外贸易法规

泰国在 1964 年颁布实施了《植物检验检疫法》，1999 年对《植物检验检疫

法》进行了修改，《进出口法》B. E. 2522(1979)是泰国管辖进出口管制的基本法律之一，海关关税是泰国税法系统的重要部分。相关的管理法规包括《海关法》B. E. 2469(1926)和《海关关税指令》B. E. 2530(1987)。适用货币兑换管理的最高法律《外汇管理法》(1942 年)。与进出口贸易相关的法律法规还包括《出口商品标准法》、《商业协会法》、《反进口倾销法》、《植物扣留法》、《投资促进法》、《外商经营企业法》、《直销贸易法》和《商业竞争法》等。泰国负责贸易管理的部门有商业部和财政部海关厅、工业部投资促进委员会。

泰国积极推动双边自由贸易区策略，迄今已与澳大利亚、新西兰、日本和印度签订了双边自由贸易协定。同时，还签署了东盟自由贸易协定，并作为东盟成员国参与签订了东盟—中国、东盟—日本、东盟—韩国、东盟—印度、东盟—澳大利亚—新西兰自由贸易协定。东盟自由贸易协定自 2010 年 1 月 1 日起生效，泰国对东盟五个老成员国的大部分出口商品享受零关税优惠，有助于出口企业扩大对东盟市场的出口贸易，受益产品包括农产品、水产品、木制品、橡胶制品、纺织品、汽车和电子产品等。

泰国—印度自由贸易协定(2004 年 9 月 1 日生效，先实施 82 个规定目录产品自由贸易)和东盟与印度自贸区协定(2010 年 1 月 1 日生效)将有利于扩大泰国的果汁/加工水果、调味品、铝与铝制品、塑料树脂、洗发水/防汗剂、珠宝首饰、钢铁与铁制品、橡胶制品、家用电器、家具、纸张与纸张产品等在内商品对印度市场出口。

东盟—中国自由贸易协定(2010 年 1 月 1 日生效)使中国超越美国成为泰国最大的出口市场。泰国对中国出口高速增长的主要产品包括电子、橡胶及制品和木薯制品等。

泰国—澳大利亚自由贸易协定(2005 年 1 月 1 日生效)、泰国—新西兰自贸区协定(2005 年 7 月 1 日生效)、东盟—澳大利亚—新西兰自由贸易协定(2010 年 1 月 1 日生效)有利于泰国扩大对澳大利亚和新西兰的纺织品/服装、皮包、鞋子、汽车零部件、化学品、肉产品、罐装鱼、砂糖、果汁、玻璃、珠宝、机械、家用电器、钢铁、铜、铝、钥匙、计算机、平面电视、空调机及冰箱等产品的出口。

泰国—日本自贸区协定(2007 年 11 月 1 日生效)、东盟—日本自贸区协定(2009 年 6 月 1 日生效)、东盟—韩国自贸区协定(2010 年 1 月 1 日生效)都有利于泰国与这些国家的贸易。

泰国及东盟与贸易伙伴的自贸谈判仍在进行中，可望签约的有泰国—文莱自贸协定、孟加拉湾多边技术经济合作协定(BIMSTEC)；尚在谈判过程中的有泰国—欧盟自贸协定、泰国—巴林自贸区协定、泰国—美国自贸区协定、东盟+3(中、日、韩)自贸协定、东盟+6(中、日、韩、印、澳、新)自贸区协定等。

二、农产品贸易管理制度

1.农产品进出口管理

根据泰国开放贸易的政策,大部分产品可以自由进口,实行进口限制主要是为了保护幼稚工业。近年来,随着经济的发展,泰国进一步减少了对进口商品的数量限制,也逐步取消了一些商品的进口许可,但食品的进口需符合进口许可证管理要求。泰国大宗食品和重要原料的出口受到一定管制,出口控制的产品主要是大米、糖、玉米及其他农产品,在优先满足国内需求的基础上方可出口。同时一些商品的出口要求实行出口登记制,如咖啡、木薯、大米、桂圆、纺织和服装等。除通过出口登记、许可证、配额、出口税、出口禁令或其他限制措施加以控制的产品外,大部分产品可以自由出口。

2.检验检疫的相关规定

目前泰国实施的植物检验检疫法,将进口植物分为禁止进口、进口管理和自由进口三大类。货物进口时,由进口商按要求填写不同表格,连同出口国相关文件一起,向海关检验检疫人员递交申请。如是自由进口植物,只需出具出口国的非转基因证明文件。我国向泰国出口的蔬菜,水果绝大部分属于自由进口植物。

泰国海关检查人员在进口港对进口货物进行检验,通常采用的是现货检验,而不是对全部交运货物进行检验,其一般规则是抽出全部货物的5%进行检验。食品、药品、化妆品、有毒物质、麻醉品、精神病用药和医疗器械,由食品和医疗管理局的检验员检查。检验人员检查进口类别、标签并采样分析。在有些情况下,检验人员根据管理条例可能扣留货物,等分析完毕后才放行。未领货物处理未被领取的货物可在2个月内存放在海关仓库里。超过2个月可延续15天。逾期货物被没收,并可能被公开拍卖。仓储将根据货物的种类不同,从3天后起算。

对水果蔬菜需进行化学残留检验,并根据有关法规要求,进口蔬菜水果检验抽查数量按进口数量而定。如进口1~30箱,则需每箱开箱检验,进口30~2000箱,则抽查其中30箱,进口2001~10000箱,则抽查其中50箱,10001箱以上,则抽查其中100箱。

2006年3月,渔业部发布规定泰国水生动物养殖场或公司的设施在获得进口许可前,必须符合渔业部的检疫标准;水生动物在到达口岸时必须随附有

原产地及卫生证书,卫生证书必须由主管机构或其授权的实验室出具,且由兽医、授权官员或检验员签发;进口后,水生动物至少接受21天的检疫,鱼类卫生检疫人员需对其进行世界动物卫生组织所列疫病、疱疹病及其他传染病病原体检验。

3.关税管理

泰国根据《协调商品名称及编码制度》(一般称为"协调制度"或"HS编码")将货物分类,因此和大部分泰国贸易伙伴使用的分类一致。2000年1月1日,泰国加入了GATT估价协议,兑现了作为WTO成员国需要维持特定的法律标准的一项承诺。进口物品需要同时缴纳关税和增值税,增值税也由海关管理。在此种情况下,增值税在货物价值和关税价值之和的基础上征收。

泰国对进口货物征收关税采用不同方式,进口关税按从价、从量或混合方式征收。混合方式是从价方式和从量方式的结合(二者中取较高者)。泰国的多数关税是从价税,进口关税的进口价值计算基于CIF,而出口价值基于FOB。海关估价根据GATT进行,此方法主要使用实际支付或应付的价格的交易值。如果不能通过进口商品的交易价值确定海关估价,则将使用其他五个替代方法之一确定海关估价,包括完全相同或类似的商品的交易价格、推算价格、计算价格和撤退价格。当采用从量税时,关税是根据重量、体积或单位来计算的。

泰国目前采用六级关税系统,该系统根据增值部分累计征收。六级分别为对绝大多数工业原材料和必需品,如医疗设备征收零关税;对一些有选择的原材料、电子零配件以及用于国际运输的交通工具征收1%的关税;对初级和资本物质征收5%的关税;对中间产品征收10%的关税;对成品征收20%的关税;对需要保护的特殊商品征收30%的关税。但是现在仍然对为数不少的进口商品征收超过30%的关税,如大米52%,奶制品216%。

到达泰国的商品的海关程序和大部分其他国家类似。进口商必须通过被称为"无纸系统"的电子方式或被称为"手工系统"的文件系统向海关提交入境表以及其他要求的文件(例如,提单、发票以及装箱单)。对于某些商品要求进口许可证。关税和增值税在货船到达时征收。若需确定总的关税数额或需要紧急通关,需要支付押金。最后,卸货和存储费用必须在货物放行前征收。进口货物也可以存储在保税仓库。尽管支付关税的义务在进口时产生,存储的货物根据放行当日有效的关税进行评估。

出口关税通常仅仅对两类商品征收,即生牛皮和木材。除了关税外,还应缴纳基于出口价格加关税计算所得的价格的增值税。外贸交易受到外汇管制法律及各种许可协议的条款的制约。出口的增值税为零税率。

4.许可证制度

《进出口法》也授权商务部对商品进行出口管制。该法规定了进行出口管制的诸多种类的货物。一些货物根据其他法律也需要出口许可证,例如根据《烟草法》B. E. 2509(1966)的规定。根据烟草法,未经消费税总署署长的许可,烟草的种子、植株和叶子不得从泰国出口。一些货物,例如糖和水稻,受到《出口标准法》B. E. 2503(1960)下的出口许可证的限制。《出口标准法》的目的是确保该等货物在从泰国出口时符合规定的质量标准。另外,农产品的出口商可能发现特定行业组织的成员关系是必需的。这些行业组织可以对其成员施加行业组织内部规定,可以作为额外的出口管制。

32 大类的商品进口需要办理进口许可证,包括原材料、工业材料、纺织品、医药品、部分消费品和农产品等。必须申请许可证才能进口的产品主要有 7 种,即金矿和黄金、咖啡、盐化制品、汽车车身及驾驶室、石碑及用于建筑的大理石和石灰石、用钢铁制造的旧容器、鱼粉。对于必须履行进口许可证的商品,在进口时如没有进口许可证,将被处罚。进口许可证的有效期限为 12 个月。虽然近年来泰国开放部分饲料原料进口,包括玉米、黄豆等,但泰国对生产牛奶所需的饲料产品仍保留额外进口许可。泰国对肉类进口许可证收费。

三、贸易壁垒

1.关税及关税管理措施

泰国对 23 种农产品实行关税配额管理,分别是桂圆、椰肉、牛奶和奶油、土豆、洋葱、大蒜、椰子、咖啡、茶、干辣椒、玉米、大米、大豆、洋葱籽、豆油、豆饼、甘蔗、椰子油、棕榈油、速溶咖啡、土烟叶、原丝。另外,对动物饲料用玉米征收最惠国配额外进口附加费。这些产品在配额内实行低关税,在配额外实行高关税。但是关税配额不适用于从东盟成员国的进口。

2.技术性贸易壁垒

泰国对 10 个领域的 60 种产品实行强制性认证,包括农产品、建筑原料、消费品、电子设备及附件、PVC 管、医疗设备、LPG 气体容器、表层涂料及交通工具等。泰国卫生部食品和药品管理局规定,所有进口食品、药品及部分医疗设备要符合标准。进口上述产品必须附有用泰文说明产品名称、重量或容量、生产和失效日期的标签,并经泰国卫生部食品和药品管理局批准。

第六节　新加坡农产品贸易政策

一、对外贸易法规

新加坡对外贸易法律法规主要有《新加坡海关法》、《新加坡进出口商品管理法》、《新加坡商业注册法》、《新加坡战略物资控制法》、《进出口贸易规则法令》和《自由贸易区法令》、《商标法》、《反补贴和反倾销税法》、《货物买卖法》等,关于贸易投资方面的法律法规比较少。

新加坡奉行开放的贸易政策,希望建立自由和开放的国际贸易环境,并积极进行双边贸易谈判,目前,已与印度、韩国、日本、美国、欧洲自贸协议(冰岛、挪威、瑞士、列支敦士登)、澳大利亚、新西兰、约旦以及环太平洋贸易协议(文莱、新西兰、智利)建立了双边自贸关系,并正在与巴林、加拿大、埃及、墨西哥、巴拿马、秘鲁、斯里兰卡、卡塔尔及阿联酋等国进行自贸谈判。

2008 年 10 月 23 日,新加坡与我国签署了《中华人民共和国政府和新加坡共和国政府自由贸易协定》,同时,还签署了《中华人民共和国政府和新加坡共和国政府关于双边劳务合作的谅解备忘录》。根据《中华人民共和国政府和新加坡共和国政府自由贸易协定》,新方承诺在 2009 年 1 月 1 日取消全部自华进口产品关税;中方承诺将在 2012 年 1 月 1 日前对 97.1%的自新进口产品实现零关税,其中 87.5%的产品从《协定》生效时起即实现零关税。

二、农产品贸易管理制度

1.农产品进出口管理

新加坡进口产品一般没有配额限制,大部分货物无需许可证即可免税进口。暂时进入新加坡的货物,需向新加坡国际商会申请 ATA 证明,ATA 证明适用于在被允许期限内暂时进口货物保税,在 ATA 证明约束下进口货物不得出卖,而且一定要在临时许可期内再出口。

对于某些进口货物,如食品、药品、酒类、涂料以及溶剂等,一定要有明细分类与标识和原产地证明。再包装食品一定要有英文标识说明其食用期限,该内容印刷首字母高度不得小于 1/16 英寸;还要标明食品否为化合、配制或混成;以公制最小计量单位标出其净重或量度、产品名称和厂商声明,以及原产地。图像说明不能有纯天然等误导。如果食品有“丰富”、“强力”、“富含维生素”等描述,或者任何其他方式暗示含有维生素和矿物质,必须标明每公制单位维生素或矿物质含量。大米进口受到严格限制，必须向政府申请进口许可证。

除了选定项目，有些商品出口在新加坡受到限制，它们主要针对销往加拿大、欧盟和美国某类纺织品和服装。还有一些产品，如橡胶、计时器、沙子、花岗石和含氯碳氟化合物等受到出口限制，或需申办许可证。受出口限制产品必须获得政府有关部门签发许可证方能出口。

2. 检验检疫的相关规定

新加坡海关规定，《濒临灭绝的动植物国际贸易协定》(the Convention on International Trade in Endangered Species of Wied Fauna and Flora, ITES)中所涉及的野生动植物产品须经初级产品局批准后方可进口。对食用和非食用动物油的进口，必须有出口国的原始检疫证书和原产地政府有关当局出具的动物生产、肉类储存程序等方面的证明。新加坡海关有权对此类进口产品进行检验，并对不合格产品进行处理，而不对产品进口商或所有人予以补偿。某些食品、药品、可食用和不可食用动物脂肪，还有涂料和溶剂等需有特殊标识。加工食品或药品一定要经过检查，并且需由卫生部提供证明。

2010 年 5 月 19 日，新加坡发布进口观赏性水生动物卫生证书要求。该卫生认证要求规定出口国主管当局必须根据水生动物卫生法典及 OIE 水生动物诊断测试手册最新版本的规定对的所有出口新加坡观赏鱼出具疫病证书包括鲤春病毒血症、锦鲤疱疹病、流行性溃疡综合征、流行性造血器官坏死症和白斑病等易染病毒。此外，对金鱼也要求出具疖病及金鱼造血器官坏死病的健康证书。

3. 关税管理

新加坡是亚洲主要海运航线交点上的自由港，它实行开放的进口政策，大约 95%的货物可以自由进入新加坡。新加坡的关税原则是基于《布鲁塞尔关税公约》(BDV)制定。进口关税适用按价抽税和特定税率。按价抽税最常用，它按进口货物估价百分比抽税。特定税率一种特殊衡量方式，它按货物单位重量或其他量度测算。新加坡采取的是自由贸易政策，仅有少数商品需要缴纳关税，税率一般都在 5%以下，在东南亚国家中是最低的。

申报关税货物被允许进口，它们可以享受不纳税补偿，条件从进口时算起，三个月内它们必须再出口。假如货物在指定期限内没有再出口，则照常纳税。这项措施被引申到包括为贸易展览、时装展示而进口需纳税产品。

第七节　越南农产品贸易政策

一、对外贸易法规

越南关于对外贸易的法律法规主要有《越南进出口税法》、《会计法》、《统计法》、《食品安全与卫生法令》、《保护国内改进新植物品种法令》、《反倾销法令》、《反补贴法令》等。

二、农产品贸易管理制度

1.农产品进出口管理

越南对进出口产品实施分类管理,包括禁止进出口产品、贸易部按照许可证管理的进出口产品和由专业机构管理的进出口产品。禁止进口的产品主要包括武器弹药,毒品,有毒化学品,反动文化品,爆竹,烟草制品,二手消费品,右舵交通工具,二手物资、车辆,含有石棉的产品、材料,用于保护国家秘密的各类专用密码及各种密码软件。禁止出口的产品主要包括武器、弹药、爆炸物和军事装备器材,毒品,有毒化学品,古玩,伐自国内天然林的圆木、锯材,来源为国内天然林的木材、木炭,野生动物和珍稀动物,用于保护国家秘密的专用密码及密码软件。

越南对7种重要产品的强制进口许可证管理,这些产品包括汽油、玻璃、铁制品、植物油、糖、摩托车和九座机动车。对部分产品实行数量限制,如糖、水泥与溶渣、烟草、国内能够生产的普通化学品、化肥、油漆、轮胎、纸、丝绸、陶瓷制品、建筑玻璃、建筑钢材、某些发动机、某些汽车、摩托车、自行车及其部件和船舶等。此外,越南贸易部对全国粮食、大米出口企业实行统一措施,所有大米经营企业必须向越南粮食协会登记大米出口合同。

2.检验检疫的相关规定

越南科学技术部会公布进行强制质量检验的进出口产品目录,目录所列产品必须在通关时经过检验,得到有关行政主管部门(包括公共卫生部、农业与农村发展部、工业部、渔业部以及科学技术部)许可。检验时,有些产品依据的是国家标准,有些产品依据的是主管部门的内部标准,有些产品则两个标准都须符合。

3.关税管理

越南实行三种税率，一是最惠国关税税率，适用于与越南签订双边贸易协议国家的进口产品；二是特惠关税税率，适用于来自与越南实行特惠关税国家的进口产品；三是普遍关税税率，比最惠国关税税率高出50%，适用于未与越南建立正常贸易关系国家的进口产品。

越南海关总局规定对越南企业采购未含运费及保险费价格的进口货品，而无法出示运费及保险费之证明单据时，则应书面建议各越南海关依据越南海关总局第1632/1999/ktth号函规定计算其运费及保险费用如下：一是对属海运货品者，其运费为其FOB价之15%；二是对属空运货品者，其运费为其FRANCO价之20%；三是对以CIF方式交货的进口货品，而其发票上已将货品价格(c)及运费分开详列者，其保险费为货品价格之0.3%。

越南政府颁布进出口报关手续，其主要内容有：

一是行李、外汇、贵重金属、宝石、越币、印刷品、书籍资料、运输工具等到在出入越南国境或和取道越南转口第三国时均需办理海关手续，若属于越南已签订国际公约的适用对象，则按照国际公约条约执行。

二是进口新产品必须在抵达关口后30天内办妥报关手续；出口产品必须最迟离境前八小时办理报关手续；出入境旅客的随身行李必须于其抵达后或于其搭乘的交通工具经营单位结束为旅客办理离境手续前办妥报关手续；过境转口新产品必须尽快于其首个抵达的关口或最后离境的关口办妥报关手续。

三是海运货物必须于抵达港口的港务单位通知撤回领航员后两小时内，或于离港前一小时内办妥报关手续；空运货物必须于飞机抵达后立即办扫入境报关手续，或于航空公司结束办理旅客及货物离境手续前办妥；铁路、公路及河道运输新产品必须于抵达关口或首个过境关口或最后离境关口办妥报关手续；过境交通工具必须于首个抵埠关口及最后离境关口办妥报关手续。

4.技术性贸易壁垒

越南科学技术部会公布进行强制质量检验的进出口产品目录，目录所列产品必须在通关时经过检验，得到有关行政主管部门(包括公共卫生部、农业与农村发展部、工业部、渔业部以及科学技术部)许可。检验时，有些产品依据的是国家标准，有些产品依据的是主管部门的内部标准，有些产品则两个标准都须符合。

主要参考文献

[1]闵耀良，邓红卫.美国蔬菜、水果市场流通状况考察[J].中国农村经济，2000(04).

[2]刘李峰.中国—东盟水果贸易现状及展望[J]，中国农村经济，2004(06).

[3]中华人民共和国政府.中华人民共和国与东南亚国家联盟全面经济合作框架协议.2010.

[4]胡求光，霍学喜.中国水产品出口贸易影响因素与发展潜力—基于引力模型的分析[J].农业技术经济，2008(03).

[5]孔媛.世界水果贸易比较优势与产业内贸易研究[J].国际贸易问题，2006(01).

[6]陈富桥，祁春节.中泰两国农产品贸易的竞争性与互补性研究[J].国际贸易问题，2004(02).

[7]吴海霓.世界组织框架下出口企业应对“绿色贸易壁垒”的措施[J].国际贸易问题，2003(01).

[8]贺圣达.东南亚市场经济与云南对外开放[J].亚太经济，1993(04).

[9]宋马林.中国对外贸易竞争力与后危机时代的战略选择[J].国际贸易问题，2011(02).

[10]刘红梅，李国军，王克强.中国农产品国际贸易影响因素研究—基于引力模型的分析[J].管理世界(月刊)，2010(09).

[11]谭砚文，关建波，陈姗妮.中国—东盟热带水果贸易及对中国热带水果产业影响研究[J].农业经济问题(月刊)，2011(10).

[12]孙林，李岳云.中国与东盟主要国家农产品的贸易、竞争关系分析[J]，世界经济研究，2003(8).

[13]姚海华.亚太区域植物检疫措施标准草案研讨会在曼谷召开[J].世界农业，2008(10)：67－68.

[14]韦家少.世界热带主要水果生产、贸易及走势简析[J]，世界农业，2006(1).

[15]张洁.中国与印度尼西亚农业合作问题的思考[J].世界农业,2005(7):18—20.

[16]代金贵,祁春节.中国果蔬出口东南亚面临的贸易壁垒及对策—以印度尼西亚、菲律宾、马来西亚、泰国、越南为例[J].东南亚纵横,2008(12):44—48.

[17]黄玉萍.广西水果产业发展现状探析[J].中国热带农业,2007(5).

[18]陈恩.广东开拓东南亚市场的利弊因素与对策[J].国际贸易探索,1991(04).

[19]慕友良.东南亚水果市场与庆阳苹果出口贸易[J].农业科技与信息,2007(01).

[20]张毅.加入WTO后,我国水果产业发展中政府行为的理性选择[J].陕西农业科学,2002(02).

[21]《中华人民共和国政府和越南社会主义共和国政府北部湾渔业合作协定》补充议定书[J].中国水产,2004(7):6—8.

[22]许云霞.提升新疆特色水果业品牌建设水果的策略研究[J].林业经济问题,2010(05).

[23]彭茵.中国东盟农产品贸易问题研究[D].华东师范师范大学硕士论文,2006.

[24]方菲.中国与东盟农产品贸易问题分析[D].东北财经大学硕士学位论文,2010.

[25]吴勇.中泰农业合作研究[D].华中农业大学硕士学位论文,2006.

[26]李萍.中国与东盟农产品贸易的竞争性与互补性研究[D].华中农业大学硕士学位论文,2006.

[27]邹勇.广州市水果中心批发市场建设研究[D].华南农业大学硕士毕业论文,2005.

[28]任西军.广东省水果业产业化发展研究[D].华南农业大学硕士毕业论文,2007.

[29]龙盛风.海南优势农产品区域规划研究[D].海南大学硕士毕业论文,2008.

[30]倪超军.中国新疆与周边国家经济互补性及区域经济合作研究——基于上海合作组织框架下[D].石河子大学硕士学位论文,2008.

[31]高翔.陕西苹果出口贸易依存度研究[D].陕西师范大学硕士学位论文,2010.

[32]高文胜.山东省果品营销浅谈[J].北方果树,2006(2).

[33]黄强.广西水果市场前景分析及预测[J].北方果树,2004,15(3).

[34]林顺权.广东水果产业化的现状与发展展望[J].果农之友,2008(8).

[35]林惠玲.漳州水果批发市场调查报告[J].台湾农业探索,2006(2).

[36]阎和健.陕西苹果是如何走向市场的[J].科技情报开发与经济,2003,13(10).

[37]王益光,胡晓花,黄金生等.温州市干鲜果批发市场的调查报告[J].中国南方果树,1999,28(4).

[38]商务参赞谈做生意[J].中国经贸,2010(3):124－133.

[39]刘思峰.灰色系统理论及其应用[M].北京:科学出版社,2008.

索　引

后 记

本研究成果得到2010年和2011年连续两年新疆维吾尔自治区林业财政专项支持与资助。历时两年，课题组成员行程两万多公里，深入华南市场的农产品批发市场、超市、经销商户以及经销企业、消费者等多个层面、多个环节开展了深入全面的实地调查，广泛征求相关各界意见和建议，取得了丰富的一手资料和数据，完成了“新疆特色林果产品开拓华南市场研究”和“新疆特色林果产品开拓东南亚市场流通渠道与流通模式研究”两项调研报告。研究报告均已通过项目评审，获得专家的高度评价，研究报告的部分成果、结论和建议已获得自治区相关部门的认可和采纳。在此基础上，我们经过一年的努力，对研究报告进行了系统归纳、理论提升、补充和完善，形成了本研究著作。

本书出版得到浙江大学中国西部发展研究院专项经费的支持。研究调研过程得到新疆维吾尔自治区林业厅大力支持和协调，得到新疆维吾尔自治区人民政府驻广州办事处的鼎力配合和协助，得到广西壮族自治区驻广州办事处的支持和配合。两年间先后完成了深圳、广州以及广西北部湾经济区和南宁等地的调研，深入广州、深圳和北部湾经济区的多家主要的农产品批发市场、物流中心、大型连锁超市，特别是调查了经营新疆特色农产品出口的代表性物流企业和商户，掌握了新疆特色林果产品开拓东南亚市场流通环节的基本情况。并先后多次与两地海关、边检、农业等农产品出口环节相关部门座谈和交流，了解新疆特色林果产品出口东南亚市场状况。参加了中国东盟博览会、新疆特色林果产品(广州)交易会，了解华南市场和东南亚国家对新疆特色林果产品的需求和消费潜力，支撑我们顺利完成了调研报告和形成本研究成果。

本研究成果得到多方工作部门的领导和专家的大力支持、指导、协调和帮助，课题组全体人员共同努力，付出了艰辛的劳动和努力。本书付梓出版之际，谨对所有参与、支持本研究成果的机构和个人一并表示衷心的感谢！

由于水平和调查面等有限，对于本书的不足之处，希望读者能不吝指教，以利我们不断改进和提高！

马惠兰

2013 年 3 月

“211工程”三期重点学科建设项目
《西部大开发与区域发展理论创新》
国家开发银行资助项目
《西部大开发重大战略问题研究基金》